HANS-ALBRECHT KOCH

NEUERE DEUTSCHE LITERATURWISSENSCHAFT

GERMANISTISCHE EINFÜHRUNGEN

in Gegenstand, Methoden und Ergebnisse der Disziplinen und Teilgebiete

WISSENSCHAFTLICHE BUCHGESELLSCHAFT
DARMSTADT

HANS-ALBRECHT KOCH

NEUERE DEUTSCHE LITERATURWISSENSCHAFT

Eine praxisorientierte Einführung für Anfänger

WISSENSCHAFTLICHE BUCHGESELLSCHAFT
DARMSTADT

Einbandgestaltung: Neil McBeath, Stuttgart.

Die Deutsche Bibliothek – CIP-Einheitsaufnahme

Koch, Hans-Albrecht:
Neuere deutsche Literaturwissenschaft: eine praxisorientierte Einführung für Anfänger / Hans-Albrecht Koch. – Darmstadt: Wiss. Buchges., 1997
(Germanistische Einführungen)
ISBN 3-534-13172-X

Bestellnummer 13172-X

Gedruckt auf säurefreiem und alterungsbeständigem Werkdruckpapier
Satz: Setzerei Gutowski, Weiterstadt
Druck und Einband: Frotscher Druck GmbH, Darmstadt
Printed in Germany
Schrift: Linotype Sabon, 9.5/11

ISSN 0724-5033
ISBN 3-534-13172-X

Meinen polnischen Kollegen
am Germanistischen Institut der Universität Danzig
in bewundernder Anerkennung ihrer Arbeit in Lehre und Forschung
und in Dankbarkeit für empfangene Freundschaft

Inhalt

Vorwort

Dieses Buch wendet sich an Studienanfänger. Vielleicht können aber auch Teilnehmer an Leistungskursen der gymnasialen Oberstufe daraus einigen Nutzen ziehen, wenn sie erfahren, worauf etwa sie sich in einem beabsichtigten Studium der Literaturwissenschaft einzulassen im Begriff sind und welche Erwartungen sich voraussichtlich nicht erfüllen werden.

Die Einführung in die neuere deutsche Literaturwissenschaft entspringt einigen Überzeugungen und Erfahrungen, über die hier kurz Rechenschaft abgelegt sei.

Zunächst zu den Überzeugungen: Wie groß auch immer der Anteil am je individuellen Zeitbudget sein mag, den Multimediales in Anspruch nimmt, die Grundform intellektueller Erfahrung und Auseinandersetzung wird im Medium des Buches erfolgen.

Das ist die zweite Überzeugung: Auch angesichts der Tendenzen, die Germanistik in eine Medien- oder Kulturwissenschaft oder gar eine Medienkulturwissenschaft (da mag die Bindestriche jeder setzen, wie er will) umzugestalten, ist das angestammte disziplinäre Studium der textorientierten Philologie die beste Voraussetzung für eine künftige Tätigkeit im Bereich der Medien. Diese Überzeugung entspringt u. a. der Erfahrung, daß Journalisten selten aus dem Studium einer eher agglomerativ organisierten Medienwissenschaft hervorgehen, sondern aus disziplinär orientierten Studiengängen.

Damit wird überhaupt nicht bestritten, daß es sinnvoll ist, medienwissenschaftliche Anteile in das Studium der Literaturwissenschaft aufzunehmen. Diese Einführung verfährt selbst so, indem sie Kapitel zu den literaturnahen Themen Buch, Buchhandel und Bibliotheken einschließt. Wenn man Literatur als Inbegriff zu lesender und zu verstehender Texte auffaßt, folgt daraus allerdings, daß den Kern einer Einführung das handwerkliche Instrumentarium der Textanalyse zu bilden hat. Ihr kommt um so größere Bedeutung zu, als gerade das Fach Neuere deutsche Literaturwissenschaft immer häufiger ohne die Kombination mit wenigstens einer Fremdsprachenphilologie studiert wird, so daß dann die eigentliche Palästra aller Textanalyse oft nicht einmal betreten wird: die praktizierte Übersetzungsarbeit.

Drittens liegt dieser Einführung überall die Auffassung zugrunde, daß sich auch mit deutscher Literatur *nicht* beschäftigt, wer sich nur mit ihr beschäftigt. Mit den zahlreichen auch aus fremden Literaturen genommenen Beispielen und mit der „Synoptischen Tabelle zur Literaturgeschichte" beabsichtigt sie, die Sicht auf die für alle Literatur nun einmal fundamentalen Literaturbeziehungen zu lenken.

Wem die Einführung vielleicht zu konventionell daherkommt, der sei auf die Erfahrung verwiesen, daß es wenig nützt, mit unverstandenen Termini der einen oder anderen neuesten M(eth)ode des Faches zu klimpern, solange man die ihnen zugrundeligenden einfacheren Fundamente nicht verstanden hat. Das ließe sich leicht etwa an der Rhetorik exemplifizieren, deren Grundlagen oft nicht erklären kann, wer mit ihren dekonstruktivistischen Derivaten schon ganz gut um sich wirft.

Eine andere Erfahrung bezieht sich darauf, daß es der deutschen Literaturwissenschaft in den letzten Jahrzehnten offensichtlich nicht gelungen ist, jungen Menschen über die Schulen Lust zum Lesen zu machen. Vielleicht hängt das auch damit zusammen, daß die Literaturwissenschaft den zweiten Bestandteil des Begriffs mehr betont als den ersten. Diese Einführung möchte gerade Studienanfänger dazu ermuntern, nicht nur auf die grauen Röntgenbilder der Theorien zu starren, sondern sich den lebendigen Körpern der Texte selbst zuzuwenden.

Jede Auswahl schließt Verzicht ein. Diese Einführung widersteht, da der Anfänger in einer Wissenschaft, ehe er etwas von der Sache weiß, nicht gut über ihren wissenschaftstheoretischen Ort urteilen kann, der Versuchung, sich in die Diskussion einzuschalten, was die Germanistik dabei zu gewinnen oder zu verlieren hätte, wenn man sie statt als eine Geisteswissenschaft als eine Kulturwissenschaft definierte. Von vielen Spezialgebieten ist in diesem Buch überhaupt nicht die Rede, etwa von der Kinder- und Jugendliteratur, von der literarischen Volkskunde usw. Als Einführung in eine Wissenschaft kann und will diese Einführung nicht zugleich auch eine solche in deren Schuldidaktik sein.

Eine große deutsche Zeitung hat vor kurzem die Germanistik in einer Schlagzeile ein Fach genannt, „das aus Gewohnheit gelehrt und aus Irrtum studiert wird." Den zweiten Teil dieser Behauptung ins Unrecht zu setzen, ist eines der Ziele des Buches.

Im Februar 1997

1. Das Studium der Germanistik

Die Beschäftigung mit Literatur ist zuallererst eine der vergnüglichsten Arten, die Zeit zu verbringen – auch und gerade dann, wenn man Literatur für keine nebensächliche Äußerungsform der menschlichen Existenz hält. Es hat allerdings den Anschein, als sei aus der an unseren Universitäten betriebenen wissenschaftlichen Variante, sich mit Literatur zu beschäftigen, alles Vergnügliche geschwunden. An die Stelle des Vergnügens haben sich Fragen geschoben: wozu ein Studium der Literatur gut sei, was man damit später einmal anfangen könne. Auf solche Fragen will die hier vorgelegte Einführung in die neuere deutsche Literaturwissenschaft nicht antworten. Die wenigsten Studenten der Literaturwissenschaft werden einmal als Literaturwissenschaftler tätig sein. Die lange Zeit selbstverständliche Aussicht, als Lehrer die wissenschaftlich gezügelte eigene Begeisterung für Literatur in Schülern zu wecken, ist angesichts der Diskrepanz zwischen Studentenzahlen und zum Fach passenden Lehramtsstellen gering. Mit der Propagierung des Magisterexamens hat der Staat ein unübersehbares Signal gesetzt, daß er für den Berufsweg der Absolventen eines Faches, das bis vor kurzem immer ein typisches Lehramtsstudium gewesen ist, die Verantwortung künftig ablehnt.

Studenten philologischer Fächer sind also mehr denn je darauf angewiesen, sich selbst einen Platz in einer sich wandelnden Berufswelt zu suchen. Sie können dies mit um so größerer Zuversicht tun, je glaubhafter sie machen können, daß sie während des Studiums *in exemplarischer Arbeit an anspruchsvollen Gegenständen* die Fähigkeit ausgebildet haben, sich andere Themen, Verfahren usw. als die im akademischen Unterricht behandelten im Bedarfsfalle selbständig und schnell zu erschließen.

Diese Einführung richtet sich zwar an Studienanfänger, nimmt diese aber ganz ernst, indem sie nicht vorgaukelt, deutsche Literaturwissenschaft sei, weil man die Sprache zu kennen glaubt, eine bequeme Ausweichstrecke, die ohne allzugroße Schwierigkeiten zu einem universitären Abschluß führe, von dem man sich welche Vorteile auch immer erhoffen mag.

Allein an deutschen Universitäten sind rund 100 000 Studenten für das Fach Germanistik eingeschrieben – einschließlich des einen oder anderen Seitentriebs der Allgemeinen Literaturwissenschaft, Linguistik, Kulturwissenschaft, Medienwissenschaft. Das sind mehr als fünf Prozent aller Studenten. Die Germanistik ist ein Massenfach par excellence, das allein in Deutschland von knapp 600 Professoren gelehrt wird, denen noch eine wesentlich größere Zahl akademischer Mitarbeiter hinzugerechnet werden muß.

Die inhaltlichen Umrisse der Germanistik sind so wenig einheitlich wie die Benennungen des Fachs. Die Vorlesungsverzeichnisse registrieren es bald als Deutsche Sprach- und Literaturwissenschaft, bald als Deutsche Philologie, eher selten übrigens als Germanistik. Als „Deutsche Philologie" wird häufig nur der Teil bezeichnet, der sich mit dem älteren, also im wesentlichen dem mittelalterlichen chronologischen Segment des Faches befaßt und in den Studien- und Prüfungsordnungen – sieht man von den wenigen „Pflichtscheinen" ab – eher am Rande steht, zum Nachteil auch der Neueren deutschen Literaturwissenschaft". Vielerorts hat sich die Teildisziplin, die sich mit der deutschen Literatur von der beginnenden Neuzeit bis zur Gegenwart beschäftigt, als „Neuere deutsche Literaturgeschichte" oder „Neuere deutsche Literaturwissenschaft" von der germanistischen Mediävistik vollständig gelöst und kann auch als eigenes Fach studiert werden. Die Erforschung der neuzeitlichen Sprachgeschichte des Deutschen hat sie an die Linguistik abgetreten.

An ausländischen Universitäten, etwa in den USA, wird Germanistik oft nicht nur als Sprach- und Literaturwissenschaft betrieben, sondern schließt die sogenannte Landeskunde Deutschlands mit geographischen, wirtschaftlichen, historischen u.a. Themen ein. In Kursen für „Creative Writing" lernt man dort womöglich gar, einen Roman zu verfassen.

Nimmt man alle Teilgebiete zusammen, erscheinen zur deutschen Sprach- und Literaturwissenschaft weltweit rund 30000 wissenschaftliche Publikationen jährlich (Bücher, Aufsätze, Rezensionen usw.), die nicht einmal mehr die Fachbibliographien vollständig erfassen können. Die Zersplitterung hat längst zu einem so hohen Grad an Spezialisierung geführt, daß kein Forscher mehr das 'Ganze' überblicken kann.

Anders als in den naturwissenschaftlichen und technischen Disziplinen oder den Wirtschaftswissenschaften und der Jurisprudenz läßt sich in den Geisteswissenschaften auch kein verbindlicher Lernstoff für das Studium ermitteln.

Studienanfänger der Germanistik stehen oft noch vor spezifischen Problemen. Sie resultieren z.B. daraus, daß man das Fach aus Verlegenheit wählt. Wer in der gymnasialen Oberstufe sich früh von der Mathematik verabschiedet, wird in naturwissenschaftlichen oder wirtschaftswissenschaftlichen Studiengängen ohne harte Nacharbeit bald scheitern – und wird noch einmal 'frustriert' sein, wenn er ahnungslos – schließlich hat man auf der Schule doch einmal Deutsch getrieben – zur Germanistik wechselt und dort bemerkt, daß es zum Verständnis vieler Texte bis ins 20. Jahrhundert hinein solider Kenntnisse des Lateinischen bedarf, das einem die Schule womöglich vorenthalten oder das man gleichfalls 'abgewählt' hat.

Im Gegensatz zu den Fremdsprachenphilologien, wo die Sprachkenntnis eine Hürde darstellt, steht die Germanistik im Verdacht, ein 'dünnes Brett' zu sein. Angesichts der neuen Mechanismen, nach denen sich an den Universitäten mehr und mehr die Verteilungskämpfe um die Finanzmittel aus einem Globalhaushalt richten, wird sich das vermutlich bald gründlich ändern. Wo die verschiedenen Studiengänge ihre Mittel nach dem Zahlenverhältnis von Studienanfängern und erfolgreich und rechtzeitig abgelegten Examina erhalten, werden die Verhältnisse sich denjenigen in den 'harten Fächern' angleichen: Im Chemie-Studium etwa verringert sich die Zahl der Anfänger bis zum Vordiplom aufgrund von Prüfungen auf etwa die Hälfte, und die Verbleibenden bestehen in aller Regel das Diplom mit guten Leistungen. Die Germanistik weist dagegen einen großen Anteil von inaktiven, nur in der Kartei geführten oder Gelegenheitsstudenten auf, die nach einer hohen Zahl von Semestern das Studium abbrechen. In den 90er Jahren haben jährlich etwa je 20 000 Studienanfängern das Studium der Germanistik begonnen, aber nur etwa je 3500 Absolventen es erfolgreich abgeschlossen.

Germanistik ist kein Teilzeitstudium, sowenig wie irgendein anderes. Da sie sich mit Texten befaßt, gehört die disziplinierte Lektüre zu den wichtigsten Voraussetzungen des Erfolgs. Neueste Untersuchungen bei germanistischen Studienanfängern legen den Schluß nahe, daß Leselust und Lesefähigkeit wenig ausgeprägt sind (Thomas Eicher: LeseNot-Stand? Dortmund 1996). Aus dieser Erkenntnis kann man allerdings nicht mit dem Autor den Schluß ziehen, hier liege eine hochschuldidaktische Aufgabe; hier liegt ein Defizit voruniversitärer Erziehung und Schulbildung, dessen Behebung bei den Verantwortlichen einzufordern ist. Die universitäre Germanistik kann daran nur mitwirken, indem sie künftigen Lehrern des Deutschen ihrerseits die Fähigkeit vermittelt, Leselust und Lesefähigkeit zu bewirken, nicht indem sie feige wegschaut und Gerechte wie Ungerechte, d. h. Belesene wie Unbelesene, mit derselben Note dasselbe Examen passieren läßt.

Wer sich nicht mit Texten regelmäßig und konsequent für längere

Zeit in die – von Freundin und Freund, Fernsehen und Diskothek ungestörte – Einsamkeit zurückziehen kann, wird in einem auf Textkenntnis gegründeten Fach nicht reüssieren, sowenig wie jemand zum Chemiker wird, der sich nicht auf täglichen stundenlangen Laborbetrieb einlassen mag. Das eigentlich wissenschaftliche Ziel des Literaturstudiums, nämlich über Texte mit vernünftigen Argumenten etwas Erhellendes sagen oder schreiben zu lernen, setzt allererst einmal die Kenntnis solcher Texte voraus. Ihre Aneignung ist Arbeit, aber was für eine privilegierte! Wer kann schon, ein Buch in der Hand und gar genußvoll auf dem Kanapee ausgestreckt, von sich behaupten, er arbeite gerade intensiv? Nur Literaturstudenten können das; freilich sollten sie sofort aufstehen und zum Wörterbuch eilen, wenn ihnen bei der Lektüre ein unbekanntes Wort begegnet.

Jede Produktion von Literatur greift in der einen oder anderen Weise auf andere Literatur zurück. Solche Rückgriffe können ganz verschiedener Natur sein: Daß sich ein Text auf einen anderen bezieht, ist ganz offensichtlich bei der Parodie, deren Spott nur ein Leser verstehen und genießen kann, der den parodierten Text kennt. Die Kirchenlieder sind voller zitierender Anspielungen auf biblische Stellen. Im berühmten, die instrumentelle Vernunft kritisierenden „Sirenen"-Kapitel der *Dialektik der Aufklärung* beziehen sich die Autoren Theodor W. Adorno (1903–1969) und Max Horckheimer (1895–1973) auf die Sirenen-Episode der homerischen *Odyssee*. Christa Wolfs (geb. 1929) *Medea*-Roman hat die gleichnamige Tragödie von Euripides zum Subtext. (Mit dem Fachterminus Subtext bezeichnet man in der Literaturwissenschaft neuestens den Text, auf den sich ein anderer bezieht.) Christoph Ransmayrs (geb. 1954) Roman *Die letzte Welt* spielt von der ersten bis zur letzten Seite mit den Gestalten der griechisch-römischen Mythologie, die Ovid (43 v. Chr. – 17/18 n. Chr.) im Erzählkosmos seiner *Metamorphosen* („Verwandlungen") vereinigt hat. Die Beispiele ließen sich in die Tausende vermehren. (Um nebenbei der Orientierung auf dem 'weiten Feld' der Literaturgeschichte ein wenig nachzuhelfen, werden den Namen mit unbeirrbarer Penetranz die Lebensdaten hinzugesetzt.)

Besonders wichtige stoffliche Fundi waren bis ins 19. Jahrhundert hinein die Bibel und die antike Mythologie, wie sie in den *Metamorphosen* des Ovid vermittelt worden sind. Kaum ein älteres literarisches Werk ist ohne die Kenntnis dieser Stoffquellen wirklich zu verstehen. (Das gilt im übrigen auch für Werke der Bildenden Kunst.)

Literatur geht also immer aus Literatur hervor. Deshalb mache man sich beim Studium der Literatur zur Gewohnheit, danach zu fragen, was ein Autor, mit dem man sich einläßlicher beschäftigt, denn selbst gelesen hat. Auch zu der so notwendigen Lektüre fremdsprachiger Literatur, wenigstens in guten Übersetzungen, gelangt man auf diese Art ganz von selbst. Die eigene Lektüre der Quellen hat grundsätzlich den Vorrang vor der Beschäftigung mit der sogenannten Sekundärliteratur, also der Literatur, die über einen Autor, ein Werk usw. geschrieben worden ist. (Mit ihr kann man erst dann etwas anfangen, wenn man die dort behandelten Texte aus eigener Lektüre kennt.) Welch Anblick des Jammers zu beobachten, wie sich jemand unter höchster Gedankenqual aus fünf Aufsätzen der Sekundärliteratur zu Andreas Gryphius (1616–1664) eine ungelesene Tragödie dieses Barockdichters vergeblich zu rekonstruieren versucht, statt deren fünf zu lesen und danach den einen oder anderen Aufsatz aus der Forschungsliteratur zügig – und womöglich auch mit Gewinn – zu verarbeiten!

2. Die Gegenstände der Literaturwissenschaft

Schon mit dem Wort 'Literatur' verbinden sich mehrere divergierende Begriffe. Ebenso unterschiedlich sind die Vorstellungen, die sich mit dem Ausdruck 'Literaturwissenschaft' verbinden.

Literatur wird bald als die Gesamtheit alles Geschriebenen, bald als das Fachschrifttum zu einem Spezialgebiet (so wird das Wort in diesem Buch immer am Ende der Kapitel verwandt), bald als das Gegenteil von Dichtung, also als minderrangige, triviale Literatur, bald gerade umgekehrt – im Sinne von hoher Literatur – als das Gegenteil von Trivialliteratur verstanden. Man muß also bei dem Gebrauch dieses polyvalenten Wortes immer mitteilen, wie man es selbst verwendet. Aber auch bei definiertem Sprachgebrauch bleiben noch viele Zweifel offen. Ein Beispiel: Wenn man sich womöglich darauf verständigt hat, daß Gegenstand der Literaturwissenschaft Geschriebenes von einem gewissen sprachlichen Anspruch sein sollte, würde ein französischer Literaturwissenschaftler einen philosophischen Text selbstverständlich zur Literatur rechnen, ein deutscher ihn vielleicht ausschließen. Der deutsche Literaturwissenschaftler hätte dann in einer Art *reservatio mentalis* die sogenannte nicht-fiktionale Literatur ausgeschlossen. Auf Nachfrage würde er aber wahrscheinlich konzedieren, daß ein Essay, ein Aphorismus und andere nicht-fiktionale Texte dem genannten Kriterium entsprechen. (Andererseits hätten ausländische Literaturwissenschaftler mit einem spezifisch deutschen Problem der Terminologie überhaupt nicht zu tun: Im deutschen Sprachgebrauch konnotiert der Ausdruck 'Dichter' eine besonders positive Wertung und wird oft oft anstelle des Wortes 'Schrifsteller' auch für Autoren von Prosa gebraucht. Andere Sprachen unterscheiden klar und funktional zwischen zwei Ausdrücken, deren einer den Verfasser jeder Art von literarischen Texten (engl. 'author', franz. 'auteur', ital. 'scrittore'), deren anderer ausschließlich den Verfasser von Gedichten bezeichnet (engl. 'poet', franz. 'poète', ital. 'poeta').

Theoretisch bekennen sich heute viele Literaturwissenschaftler zu einem weiten Literaturbegriff, ohne recht zu bedenken, was das konsequenterweise bedeutet. Wer es mit dem weiten Literaturbegriff ernst meint, darf Trivialliteratur nicht ausschließen – auch wenn es auf die Dauer ein ödes Geschäft ist, sich der Lektüre von Trivialromanen hinzugeben. Der weite Literaturbegriff schließt jede Wertung aus. Aber was macht die Literaturkritik tagtäglich anderes, als sich wertend zu Literatur zu äußern? Wie anders als wertend kann man aus der Fülle der Bücher eine Auswahl für den Unterricht treffen?

Um die Verwirrung noch weiterzutreiben: Was ist mit einem Lehrbuch der Chirurgie, also einem typischen Gebrauchstext? Der germanistische Literaturwissenschaftler käme kaum auf die Idee, solche Fachliteratur zu seinem Gegenstand zu erklären. (Ein Vertreter der germanistischen Linguistik denkt darüber aber vielleicht schon anders.) Ganz selbstverständlich aber beansprucht die Klassische Philologie die Zuständigkeit für die antike medizinische Fachliteratur von Hippokrates, Galen oder Celsus.

Was Literaturwissenschaft ist, läßt sich also nur pragmatisch so definieren: alles, was Literaturwissenschaftler tun. Da ist denn auch eingeschlossen, daß der eine die Literaturtheorie, der andere die Geschichte, der dritte die Interpretation vorzieht. Das geht solange auch ganz gut, wie zwei Voraussetzungen erfüllt sind: 1. alle drei sich dessen bewußt sind, wie sehr sie, oft ohne es zu bemerken, das Geschäft der anderen betreiben, und 2. daß diejenigen, die dafür sorgen, daß Literaturwissenschaft möglich ist, der Auffassung sind, daß es sie auch tatsächlich geben sollte. Auch die Literaturwissenschaft tut also gut daran, ein Publikum – z.B. durch verständliche Präsentation ihrer Ergebnisse – für ihre Arbeit zu gewinnen.

Das geschieht nicht durch Publikationen, die wegen mangelhafter Beherrschung der Sprache den Leser abstoßen. Wer ihn versteht, übersetze den folgenden Text aus einer renommierten literaturwissenschaftlichen Zeitschrift ins Deutsche: „Hier ist der Punkt für ein Zwischenresümee erreicht: Kultur fungiert als Reflexionswert für Kontingenz in sachlicher, sozialer und zeitlicher Hinsicht, wobei der temporale Aspekt stellvertretend noch einmal für den Wandel im ganzen zu stehen vermag. Es handelt sich um ein sich wandelndes Symbol des Wandels, durch das sich die Realität als symbolisch erzeugte beschreibt." Obwohl es sich pikanterweise auch noch um einen Ausschnitt aus einem preisgekrönten Essay handelt, seien Autor und Fundstelle um der Schonung willen verschwiegen und die geneigten Leser statt dessen mit einem anderen Zitat entschädigt. Es steht in einem Feuilleton, das der Journalist Matthias Claudius (1740–1815) unter dem Titel „Über das Genie" 1771 aus Anlaß von Christoph Martin Wielands (1733–1813) *Neuem Amadis* veröffentlicht hat und lautet: „Aber das kostet Kopfbrechen von einer Sache zu schreiben, von der man nichts versteht, und da pflegen wir Gelehrte denn wohl zur Abwechslung und Erholung eine

Spielstunde zu machen. Der selige Isaac Newton schrieb in seinen Spielstunden eine Chronologie, und ich – – – lese im Amadis. Den Amadis von Gallien weiß ich fast auswendig, es ist mir also recht lieb, daß einer sich die Mühe genommen hat, einen neuen Amadis zu schreiben, denn in die Amadisse bin ich einmal vernarrt, und die Wahrheit zu sagen, der neue Amadis gefällt mir noch fast besser als der Amadis von Gallien. So ein Buch ist bloß zum Zeitvertreib, je närrischer, je besser."

Um an einem Beispiel einen Eindruck davon zu vermitteln, welch interessante, durchaus medien- und kulturwissenschaftliche Beiträge aus der Germanistik hervorgegangen sind, als sie noch nicht an der Neurose ständiger Neudefinition ihrer selbst litt, sei den jungen Germanisten empfohlen, zu dem in gegenwärtiger Literaturwissenschaft intensiv erörterten Thema 'Bild und Text' den Umweg über das Handbuch der Embleme zu nehmen (Henkel, Arthur, und Albrecht Schöne (Hrsg.): Emblemata. Handbuch zur Sinnbildkunst des 16. und 17. Jahrhunderts. Taschenausg. Stuttgart, Weimar 1996 [zuerst 1967]).

Das griechische Wort *Emblem* bezeichnet ursprünglich eine Einlegearbeit, Intarsienartiges also. Später – im ausgehenden Mittelalter – wurde das Wort für die Vorlagenbücher von Malern, Goldschmieden und anderen gebräuchlich. Seit dem 16. Jahrhundert schließlich wird mit dem Ausdruck Emblem eine spezifisch literarisch-bildkünstlerische Mischform von allegorischer Grundstruktur bezeichnet; aus der konkurrierenden Bezeichnung Symbol endlich leitet sich die deutsche Übersetzung Sinnbild ab. Das Bild und die Textteile übernehmen dabei je spezifische Funktionen des Darstellens oder Abbildens bzw. des Deutens oder Auslegens.

Das erste Emblembuch im neuen Sinne des Wortes veröffentlichte 1531 der Italiener Andrea Alciato und begründete damit eine Text und Bild verbindende Sonderform der gelehrten Epigrammkunst, die in ganz Europa rasche Verbreitung in allen Bildungsschichten fand, die Literatur ebenso durchdrang wie außerliterarische Bereiche, etwa die Bildende Kunst, speziell in Dekorationen. Es gibt kaum einen Aspekt der europäischen Kultur des 17. und frühen 18. Jahrhunderts, den man ohne Reflex auf die Emblematik angemessen verstehen kann.

Während in der älteren Literatur auch andere Formen der Kombination von Text und Bild als Emblem bezeichnet wurden, wie etwa die *Devise*, hat der Romanist Ernst Robert Curtius den Terminus für eine bestimmte Form dieser Kombination reserviert. Ihr Grundtypus ist dreiteilig. Er besteht aus einem Bild, Pictura, Imago oder Ikon genannt, dessen Sinn durch zwei Texte erschlossen wird: zum einen durch das *Motto*, das auch als *Lemma* bezeichnet wird und als Titel bzw. Überschrift fungiert, zum anderen durch das als *Subscriptio*, Unterschrift, bezeichnete eigentliche Epigramm. Text und Bild werden als Einheit verstanden wie Körper und Seele. Dabei wird das Bild, die *Pictura*, als Körper, die Worte werden als Seele des Emblems aufgefaßt. Das Bild soll nur den emblematischen Sinnträger bzw. Sachverhalt abbilden, dessen Sinn sich erst im Zusammenwirken von Bild und Text mitteilt. Der Sachverhalt kann aus der den Menschen umgebenden Natur, aus den Schöpfungen des Menschen selbst, aus der Mythologie und aus der Geschichte genommen sein.

Ein Beispiel: Ein Bild zeigt vor dem Hintergrund einer Stadtsilhouette ein aufgeschlagenes Buch, auf dessen oberem Rand mit weit geöffneten Augen und weitgespannten Flügeln eine Eule sitzt. Um das – in diesem Falle runde – Bild herum läuft als Motto der Text „studio et vigilantia" – zu deutsch: mit Eifer und Wachsamkeit. Darunter ein Epigramm in Form eines Distichons, das unter Verzicht auf den Wohlklang der lateinischen Verse gleich in deutscher Übersetzung geboten sei: „Wer in unermüdlichem Eifer die Bücher studiert, der nur verdient es, ein Gelehrter zu heißen."

Das Motto bringt auf den kürzesten Begriff, das Bild veranschaulicht, die Subscriptio formuliert die moralische, religiöse, erotische oder sonstige Aussage, etwa eine allgemeine Lebensweisheit, die der Kundige bei Bild und Motto schon assoziieren kann, bringt also die allegorische Bildlichkeit auf den Begriff.

Zu Tausenden wurden solche Emblemata, nicht selten von berühmten Künstlern, als Holzschnitte oder Kupferstiche angefertigt und in den Emblembüchern versammelt, die zwischen etwa 1580 und 1750 als wahre Hausbücher große Verbreitung fanden. Als Gebrauchstexte teilten die Emblembücher das Schicksal aller Gebrauchsliteratur: daß später niemand ihrer achtete. Entsprechend wenige Exemplare haben sich erhalten.

Das *Handbuch der Sinnbildkunst* bietet rund 4000 Emblemata aus 47 Emblembüchern von 38 Autoren im Originalwortlaut der lateinischen, italienischen, deutschen, englischen, französischen, niederländischen, spanischen und portugiesischen Literatur, die fremdsprachigen mit beigegebener deutscher Übersetzung. Angeordnet sind die Emblemata nach der Herkunft der Motive: Makrokosmos, Die vier Elemente, Pflanzenwelt, Tierwelt, Menschenwelt, Personifikationen, Mythologie und Biblisches. Vielleicht bereitet es gar comic-gewohnten Augen ein besonderes Vergnügen, sich in die Emblematik hineinzusehen und hineinzudenken. In mehr als einer Hinsicht ist sie in den Visualisierungen unserer Tage noch wirksam.

Literatur

Arntzen, Helmut: Der Literaturbegriff. Geschichte, Komplementärbegriffe, Intention. Eine Einführung. Münster 1984.

Wagenknecht, Christian (Hrsg.): Zur Terminologie der Literaturwissenschaft. Stuttgart 1988.

Weimar, Klaus: Enzyklopädie der Literaturwissenschaft. Tübingen ^{2}1993.

3. Geschichte der Germanistik

Die italienischen Humanisten verstanden seit Francesco Petrarca (1304–1374) ihre philologische Arbeit an den Texten römischer Autoren unmittelbar als Rückgriff auf die große Vergangenheit des eigenen Volkes. Auch die hohe Schätzung, der sich neben den Dichtern die wiederentdeckten römischen Geschichtsschreiber erfreuten, wie z.B. Titus Livius (vor 59 v.Chr. – 17 n.Chr.), entsprang nicht primär historischem, sondern gegenwartsorientiertem Interesse. Genauso rezipierten knapp 200 Jahre später die deutschen Humanisten des frühen 16. Jahrhunderts die *Germania* des römischen Historikers Publius Cornelius Tacitus (um 55–nach 116) als ein Dokument der Frühgeschichte des eigenen Volkes. Aus der *Germania* leiteten sie die Gleichsetzung von 'germanisch' und 'deutsch' ab. Mit dem Verweis auf so alte Herkunft parierten Conrad Celtis (1459–1508) und Heinrich Bebel (1472–1518) in Gedichten und Abhandlungen die Vorwürfe der Italiener, die Deutschen seien rückständig und barbarisch. Der katholische Humanist und Komödienautor Jakob Wimpfeling (1450–1528) formulierte in einer *Epithoma rerum Germanicarum* ('Abriß der deutschen Geschichte') von 1505, einem kurzen Schulbuch der deutschen Geschichte, als erster den Mythos von der Überlegenheit des deutschen Volkes über andere Völker. Basels Anschluß an die Schweiz und frankreichfreundliche Bestrebungen in Straßburg veranlaßten Wimpfeling, den Text des Tacitus in tagespolitischer Publizistik zu nutzen, indem er z.B. in seiner *Germania* (1501) aus Tacitus zu belegen suchte, daß das Elsaß immer zum Deutschen Reich gehört habe. Protestantische Humanisten – allen voran Ulrich von Hutten (1488–1523), der in seinem 1529 postum erschienenen patriotischen Dialog *Arminius* die bis ins 19. Jahrhundert anhaltende literarische Hermann-Ideologie begründete – schöpften aus der taciteischen *Germania* auch für ihre gegen das römische Papsttum gerichtete reformatorische Propaganda. Damit begann die Stilisierung Luthers zu einem deutschen Nationalheros.

Unter dem Einfluß der deutschen Humanisten geriet die frühe Beschäftigung mit älteren literarischen Zeugnissen deutscher Sprache ganz in das Zeichen eines ersten Nationalismus. Celtis zog die Dichtungen der Hrotsvit von Gandersheim (um 935 – nach 973) ans Licht,

Melchior Goldast von Haiminsfeld (1578–1635) unterstützte mit seiner Edition politischer Lyrik Walthers von der Vogelweide (um 1170 – um 1230) aus dem Codex Manesse im Streit zwischen Kaiser und Papst patriotisch die kaiserliche Position, und Martin Opitz (1597–1639) gab in seinem Todesjahr das frühmittelhochdeutsche *Annolied* aus dem ausgehenden 11. Jahrhundert heraus. (Da keine Handschrift des *Annoliedes* mehr erhalten ist, verdanken wir die Überlieferung des Textes nur dieser Ausgabe.)

Der norddeutsche Polyhistor Daniel Georg Morhof (1639–1691) unternahm in seinem *Unterricht von der teutschen Sprache und Poesie deren Uhrsprung Fortgang und Lehrsätzen* (1682) den ersten Versuch einer kritischen Geschichte der deutschen Literatur im Vergleich mit anderen Literaturen. 1695 legte der Theologe Erdmann Neumeister (1671–1756) in Leipzig eine Magisterarbeit *De Poetis Germanicis* ('Über deutsche Dichter') vor, in der er die Arbeiten von rund 400 zeitgenössischen Autoren in alphabetischer Folge kommentierte.

Mit ihrer kritischen Opitz-Ausgabe von 1745 hatten die Schweizer Johann Jacob Bodmer (1698–1783) und Johann Jacob Breitinger (1701–1776) zwar zunächst einen neuzeitlichen Autor zum Gegenstand ihrer philologischen Arbeit gemacht, mit der Edition von Minnesang aus dem – damals in Paris aufbewahrten – Codex Manesse seit 1748, einer Ausgabe von Ulrich Boners Fabelsammlung *Edelstein* (1757) und der Herausgabe des letzten Drittels des *Nibelungenliedes* und der *Klage* seit 1757 und mit Bearbeitungen des Parzival- und Willehalm-Stoffs trugen beide jedoch wesentlich dazu bei, daß sich 'deutsche Philologie' zunächst als Philologie mittelalterlicher deutscher Texte etablierte. Ihren akademischen Platz fand sie zunächst in den zahlreichen Vorlesungen zu Rhetorik, Poetik und den Schönen Wissenschaften (Ästhetik) an den Universitäten, etwa in den Leipziger Kollegs von Christian Fürchtegott Gellert (1715–1769).

Indem der Schweizer Johann Georg(e) Sulzer (1720–1779) in seiner alphabetisch nach Stichwörtern angelegten *Allgemeinen Theorie der schönen Künste* (1771–1774) das empfundene Schöne gegenüber dem erkannten Wahren in ein eigenes Recht setzte, entwickelte er ein Konzept der Analyse des Textes als der Veranlassung von Empfindungen. Er unterschied den „poetischen Text als Objekt des Lesers" vom poetischen Schreiben und begründete mit dieser „Unterscheidung zwischen Schreiber und Leser" (Weimar S. 81) gegenüber der älteren Ästhetik die „Theorie der Schönen Wissenschaften", die von Texten nicht als zu produzierenden handelt, sondern als fertig vorgefundenen und als solchen zu erklärenden. Sulzers Arbeit markiert die Stelle, an der sich wissenschaftliche Beschäftigung mit Literatur theoretisch fundiert von der Literatur zu verselbständigen beginnt.

Für den Unterricht an Schulen entstanden zu Ende des 18. Jahrhunderts deutsche Sprachlehren, deren berühmteste diejenige von Johann Christoph Adelung (1732–1806) war. Von Adelung stammt auch der *Versuch eines vollständigen grammatisch-kritischen Wörterbuches der Hochdeutschen Mundart* (1774–1786), dessen erste Auflage durchweg positiv aufgenommen, dessen zweite (1793–1801) allerdings von vielen Zeitgenossen getadelt wurde, weil Adelung sich geweigert hatte, den Wortschatz der jüngeren Autoren seit dem Sturm und Drang zu berücksichtigen. Das hing mit der normativ-spekulativen Sprachauffassung zusammen, der das Wörterbuch entsprang – im Gegensatz zu dem späteren empiristischen Verfahren des Grimmschen Wörterbuchs.

Die Werke der nachmittelalterlichen deutschen Literatur, die nicht einem höfischen, sondern einem von den konfessionellen Gegensätzen geprägten stadtbürgerlichen Umfeld entstammten, – von Hans Sachsens (1494–1576) Fastnachtspielen bis zu Johan Fischarts (1546–1590(?)) Satiren auf die Orden – zog zuerst Johann Gottfried Herder (1744–1803) in den Fragmenten *Über die neuere deutsche Literatur* ans Licht. Mit der Sammlung *Stimmen der Völker in Liedern* lenkte er die Aufmerksamkeit auf Traditionen mündlicher Volkspoesie und bezog dabei zum erstenmal auch die slawischen Literaturen ein.

Trotz der Behandlung zeitgenössischer Autoren an den Universitäten, wie z. B. Christoph Martin Wielands (1733–1813), dessen Werk wiederholt Gegenstand von Vorlesungen gewesen ist, beschränkte sich die Professionalisierung des Faches zunächst auf das Mittelalter. Dazu trug nicht unwesentlich die Kunstauffassung der Romantiker bei. Indem sie gegen die Griechenbegeisterung des Weimarer Klassizismus den Blick auf die religiösen Funktionen der Kunst lenkten, wandelte sich das gelehrt-antiquarische Interesse zu mythischer Überhöhung des christlichen Mittelalters, besonders deutlich etwa in den *Herzensergießungen eines kunstliebenden Klosterbruders* von Wilhelm Heinrich Wackenroder (1773–1798). Die Wendung zur christlichen Vergangenheit führte die Brüder August Wilhelm von Schlegel (1767–1845) und Friedrich von Schlegel (1772–1829) dazu, die deutsche Literatur auch zu der altkatholischen Literatur der Italiener Dante und Tasso und der Spanier Calderón, Lope und Cervantes in Beziehung zu setzen – eine komparatistische Ausweitung der Perspektive, die sich später bei den Brüdern Grimm auf die slawische Literatur erweiterte. Aus der 'deutschen Bewegung' zu Ende des 18. Jahrhunderts, zu deren vielen Facetten auch die Bemühungen um eine deutsche Nationalliteratur, ein deutsches Nationaltheater usw. gehörten, und den politischen Auseinandersetzungen mit dem nachrevolutionären Frankreich gelangte ein spezifisch patriotisch-nationales Moment in die Beschäftigung mit Literatur, wie es Achim von Arnim (1781–1831) und Clemens Brentano (1778–1842) ihrer 'Sammeltätigkeit' für die Volksliederedition *Des Knaben Wunderhorn* zugrunde legten. (Erst die stupende Edition durch H. Rölleke hat deutlich gemacht, wieviel eigene poetische Prägung diese vermeintliche 'Sammlung' in sich birgt.)

Zum eigenen Universitätsfach wurde die (ältere!) deutsche Philologie in der Generation der Brüder Jacob Grimm (1785–1863) und Wilhelm Grimm (1786–1859) und Karl Lachmanns (1793–1851). Das Wissenschaftskonzept der Grimms weist in der Verbindung von Sprach-, Literatur-, Rechts- und Religionsgeschichte Verwandtschaft mit ähnlich umfassenden der klassischen Altertumswissenschaft auf. In der primären Ausrichtung auf Sammlung und Erschließung großer Stoffmengen mutet es auf den ersten Blick wie eine Vorwegnahme des späteren Positivismus an; erstaunlich ist indes, daß jüngste Versuche, die Germanistik statt als Geistes- als Kulturwissenschaft zu begründen, die Auseinandersetzung mit dem anspruchsvollen integrativen Konzept der Grimms bisher nicht gesucht haben. Von nachhaltiger Wirkung war die grammatische und sprachgeschichtliche Fundierung der Germanistik durch Jacob Grimms vierbändige *Deutsche Grammatik* (1819–1837) und das 1838 auf Initiative des Leipziger Verlegers Salomon Hirzel begonnene und erst nach mehr als hundert Jahren abgeschlossene Projekt des *Deutschen Wörterbuchs* (1852ff.). Schon die Brüder Grimm betrieben durch die breite Streuung der Exzerpierarbeiten das Wörterbuch als ein wissenschaftsorganisatorisches Großunternehmen. Dem Wörterbuch vor allem, neben Editionen mittelalterlicher Werke, galt die Arbeit der Brüder bis zu ihrem Lebensende. Aus dem politischen Wirken, in das sie durch die Protestation der Göttinger Sieben 1837 hineingeraten waren, zogen sich beide nach 1848 und der politischen Niederlage des Liberalismus enttäuscht wieder zurück. Jacob Grimm war 1846 in Frankfurt a. M. und 1847 in Lübeck zum Vorsitzenden der ersten Germanistenversammlungen gewählt worden und hatte 1848 dem Paulskirchen-Parlament angehört. In einer erst durch die jüngere Forschung aufgedeckten Weise problematisch war die Arbeit der Brüder an den Märchen und Sagen, die sie nicht bloß sammelten, sondern ähnlich wie Brentano und Arnim beim *Wunderhorn* literarisch ausgestalteten, aber gleichwohl als Zeugnisse einer mündlichen Volkspoesie ansahen und als Quellen einer „Geschichte der deutschen Poesie" nutzen wollten.

Den Weg von Sprachgeschichte und Edition, mit denen sich die deutsche Philologie etabliert hatte, zu umfassender literaturgeschichtlicher Darstellung beschritt Georg Gottfried Gervinus (1805–1871) mit seiner *Geschichte der poetischen National-Literatur der Deutschen* (1835–42). In ihr stellte Gervinus, einer der Göttinger Sieben und später Mitglied der Paulskirchen-Versammlung, die Literatur als Vorbereitung der politischen Nation dar. Bei Robert Eduard Prutz (1816–1872) – etwa in seiner Studie *Der Göttinger Dichterbund* (1841) – kehrte sich das Interesse des Literarhistorikers von den Texten ab und ihren Autoren zu. Eine solche biographische Orientierung bestimmte die Arbeiten der meisten akademischen Lehrer, die seit dem Ende der dreißiger Jahre – auch im Hinblick auf die Ansprüche des Schulunterrichts – über neuere deutsche Literatur lasen, oft noch, ohne daß dies in der Lehrgebietsbezeichnung zum Ausdruck kam. Davon stach die große, teleologisch auf die Weimarer Klassik zuführende *Literaturgeschichte des 18. Jahrhunderts* (1856–70) des Kunsthistorikers Hermann Hettner (1821–1882) ab; sie nahm Fragen vorweg, die später die geistesgeschichtlich orientierte Forschung beschäftigten und entwarf eine ideengeschichtliche Periodisierung der Aufklärung, die im großen und ganzen bis heute standgehalten hat.

Mit dem von der Literaturgeschichte zur Großbibliographie denaturierten Unternehmen Karl Goedekes (1814–1887) gewann jedoch zunächst ein faktenorientierter Positivismus die Oberhand (vgl. S. 34). Nur mit Einschränkungen kann man auch Wilhelm Scherer (1841–1886) dem Positivismus zurechnen; die weitverbreitete *Geschichte der deutschen Literatur* (1880–1883) des trotz seiner österreichischen Herkunft preußisch gesinnten Scherer versuchte vielmehr, mit Kategorien wie Ursache und Wirkung in die Literaturgeschichte etwas von der methodischen Präzision der Naturwissenschaften einzuführen. Mit Wilhelm Dilthey (1833–1911) im persönlichen Verkehr, nahm Scherer sehr wohl auch die gegenläufige Tendenz wahr, die sich mit Diltheys Konzept der Geisteswissenschaften herausbildete. Dilthey stellte, beeinflußt von Friedrich Schleiermachers (1768–1834) Hermeneutik, den Geisteswissenschaften – im Gegensatz zu den erklärenden Naturwissenschaften – die Aufgabe des Verstehens: Zum Verstehen des Lebens anderer führt – wie Dilthey in der Sammlung *Das Erlebnis und die Dichtung* (1905) darlegt – die Interpretation des objektiven Werks als Ausdruck des Erlebnisses. Aus den Arbeiten der Kunsthistoriker, vor allem denen Heinrich Wölfflins (1864–1945), empfing die Germanistik grundlegende methodische Anregungen für form-, stil- und epochengeschichtliche Untersuchungen.

Julius Petersen (1878–1941) empfing seine Prägung von zwei ungleichen Lehrern, nämlich von Dilthey und dem Lessing- und Goetheforscher Erich Schmidt (1853–1913), der als Haupt der Scherer-Schule galt. Dies befähigte Petersen, neue Aufgaben zu sehen und Methoden zu entwickeln, z.B. in der Hinwendung zum Barock und zu frühen sozialgeschichtlichen Ansätzen der Literaturgeschichte, mit denen einige seiner Schüler hervortraten. In Petersens Berliner Seminar waren nahezu alle Nachwuchsgermanisten versammelt, die nach dem Zweiten Weltkrieg das Fach bestimmten, aber auch in die Emigration getriebene Literaturwissenschaftler, von denen nur wenige im Ausland ihre Arbeit erfolgreich fortsetzen konnten, während viele andere in der Entfaltung ihrer wissenschaftlichen Leistung behindert waren.

Zusätzlich erschwert wurde durch den Nationalsozialismus auch die Rezeption der Arbeiten von 'Außenseitern', die in der germanistischen Zunft ohnehin ungeliebt waren. Das wohl prominenteste Opfer dieser Art wurde Walter Benjamin (1892–1940), dessen grundlegendes Werk zum *Ursprung des deutschen Trauerspiels* (1928) von der Frankfurter Universität als Habilitationsschrift abgelehnt wurde. Infolge der Verdrängung der kunsthistorischen Schule Aby Warburgs (1866–1929), dessen Hamburger Bibliothek 1933 nach London gerettet wurde, fanden auch die grundlegenden ikonologischen Studien dieser Schule zum Verhältnis von Text und Bild erst nach dem Ende des Krieges allmählich Eingang in die germanistische Forschung.

Im Deutschen Literaturarchiv Marbach a.N. besteht eine *Arbeitsstelle für die Erforschung der Geschichte der Germanistik*, die von einem Arbeitskreis für Geschichte der Germanistik unterstützt wird. Einen Schwerpunkt der Forschung bildet die germanistische Disziplingeschichte aber auch an mehreren Universitätsinstituten, so an der Humboldt-Universität zu Berlin und an den Universitäten Köln, Oldenburg und Zürich.

Die Marbacher Arbeitsstelle wendet sich vor allem der jüngeren Geschichte des Faches zu und der Erschließung entsprechender Quellen. Sie bemüht sich damit zugleich um wissenschaftlich solide Antworten auf Fragen nach dem Zusammenhang von Germanistik und Nationalismus in Deutschland. Als auf dem Münchner Germanistentag von 1966 solche Fragen zum erstenmal gestellt wurden, reagierten viele führende Vertreter des Faches aufgeregt auf die vermeintliche 'Nestbeschmutzung'.

Infolge des Nationalsozialismus emigrierten wichtige Vertreter des Faches, wie z.B. Richard Alewyn (1902–1979), und mußten sich forschungsfern als Deutschlehrer im Ausland durchschlagen. Viele Universitätsgermanisten, wie Heinz Kindermann (1894–1985) und Hermann Pongs (1889–1979), desavouierten das Fach durch Anbiederung an das braune Regime. Die politische Perversion des Faches war nicht aus heiterem Himmel gekommen, sondern durch die Indienstnahme der Germanistik als Universitätsdisziplin und Schulfach für einen eher aggressiven Nationalismus vorbereitet, dem sich die sogenannte 'Deutschwissenschaft' zwischen 1910 und 1920 verschrieben hatte.

Wie in anderen akademischen Disziplinen, etwa der Jurisprudenz, kommt auch in der Germanistik der Frage besonderes Gewicht zu, wie politisch-ideologische Diskontinuität vor und nach 1945 mit personeller und institutioneller Kontinuität, vornehmlich der Hochschulgermanistik, hat einhergehen können. Daß die Dinge viel komplizierter liegen, als man sich lange Zeit eingestanden hat, belegen die quellenbezogenen Marbacher Arbeiten vielfach. Hier müssen wenige Beispiele genügen: Als Emil Ermatinger 1933 in seinem Buch *Dichtung und Geistesleben der deutschen Schweiz* die Eigenständigkeit der schweizerischen Literatur gegenüber der deutschen abgrenzte, stellte er die Literaturgeschichte bewußt in den politischen Dienst der sogenannten „geistigen Landesverteidigung", mit der die Schweiz sich neben der materiellen Aufrüstung früh gegen eine befürchtete kriegerische Invasion des nationalsozialistischen Deutschen Reiches gerüstet hatte. (Nicht nationaler Abgrenzung, sondern der Überzeugung, daß unterschiedliche politische, soziale und kulturelle Gegebenheiten auch eine spezifische Literatur hervorbringen, entspringt die nach dem Zweiten Weltkrieg propagierte 'Austriazistik', die als germanistische Teildisziplin eine besondere Kompetenz für die österreichische Literatur beansprucht.) – Die sogenannte werkimmanente Interpretation, die ihren Höhepunkt nach dem Zweiten Weltkrieg erreicht, wird in der Forschung zu Unrecht noch oft als Reaktion auf die politisierte Literaturwissenschaft des Dritten Reichs und als eine daraus resultierende Flucht ins Unpolitische verstanden; ihre Ursprünge in Programmatik und Praxis liegen weit vor dem Zweiten Weltkrieg. – An dem Wirken des Hamburger Neugermanisten Hans Pyritz (1905–1958), der sich vor allem der Barock- und Goetheforschung gewidmet hat, läßt sich die Verkettung von Politik und Wissenschaft in vielen Facetten aufweisen: Der aus Berlin gegen Widerstände noch zu berufende künftige Hamburger Professor, der 1942 in Berlin zum Nachfolger des berühmten Julius Petersen ernannt und 1945 suspendiert worden war, verlegte nach seiner durch den Altgermanisten Ulrich Pretzel (1898–1981) mit allen Tricks akademischer Gremientechnik betriebenen Berufung zunächst einmal alle seine Energie darauf, die Rückkehr des 1933 von den Nationalsozialisten aus Hamburg vertriebenen Dozenten Walter A. Berendsohn zu verhindern, der in Schweden zu einem der Begründer der Exilforschung geworden war. Derselbe Hans Pyritz jedoch erwarb sich größte Verdienste um die Germanistik, indem er als Herausgeber den nach dem Zweiten Weltkrieg neubegründeten *Euphorion* – im Dritten Reich war die angesehene Zeitschrift des Faches zu *Dichtung und Volkstum* pervertiert – wieder auf höchstes Niveau zurückführte, das Periodikum für Untersuchungen zur zeitgenössischen Literatur öffnete und schließlich – Schuld und Sühne? – die Herausgeberschaft an den aus der Emigration zurückgekehrten Richard Alewyn weiterreichte.

Was alles in der Geschichte der Germanistik indes noch der 'Bewältigung' harrt, zeigt der Fall des greisen Hans Schwerte. Als angesehener Germanist, beliebter akademischer Lehrer und Rektor der Rheinisch-Westfälischen Technischen Hochschule Aachen hat der frühere hohe SS-Führer vier Jahrzehnte hindurch unter falschem Namen seine Identität verborgen bzw. eine angenommene Existenz geführt. Aber auch der noch jüngeren Geschichte ist zu gedenken: wie etwa Hildegard Emmel in Greifswald durch die Germanistik-Funktionäre der DDR Hans-Jürgen Geerdts und Hermann Holtzbauer drangsaliert worden ist.

Ob der geschärfte Blick auf die Geschichte mit den vielen Beispielen opportunistischer Anbiederung an den 'Zeitgeist' das Fach künftig vor solchen Verirrungen in welche Totalitarismen auch immer wird bewahren können, erscheint fraglich, wenn die jüngste, als Taschenbuch auf weite Verbreitung zielende Geschichte der Germanistik mit wissenschaftlich unhaltbaren Agitprop-Formulierungen dem Fach allen Ernstes andient, „wieder ideologische Leitvorstellungen auf die Tagesordnung zu setzen, welche zu einer Dämpfung der technologisch-ökonomischen Expansionsraserei beitragen könnten“ (Hermand, S. 242).

Literatur

Barner, Wilfried, und Christoph König (Hrsg.): Zeitenwechsel. Germanistische Literaturwissenschaft vor und nach 1945. Frankfurt a.M. 1996.

Bessling, Reiner: Schule der nationalen Ethik. Johann Georg Sprengel. Die Deutschkundebewegung und der deutsche Germanistenverband. Frankfurt a.M., Bern usw. 1997.

Bluhm, Lothar: Die Brüder Grimm und der Beginn der Deutschen Philologie. Hildesheim 1997.

Denecke, Ludwig: Jacob Grimm und sein Bruder Wilhelm. Stuttgart 1971.

Emmel, Hildegard: Die Freiheit hat noch nicht begonnen. Zeitgeschichtliche Erfahrungen seit 1933. Rostock 1991.

Fohrmann, Jürgen, und Wilhelm Voßkamp (Hrsg.): Wissenschaftsgeschichte der Germanistik im 19. Jahrhundert. Stuttgart 1994.

Fohrmann, Jürgen, und Wilhelm Voßkamp (Hrsg.): Wissenschaftsgeschichte der Germanistik im 19. Jahrhundert. Stuttgart 1994.

Fohrmann, Jürgen, und Wilhelm Voßkamp (Hrsg.): Wissenschaft und Nation. Studien zur Entstehungsgeschichte der deutschen Literaturwissenschaft. München 1991.

Fritsch-Rößler, Waltraud: Bibliographie der deutschen Literaturgeschichten. Mit Kommentar, Rezensionsangaben und Standortnachweisen. Bd. 1: 1835–1899. Frankfurt a. M., Bern usw. 1994.

Germanistik – eine deutsche Wissenschaft. Beiträge von Eberhard Lämmert, Walther Killy ... Frankfurt a. M. 1967 u. ö.

Hermand, Jost: Geschichte der Germanistik. Reinbek bei Hamburg 1994.

König, Christoph, und Eberhard Lämmert (Hrsg.): Literaturwissenschaft und Geistesgeschichte 1910 bis 1925. Frankfurt a. M. 1993.

König, Helmut; Wolfgang Kuhlmann; Klaus Schwabe (Hrsg.): Vertuschte Vergangenheit. Der Fall Schwerte und die NS-Vergangenheit der deutschen Hochschulen. München 1997.

Mertens, Volker (Hrsg.): Die Grimms, die Germanistik und die Gegenwart. Wien 1988.

Rölleke, Heinz: Die Märchen der Brüder Grimm. 2., durchges. Aufl. München 1986.

Des Knaben Wunderhorn. Alte deutsche Lieder. Gesammelt von Ludwig Achim von Arnim und Clemens Brentano. Hrsg. von Heinz Rölleke. Bd. 1–6. Stuttgart, Berlin usw. 1979.

Weimar, Klaus: Geschichte der deutschen Literaturwissenschaft bis zum Ende des 19. Jahrhunderts. München 1989.

4. Bibliographie

4.1 Allgemeines und Typologie

Bibliographien sind Verzeichnisse von Büchern oder unselbständig erschienenen Veröffentlichungen, z. B. Aufsätzen und Rezensionen. Bibliographische Verzeichnisse weisen die erfaßte Literatur nach und erschließen sie für verschiedene Recherchezwecke und Benutzergruppen, die nach ihr suchen, sei es aus formalen, sei es aus inhaltlichen Gründen. Dabei kann es sich um Buchhändler, Gelehrte, Redakteure, Bibliothekare, Studenten usw. handeln. Anglo-amerikanischem Gebrauch entspringt die zuweilen auch in deutscher Fachliteratur begegnende Verwendung des Ausdrucks Bibliographie für die gesamte Buch- und Druckkunde im weitesten Sinne; der in solchen Zusammenhängen anzutreffende Terminus Analytische Bibliographie bezieht sich auf die Textkritik und bezeichnet den exakten Vergleich (*Kollation*) verschiedener Drucke desselben Textes.

Bibliographien sind Hilfsmittel, die eine Reaktion auf die Fülle des veröffentlichten Schrifttums darstellen. Je größer die 'Literaturflut', um so notwendiger ist ihre Erschließung durch Bibliographien. Angesichts der Masse der Bibliographien selbst gibt es seit langem auch sogenannte Bibliographien der Bibliographien, die ausschließlich dem Nachweis von Bibliographien dienen. Aufgrund der Massenhaftigkeit des nachzuweisenden Titelmaterials wird für die Erstellung von Bibliographien zunehmend die automatische Datenverarbeitung eingesetzt, die auch die Erstellung von Registern erleichtert, ohne die Bibliographien nur eingeschränkt benutzbar sind. Dennoch kommt in den geisteswissenschaftlichen Fächern im Gegensatz zu technischen, natur- und sozialwissenschaftlichen Disziplinen der traditionellen gedruckten Version von Bibliographien gegenüber den elektronischen Datenbanken der Vorrang zu; das hat teils finanzielle, teils gewichtige sachliche Gründe, wie z. B. die Unmöglichkeit, eine einheitliche und international verbindliche Terminologie in den Philologien festzulegen – als Voraussetzung eines genormten Thesaurus eindeutiger Suchbegriffe.

Typologisch kann man Bibliographien nach zahlreichen Aspekten unterschieden. So gibt es *Universal-* oder *Allgemeinbibliographien*, die Schrifttum ohne Rücksicht auf fachliche Bezüge verzeichnen, und *Spe-*

zial- oder *Fachbibliographien*, die das Schrifttum nur eines Fachgebietes nachweisen. Nach dem Zweck der Literaturverzeichnung unterscheidet man z. B. Bibliographien für den Buchhandel (etwa Verzeichnis lieferbarer Bücher) und für die Wissenschaft. Auch Allgemeinbibliographien weisen indes bereits einschränkende Spezialisierungen auf, etwa als *National-* oder *Regionalbibliographien*. Weitere Typen lassen sich aus der Art des verzeichneten Schrifttums ableiten: So gibt es u. a. *Zeitschriftentitelbibliographien* und *Zeitschrifteninhaltsbibliographien*. Nach der Art der Verzeichnung stehen den reinen Titelbibliographien gegenüber: *annotierte Bibliographien*, in denen die Titelaufnahmen durch knappe Zusätze zum Inhalt ergänzt sind, und *räsonnierende Bibliographien*, die sogar Wertungen zu den verzeichneten Titeln bieten.

Annotierte und räsonnierende Bibliographien kommen in aller Regel nur als Fachbibliographien vor, können auch nur von Bibliographen erstellt werden, die selbst nicht nur rezeptiv, sondern produktiv am Forschungsprozeß beteiligt sind. Sie stellen an die Bearbeiter große Ansprüche, da sich in ihnen die Kompetenz nicht nur auf Sichtung, Auswahl und formale Ordnung (Klassifikation) beschränken darf, sondern Fähigkeit und Mut zum Werturteil einschließen muß, ferner die Fähigkeit, Idiosynkrasie aus den Wertungen herauszuhalten. Rückt die kritische Bestandsaufnahme gegenüber der Verzeichnung möglichst vieler einschlägiger Titel in den Vordergrund, wird die Bibliographie zum *Forschungsbericht*, der höchsten Form bibliographischer Berichterstattung, in der die Erträge der Forschung kondensiert werden. Wegen des hohen Aufwands, den sie erfordern, gibt es Forschungsberichte nur zu einer Minderheit der Themen; wo ein einigermaßen aktueller Forschungsbericht vorhanden ist, stellt er meist den besten Einstieg in die wissenschaftliche Beschäftigung mit seinem Gegenstand dar.

Eine erweiterte Form der annotierten Bibliographien stellen die *Referatenorgane* dar, die in Referaten (*Abstracts*) komprimiert die Inhalte der Titel zusammenfassen, ohne sie zu bewerten. Referatenorgane sind in den Geisteswissenschaften eher selten anzutreffen, sie erreichen auch meist nicht denselben Standard, den sie in naturwissenschaftlichen Fächern haben, in denen es – angesichts der hohen Kosten der Forschung – auf sehr schnelle Information nicht nur über einen neuen Titel, sondern dessen Inhalt ankommt.

Auf der Grenze zwischen Allgemein- und Fachbibliographien stehen auch die sogenannten *Epochenbibliographien*. Sie verzeichnen entweder das Schrifttum einer Epoche (wie z. B. das *VD 16*, das *Verzeichnis der Drucke des 16. Jahrhunderts*) oder die Veröffentlichungen zu einer

Epoche oder können – dann als Auswahlbibliographien – auch beide Aspekte miteinander verbinden. Eine wichtige germanistische (also fachliche) Epochenbibliographie ist die jährlich von der Stiftung Weimarer Klassik herausgebrachte *Internationale Bibliographie zur deutschen Klassik 1750–1850 (IBK)* (zuletzt Folge 42 (1995)).

Eine vergleichbare Dichotomie zeigen die – eindeutig den Fachbibliographien zuzurechnenden und in der Literaturwissenschaft besonders zahlreich anzutreffenden – Personalbibliographien. Man unterscheidet die *subjektive Personalbibliographie*, die die von einer Person stammenden Schriften nachweist, und die *objektive Personalbibliographie*, in der das veröffentlichte Schrifttum über eine Person verzeichnet ist. In der Praxis werden oft beide Typen in einer Personalbibliographie vereinigt, weil man bei der Erhebung von Titeln der einen Art auch auf die der anderen stößt.

Nach ihrer Veröffentlichungsform werden *selbständige Bibliographien*, die als Buch erschienen sind und sich schon vom Titel her als Bibliographien zu erkennen geben, von den sogenannten *versteckten Bibliographien* unterschieden, die sich etwa als Anhang im Literaturverzeichnis einer Dissertation oder in einem Aufsatz finden.

Nach der Anlage kann man *alphabetisch und systematisch* geordnete Bibliographien unterscheiden. Aus der Erscheinungsweise leitet sich die Unterteilung in *abgeschlossene (retrospektive)* und *laufende (periodische) Bibliographien* her. Die verschiedenen Grundstufen einer laufenden Bibliographie, z. B. die grob systematisch geordneten wöchentlichen Verzeichnisse der *Deutschen Nationalbibliographie*, können in Zusammenfassungen auch ihre Anlage ändern, im Falle des gewählten Beispiels zu alphabetisch geordneten Halbjahresverzeichnissen und weiter zu Fünfjahresverzeichnissen. Die wöchentlichen Verzeichnisse dienen primär der Information über Neuerscheinungen, die Zusammenfassungen zur späteren gezielten Recherche einzelner Titel. Es gibt ferner auch chronologisch geordnete Bibliographien und Mischformen der genannten Ordnungsprinzipien, z. B. systematische Ordnung zur Grobgliederung, alphabetische zur Feinsortierung.

Nach der Erstellung und Zuverlässigkeit sind auf Autopsie beruhende, auch Primärbibliographien genannte, von sekundären Bibliographien zu unterscheiden. (Diese Bezeichnungen dürfen nicht verwechselt werden mit denen einer gelegentlich anzutreffenden ungenauen Terminologie, die – z. B. statt von subjektiven und objektiven Personalbibliographien – von Bibliographien der Primärliteratur [Quellen] und der Sekundärliteratur [Forschungsliteratur] spricht.) *Autopsie* bedeutet, daß der Bibliograph alle verzeichneten Titel selbst vor Augen gehabt und überprüft hat. Sekundäre Bibliographien erheben ihre Daten, die daher auch fehlerhaft sein können, aus anderen Quellen, oft z.B. aus Vorläuferbibliographien oder aus Autormeldungen. Ein Beispiel für die Verwendung von Autormeldungen bietet *Kürschners deutscher Literaturkalender*, zu dem die Autoren, oft aus bloßer Unkenntnis, schon das eine oder andere Mal ein in einer Zeitung veröffentlichtes Gedicht wie ein selbständig erschienenes Buch melden oder besten Gewissens ein noch in Vorbereitung befindliches Buch, das dann aber doch nicht erscheint. Aus dem Kürschner sind solche 'Geistertitel', derer man natürlich in keiner Bibliothek habhaft werden kann, durch sekundäre Erhebung in großer Zahl in das *Deutsche Literatur-Lexikon* (vgl. S. 29) gelangt. Bei der Arbeit mit einer Bibliographie tut man gut daran, sich zu vergewissern, welcher der beiden Sorten die gerade benutzte selbst zugehört. Freilich darf man dabei der Versicherung, etwa im Vorwort, die Bibliographie sei autoptisch erarbeitet, nicht allzu leichtfertig vertrauen, wie die Praxis zeigt. In der Regel ist ein besonderes Indiz für Zuverlässigkeit, wenn nicht durch Autopsie überprüfte Titel als solche gekennzeichnet sind. F. Domays *Formenlehre der bibliographischen Ermittlung* bietet aufgrund jahrzehntelanger bibliographischer Suchpraxis eine Fülle von Hinweisen auf entsprechende Verdachtsmomente.

Der prüfende Umgang mit Bibliographien – vor allem das Gegenprüfen an anderen Bibliographien ist beim geringsten Zweifel geboten – gehört zur Vorschule des Mißtrauens gegen das gedruckte Wort. Die grundsätzliche Skepsis gegen die Richtigkeit gedruckter Information kann man gar nicht weit genug treiben. Unsere Bücher, auch die Nachschlagewerke wie Bibliographien und Lexika, sind übervoll von einander widersprechenden Angaben zu Titeln und Daten, auf die man wenigstens im Vergleich aufmerksam wird. Schlimmer noch, weil sie nur der Spezialist aufspüren kann, sind die vielen übereinstimmend fehlerhaften Angaben, die daraus entstehen, daß neue Werke immer wieder aus älteren abschreiben.

4.2 Geschichte der Bibliographie

Im Griechischen, dem das Wort *bibliographia* zugehört, kommt der Ausdruck nur selten vor, bezeichnet dort aber nicht das Verzeichnen, sondern das Abschreiben von Büchern. Ein lateinisches Wort für die Sache fehlt, auch im Mittelalter. Im Sinne von Bücherbeschreibung und Bücherverzeichnis begegnet das Wort zum erstenmal im 17. Jahrhundert in Gabriel Naudés *Bibliographia politica* (1633). Als Bezeichnungen für Bücherbeschreibungen und -verzeichnisse konkurrieren bis ins 19. Jahrhundert *Bibliotheca*, *Catalogus*, *Elenchus*, *Index*, *Literatur* u. a. m. Im 17. Jahrhundert verband man mit dem Begriff der Bibliographie allenthalben nur Beschreibung und Verzeichnung von Büchern, die einen Teil der *notitia librorum* ('Bücherkunde') bildeten, welche ihrerseits wiederum zur *historia litteraria* ('Literärgeschichte') gerechnet wurde. In der Aufklärung erfuhr der Begriff der Bibliographie im deutschen Sprachraum eine Erweiterung zu 'Bücherkunde'. In Frankreich zu Ende des 18. und zu Beginn des 19. Jahrhunderts aufgetretene Verschiebungen, derzufolge Bibliographie bald eher als bibliophile Druckkunde, bald als 'Literärgeschichte' im ganzen, bald sogar als eine integrierende Spitzenwissenschaft aller Disziplinen verstanden wurde, vollzog man in Deutschland nicht mit. Aus ihr rührt aber das oben erwähnte weite Bedeutungsfeld im Englischen.

Die Anfänge der Bibliographie reichen in die Zeit des Hellenismus zurück. Antike und Mittelalter kannten zwar kein Wort zur Benennung der Bibliographie, hatten aber gewiß einen Begriff von der Sache. Das zeigt bereits das früheste Zeugnis bibliographischer Arbeit: Der von Kallimachos (gest. nach 245 v. Chr.), dem größten hellenistischen Dichter, Gelehrten und Bibliothekar an der Bibliothek zu Alexandria, angefertigte Katalog *Pinakes* (Tafeln); weitere Belege sind u. a. der sogenannte „Lobpreis der Väter“ in dem um 175 v. Chr. entstandenen apokryphen Buch *Jesus Sirach* (44–50) des Alten Testaments, die Doxographien (Referate der Lehrmeinungen von Vorgängern) in der philosophischen Literatur, die Arbeiten der alexandrinischen und byzantinischen Philologen, frühe autobibliographische Zeugnisse (z. B. bei Augustinus [354–430]), empfehlende Autorenlisten (Kanonlisten) für den Unterricht, Kataloge mittelalterlicher Klosterbibliotheken, reiche bio-bibliographische Praxis der antiken Mustern folgenden Werke über *viri illustres* („berühmte Männer“).

Die Vorstellung von Bibliographie als einer Orientierungshilfe in massenhafter und unüberschaubarer 'Literaturflut' jedoch ist neuzeitlichen Ursprungs und hängt unmittelbar mit dem Anwachsen des im Druck erschienenen Schrifttums zusammen. Sie begegnet zuerst bei Konrad Gesner, findet sich voll ausgebildet und reflektiert in der retrospektiven Lexikographie und Enzyklopädik der Aufklärung und ist bis heute bestimmend geblieben.

Aus der mittelalterlichen Tradition der Schriften zu den *viri illustres* übernahmen die Humanisten und die barocken Polyhistoren in die frühneuzeitlichen Bibliographien die bio-bibliographische Methode, d.h. die Verbindung biographischer und bibliographischer Aspekte, die die literaturwissenschaftlichen Autorenlexika bis heute kennzeichnet. So veröffentlichte Johannes Trithemius mit dem *Liber de scriptoribus ecclesiasticis* (Basel 1494) ein inhaltlich spezialisiertes bio-bibliographisches Nachschlagewerk zu 1000 Autoren und rund 7000 Büchern, dessen systematische Anlage durch ein alphabetisches Register ergänzt wird. Konrad Gesner legte – veranlaßt durch die Zerstörung der Bibliothek des Ungarnkönigs Matthias Corvinus – in der ausdrücklichen Absicht, künftige Generationen über das vorhandene Schrifttum zu unterrichten – eine annotierte Universalbibliographie *Bibliotheca universalis* (Bd. 1.2. Zürich 1545–1955; Neudr. Osnabrück 1966) vor. Das Werk verbindet die systematische mit der alphabetischen Ordnung; nach alter Tradition bestimmen beim Alphabet die Vornamen die Sortierung.

Um die wachsende Buchproduktion, die Mitte des 16. Jahrhunderts auf über 100 000 angestiegen war, für den Handel noch überblicken zu können, entwickelten die Buchhändler das Instrument der Meßkataloge (*Die Meßkataloge des 16. Jahrhunderts.* Faksimiledrucke. Hrsg. von Bernhard Fabian. Bd. 1 ff. Hildesheim, New York 1972 ff.), die auch als Vorläufer einer deutschen Nationalbibliographie verstanden werden können. Wegen ihrer Ausrichtung auf Handel und Werbung sind sie freilich nicht von derselben hohen Zuverlässigkeit wie zwei höchst präzise Werke der frühen englischen und französischen Nationalbibliographie: der *Scriptorum Brytanniae catalogus* (Basel 1557–1559) von Johan Bale und die *Bibliothèque françoise* (Paris 1584) von François de Lacroix du Maine. Die Meßkataloge waren zugleich die ersten periodischen Bibliographien.

Da die Gelehrten sich angesichts der wachsenden Titelzahl nicht mehr durch eigene Lektüre mit allen Neuerscheinungen vertraut machen konnten, schufen sie sich in dem neuen Medium der Zeitschriften das Rezensionswesen als Ersatz: 1665 wurde in Paris das *Journal des savants* gegründet, das sich ganz modern der französischen statt der lateinischen Sprache bediente; in Deutschland folgten die *Acta eruditorum* (Leipzig 1682–1782), die noch die gelehrte Tradition der lateinischen Wissenschaftssprache pflegten. An ein weiteres Publikum wandten sich die *Frankfurter Gelehrten Anzeigen* (1736–1790), an denen später so bekannte Autoren wie Johann Heinrich Merck (1741–1791), Johann Gottfried Herder (1744–1803) und Goethe mitarbeiteten, und die von dem Berliner Aufklärer und Verleger Friedrich Nicolai (1733–1811) begründete *Allgemeine deutsche Bibliothek* (Berlin 1765–1806).

Der Wunsch nach Orientierung führte auch zu einer ersten Welle von Fachbibliographien; dazu gehören beispielsweise die von Albrecht von Haller (1708–1777) erstellten Werke *Bibliotheca botanica* (Bd. 1.2. Zürich 1771–1772), *Bibliotheca anatomica* (Bd. 1.2. Ebd. 1774–1777), *Bibliotheca chirurgica* (Bd. 1.2. Bern/Basel 1774–1775) u. a. m. Noch einmal versuchte – schon nach dem Ende des Aufklärungszeitalters – der Dresdner Bibliothekar Friedrich Adolf Ebert, eine Universalbibliographie zu erstellen, freilich schon als Auswahl des für wesentlich Gehaltenen; sein *Allgemeines bibliographisches Lexikon* (Bd. 1.2. Leipzig 1821–1830; Neudr. Hildesheim 1965) weist 24000 Werke aller Fachgebiete nach und ist als Wegweiser zu älterer Literatur für alle historisch orientierte Arbeit bis heute äußerst wertvoll geblieben.

Nach Ebert ist Universalbibliographie als alle Fächer übergreifende nur noch als Bibliographie der Bibliographien oder als Bestandteil der Enzyklopädien bzw. Universallexika verwirklicht worden. Im theoretischen Kontext taucht freilich auch die dem Begriff inhärente Utopie der Vollständigkeit immer wieder einmal auf, so um die Jahrhundertwende in den Debatten um die Gründung des Internationalen Instituts für Dokumentation in Brüssel, so zum Ende des 20. Jahrhunderts in Vorstellungen, man könne das Wissen der Welt in vernetzten Datenbanken verfügbar machen. In solchen Überlegungen ist nur noch der antiquarisch-museale Alexandrinismus von Bibliographie gegenwärtig, nicht jedoch das in der Geschichte der Bibliographie – in Auswahl, Bewertung, Kanonisierung usw. – immer auch vorhandene Bewußtsein, daß Traditionsbildung nicht ohne Traditionsvernichtung geschieht.

Zwischen den Universalbibliographien von Gesner und Ebert entstanden zahlreiche bio-bibliographische Nachschlagewerke, die teils noch mehr barockem Polyhistorismus entsprachen, teils mehr dem kritischem Geist der Aufklärung, die „Erbe und Zerstörer der Büchergelehrsamkeit zugleich war“ (P. Raabe). Die großen „Gelehrtenlexika“ dehnten die auch im barocken Personalschrifttum, z. B. den Leichenpredigten, beibehaltene Tradition der Bio-Bibliographie auf ein immer größeres Material aus, sei es in universaler, sei es in regionaler Orientierung. Christian Gottlieb Jöchers *Allgemeines Gelehrten-Lexikon* (Bd. 1–4. Leipzig 1750–1751 und mehrere Forts.; Neudr. Hildesheim 1960–1961) sollte die „Gelehrten aller Stände sowohl männ- als weiblichen Geschlechts, welche vom Anfange der Welt bis auf ietzige Zeit gelebt, [...] nach ihrer Geburt, Leben [...] und Schriften aus den glaubwürdigsten Scribenten in alphabetischer Ordnung“ beschreiben. Georg Christoph Hamberger begründete *Das gelehrte Teutschland oder Lexikon der jetzt lebenden Schriftsteller*, dessen Fortsetzung sich der Erlanger Historiker Johann Georg Meusel zur Lebensaufgabe machte (5., verm. Aufl. Bd. 1–23. Lemgo 1796–1834). Ein prominentes Beispiel für regional orientierte Schriftstellerlexika ist die überaus reichhaltige *Grundlage zu einer Hessischen Gelehrten- und Schriftstellergeschichte* (Bd. 1–18. Cassel 1781–1819) von Friedrich Wilhelm Striedter, dessen Titel noch den Zusammenhang von Bibliographie und 'Literärgeschichte', einer Literaturgeschichte aus Titeln, erkennen läßt. Diese älteren bio-bibliographischen Lexika werden heute nicht mehr primär als Titelnachweise genutzt, jedoch in zunehmenden Maße von der literaturgeschichtlichen Forschung als Quellen herangezogen, z. B. für die Ermittlung von Texten wenig beachteter Gattungen (Personalschriften, Reiseliteratur) oder zur Ermittlung älterer Fachliteratur, seitdem sich die Germanistik verstärkt der Erforschung der Disziplingeschichte zuwendet.

Von den genannten Werken führen die Wege zu den großen primär biographischen Unternehmen des 19. und 20. Jahrhunderts, von denen folgende genannt seien: *Allgemeine deutsche Biographie (ADB)* (Bd. 1–56. Leipzig 1875–1912; Neudr. Berlin 1967), *Neue deutsche Biographie (NDB)* (Bd. 1 ff. Berlin 1953 ff.), Constant von Wurzbach: *Biographisches Lexikon des Kaiserthums Österreich* (T. 1–60. Wien 1856–91), *Kürschners deutscher Literaturkalender* (Jg. 1 ff. Berlin 1879 ff.; 1997 ff.: München). Von letzterem spaltete sich später *Kürschners deutscher Gelehrten-Kalender* (Jg. 1 ff. Leipzig (heute: Berlin) 1925 ff.) als eigenständiges Werk ab. Mit ca. 60 000 berücksichtigten Personen stellt die *Deutsche Biographische Enzyklopädie (DBE)* (Bd. 1ff. München, New Providence usw. 1995 ff.) auch für die Literaturgeschichte ein unentbehrliches Hilfsmittel dar.

Bis ins 18. Jahrhundert zurück reichen auch die Anfänge der Inkunabelbibliographien, die die Frühdrucke bis 1500 verzeichnen (Georg Wolfgang Panzer: *Annales typographici [...]* Bd. 1–11. Nürnberg 1793–1803; Neudr. Hildesheim 1963–1964; Ludwig Hain: *Repertorium bibliographicum [...]* Bd. 1.2. Stuttgart 1826–1838). Die älteren Inkunabelbibliographien sind bis heute durch den noch unabgeschlossenen *Gesamtkatalog der Wiegendrucke* (Leipzig 1925 ff.) nur zum Teil ersetzt.

Als Nachweisinstrumente des Buchhandels entstanden seit dem Ende des 18. Jahrhunderts *Hinrich's Halbjahreskatalog der im Deutschen Buchhandel erschienenen Bücher, Zeitschriften und Landkarten* (Leipzig 1798–1944), das von Wilhelm Heinsius begründete und auf den Meßkatalogen fußende *Allgemeine Bücher-Lexikon [...] von 1700 bis zu Ende 1892 [...]* (Bd. 1–19. Leipzig 1812–1894; Neudr. Graz

1962–1963) mit Anhängen „Romane“ u. „Schauspiele“ für die Jahre 1700 bis 1827 sowie ein von Christian Gottlob Kayser begründetes *Vollständiges Bücher-Lexikon [...] 1750 bis [...] 1910[...]* (T. 1–36. Leipzig 1834–1911), das seine Fortsetzung für die Berichtsjahre 1911–1940 im *Deutschen Bücherverzeichnis* (Bd. 1–22. Leipzig 1916–1943) des Börsenvereins der Deutschen Buchhändler fand. Die 1913 vom Börsenverein gegründete Deutsche Bücherei in Leipzig übernahm 1916 die Redaktion des seit 1843 bestehenden *Wöchentlichen Verzeichnisses der [...] Neuigkeiten des deutschen Buchhandels* (Leipzig 1843–1930) und gab seit 1931 die *Deutsche Nationalbibliographie* heraus, die nach dem Zweiten Weltkrieg unter diesem Titel in Leipzig weiterhin erschien, während für die Bundesrepublik die Deutsche Bibliothek in Frankfurt a. M. seit 1947 die *Deutsche Bibliographie* herausbrachte. *Deutsche Nationalbibliographie* und *Deutsche Bibliographie* sind seit 1991 wieder in der *Deutschen Nationalbibliographie* zusammengeführt.

Für die Berichtszeit 1700 bis 1965 sind die älteren Schrifttumsverzeichnisse heute großenteils zusammengefaßt im *Gesamtverzeichnis des deutschsprachigen Schrifttums (GV)* (sogenanntes GV-Alt: 1700–1910. 160 Bde. München 1979–1987; sogenanntes GV-Neu: 1911–1965. 150 Bde. München 1976–1981). Aus dem Fehlen einer Nationalbibliothek erklärt sich, daß in Deutschland im Gegensatz zu Großbritannien, den USA und Frankreich kein Katalog der Bestände einer einzigen derartigen Großbibliothek die allgemeinbibliographischen Funktionen einer retrospektiven Nationalbibliographie erfüllt.

4.3 Germanistische Fachbibliographie

Die fachbibliographische Lage der deutschen Literaturwissenschaft ist durch eine unübersehbare Fülle von umfassenderen und spezialisierten Bibliographien gekennzeichnet. Im folgenden werden einige für die praktische Arbeit besonders wichtige allgemeine bibliographische Hilfsmittel des Faches angeführt. Bei wachsender Unüberschaubarkeit der Bibliographien kommt es vor allem darauf an, sich mit den wichtigsten Einstiegen in die Hilfsmittel vertraut zu machen. Das gelingt erfahrungsgemäß nicht in der Theorie, sondern nur in der Vorbereitung einer eigenen Arbeit – einer Situation also, in der man den Erfolg merkt, der hinter der bibliographischen Mühe winkt. Vorsorglich die Warnung: die Lektüre der Forschungsliteratur zu einem Text, also auch die darauf zielende bibliographische Recherche, beginne man erst, wenn man sich mit dem Text selbst wirklich vertraut gemacht hat. Vorzeitige Lektüre der Forschungsliteratur ist unzeitige Lektüre, weil sie die eigene Beobachtungskraft erlahmen läßt. Ist man mit dem Text vertraut und hat seine eigenen Beobachtungen angestellt, muß freilich die Auseinandersetzung mit der Forschung folgen. Dabei werden sich dann etliche eigene Beobachtungen als schon von anderen gemachte herausstellen – nach der Regel „Viel lesen bewahrt vor 'Entdeckungen'" (Hermann Heimpel) –, auch diese Erfahrung gehört zur Wissenschaft. Die wichtigsten Suchstrategien vermitteln vorzüglich Paul Raabes *Einführung in die Bücherkunde zur deutschen Literaturwissenschaft* und Hansjürgen Blinns *Informationshandbuch Deutsche Literaturwissenschaft*.

Für besonders gründliche Recherchen noch immer unentbehrlich ist der vielbändige *Grundriß zur Geschichte der deutschen Dichtung* (2. bzw. 3. Aufl. Bd. 1 ff. Dresden 1884 ff.), den Karl Goedeke begründet hat. (Auch der Orientierung in dem sehr kompliziert aufgebauten Goedeke widmet Raabe einen eigenen Abschnitt.) Eine an der damaligen Deutschen Akademie der Wissenschaften begonnene Fortsetzung des Goedeke (*Goedekes Grundriß. N.F.* Bd. 1. Berlin/DDR 1962) ist in den Anfängen steckengeblieben, vor kurzem aber als Unternehmen der Berlin-Brandenburgischen Akademie der Wissenschaften mit neuer Konzeption von Herbert Jacob erfolgreich als *Deutsches Schriftsteller-Lexikon: 1830–1880* (Bd. 1 ff. Berlin 1995 ff.) erneut in Gang gebracht worden.

Für die Berichtszeiten 1879 bis 1920 bzw. 1890 bis 1915 verfügte auch die neuere Germanistik über die heute vernachlässigte Form der räsonnierenden Bibliographie: Herausragende Forscher wirkten an den *Jahresberichten für neuere deutsche Literaturgeschichte* regelmäßig mit. Weniger verläßlich ist, vor allem in den bibliographischen Teilen der ersten Bände, das „biographisch-bibliographische Handbuch" *Deutsches Literatur-Lexikon* (Begr. von Wilhelm Kosch. 3. Aufl. Hrsg. von Bruno Berger ... Bd. 1 ff. Bern 1968 ff.).

Für retrospektive Recherchen ist die *Internationale Bibliographie zur Geschichte der deutschen Literatur von den Anfängen bis zur Gegenwart* (Gesamtred.: Günther Albrecht ... T. 1 ff. Berlin/DDR 1969 ff.) ein bequemer Einstieg, trotz unglücklich verkürzter Titelaufnahmen und eines hohen Ballastanteils abgelegenster Titel aus sozialistischen Ländern. Für die Berichtszeit 1945 bis 1969 (in Bd. 2: bis 1972) bietet allerdings das *Bibliographische Handbuch der deutschen Literaturwissenschaft* (Hrsg. von Clemens Köttelwesch. Bd. 1–3. Frankfurt a. M. 1973–79) den weit besseren Zugang. Die systematisch und chronologisch angelegten, mit der relativ geringen Verzugszeit von etwa 10 Monaten erscheinenden Jahresbände der *Bibliographie der deutschen*

Sprach- und Literaturwissenschaft (BDSL) (Frankfurt a. M.) bilden die laufende Fortführung dieses Handbuches. Sie berücksichtigen in Auswahl auch literarische Neuerscheinungen sowie Literaturkritik und Rezensionen. Stärker auswählend informiert vierteljährlich das „Internationale Referatenorgan mit bibliographischen Hinweisen" *Germanistik* (Jg. 1 ff. Tübingen 1960 ff.). Es verzichtet z. B. auf den Nachweis von Hochschulschriften und Rezensionen. Referate finden sich in der *Germanistik* lediglich zu Monographien, in der Regel mit Zeitverzug, während – was eigentliche Aufgabe eines Referatenorgans wäre – die Fachaufsätze gerade nicht referiert, sondern nur angezeigt werden. Durch souveräne Übersicht über belletristische und literaturwissenschaftliche Neuerscheinungen zeichnet sich das Referatenorgan *Deutsche Bücher* (Jg. 1 ff. Amsterdam 1971 ff.) aus. Nicht Referate, sondern ausführliche Besprechungen bringt die „Zeitschrift für Rezensionen zur germanistischen Literaturwissenschaft" *Arbitrium* (1 ff. München [später: Tübingen] 1983 ff.). Die meisten Fachzeitschriften (vgl. S. 173 f.) enthalten neben Aufsätzen und Miszellen regelmäßig Rezensionen.

Die gesamte deutsche Sprach- und Literaturwissenschaft wird auch in der *MLA International Bibliography of Books and Articles on the Modern Languages and Literatures* berücksichtigt, die jährlich von der *Modern Language Association* (Vol. 1 ff. 1921 ff.) in New York herausgegeben wird. Seit dem Berichtsjahr 1976 steht das Titelmaterial auch in einer monatlich aktualisierten Datenbankversion zur Verfügung. In der Germanistik erweist sich der Nutzen dieser Bibliographie vor allem bei Recherchen zu literaturtheoretischen und komparatistischen Themen.

Soweit die germanistische Fachbibliographie unmittelbar mit der Forschung verbunden ist, zeigt sie eine starke Tendenz zur Spezialisierung bei gleichzeitiger Berücksichtigung eines erweiterten Literaturbegriffs. In solchen Spezialbibliographien verbindet sich meist der Blick auf eine Epoche mit dem auf eine Gattung, wie *Personalschriften* (z. B. *Leichenpredigten*), *Gelegenheitsgedichte*, *Gebrauchstexte* religiöser (z. B. *Predigt*) oder weltlicher Provenienz (*z. B. Flugblatt, Reisebericht*), *Feuilleton*). Hervorgehoben sei die Wendung zu dem lange vernachlässigten Medium der Zeitschrift, dem sich die Zeitschriftenbibliographien von Alfred Estermann, Thomas Dietzel, Hans-Otto Hügel, Bernhard Fischer u. a. widmen. Estermann hat jüngst mehrere modellhafte analytische *Zeitschrifteninhaltsbibliographien* vorgelegt (vgl. S. 32).

Es gilt aber auch, auf einige Schwächen der Fachbibliographie hinzuweisen. Der Erforschung der Bibliographie ist abträglich, daß Theoretiker der Bibliographie sich im allgemeinen ebensowenig um die Verwirklichung ihrer Ideen kümmern, wie die Praktiker sich auf die Theorie einlassen. Auf die bildungs- und wissenschaftsgeschichtlichen Aspekte der Bibliographie richten beide den Blick nicht. So sind die Zusammenhänge zwischen Bibliographie und Lexikographie (im nichtlinguistischen Sinne) sowie Enzyklopädik und Wissensvermittlung, zwischen Bibliographie und Textüberlieferung sowie Kanonbildung bislang kaum erforscht.

Aus der Gesamtbibliographie der Germanistik hat sich die Fachwissenschaft mit dem Ende der *Jahresberichte* nach dem Zweiten Weltkrieg weitgehend zurückgezogen und sie – anders als bei den Referaten der *Germanistik* – mit den Jahresbänden der *Bibliographie der deutschen Sprach- und Literaturwissenschaft* ganz in die Hände der Bibliothekare gelegt, so daß sie stark von pragmatischen Kriterien der Literaturversorgung bestimmt wird. Es bestätigt sich, „daß die Bibliographie als in besonderem Maße organisierte Form selbst stark Gefahr läuft, von [...] noch intensiver entfremdenden Formen der Dokumentation und Information überholt zu werden“ (Fromm S. 27). Alte Diskussionen, ob und in welcher Weise 'Vollständigkeit' anzustreben sei, ob sie wegen der Gefahr der Elephantiasis oder des hohen Ballastanteils nicht vielmehr abzulehnen und durch verantwortete 'Auswahl' zu ersetzen sei, für die aber wiederum keine hinreichenden Kriterien und Kompetenzen benannt werden, brechen immer wieder einmal auf, spiegeln in ihrer Ergebnislosigkeit jedoch nur die postmoderne Beliebigkeit der Disziplin. Kein Wunder, daß unter diesen Umständen auch die Zahl der bibliographischen Torsi wächst und daß nach den – als Vorarbeiten zu begreifenden – aufwendigen bibliographischen Unternehmen zu erwartende kompendiöse Darstellungen ausbleiben.

Literatur (vgl. auch S. 162 f.)

Arnold, Robert F.: Allgemeine Bücherkunde zur neueren deutschen Literaturgeschichte. Neu bearb. von Herbert Jacob. Berlin ^{4}1966.

Bartsch, Eberhard: Die Bibliographie. München, New York ^{2}1989.

Blinn, Hansjürgen: Informationshandbuch Deutsche Literaturwissenschaft. 3., neu bearb. und erw. Ausg. Frankfurt a. M. 1994.

Blum, Rudolf: Bibliographia. Eine wort- und begriffsgeschichtliche Untersuchung. Frankfurt a. M. 1969.

Blum, Rudolf: Die Literaturverzeichnung im Altertum und Mittelalter. Frankfurt a. M. 1983.

Domay, Friedrich: Formenlehre der bibliographischen Ermittlung. Stuttgart 1968.

Fromm, Hans: Germanistische Bibliographie seit 1945. Stuttgart 1960.

Informationsmittel für Bibliotheken (IFB). Besprechungsdienst und Berichte. Berlin 1 ff. 1993 ff. [Zahlreiche kritische Besprechungen auch zur Germanistik.]

Koch, Hans-Albrecht: Bibliographie. In: Reallexikon der deutschen Literaturwissenschaft. Bd. 1. Berlin, New York 1997, S. 220–223.

Krummacher, Hans-Henrik (Hrsg.): Beiträge zur bibliographischen Lage in der germanistischen Literaturwissenschaft. Boppard 1981.

Martens, Wolfgang (Hrsg.): Bibliographische Probleme im Zeichen eines erweiterten Literaturbegriffs. Weinheim 1988.

Raabe, Paul: Einführung in die Bücherkunde zur deutschen Literaturwissenschaft. Stuttgart [11]1994.

Raabe, Paul: Formen und Wandlungen der Bibliographie. In: Koch, Hans-Albrecht (Hrsg.): Welt der Information. Stuttgart 1990, S. 79–96.

Zeitschriftenbibliographien

Deutsche literarische Zeitschriften 1880–1945. Bearb. von Thomas Dietzel und Hans O. Hügel. Bd. 1–5. München 1988.

Deutsche literarische Zeitschriften 1945–1970. Bearb. von Bernhard Fischer und Thomas Dietzel. Bd. 1–4. München 1992.

Estermann, Alfred: Die deutschen Literatur-Zeitschriften 1815–1850. Bd. 1–11. München [2]1991.

Estermann, Alfred: Die deutschen Literatur-Zeitschriften 1850–1880. Bd. 1–5. München 1987–1989.

Estermann, Alfred: Inhaltsanalytische Bibliographien deutscher Kulturzeitschriften des 19. Jahrhunderts. Bd. 1 ff. München 1995 ff.

5. Methoden und Literaturtheorien

5.1 Allgemeines

Ulrich von Wilamowitz-Moellendorff (1848–1931), der große Erneuerer der Klassischen Philologie, trug in einer Vorlesung zur „Einführung in die Philologie" seinen Hörern 1919 an der Berliner Universität zur „philologischen Methode" die folgende Anekdote vor, die sein Schüler Wolfgang Schadewaldt (1900–1974) überliefert hat: „Da kommen die Herren Kollegen Harnack und Roethe zu mir und sagen: 'Ja, *Sie* haben die *Philologische Methode*!' – Aber diese gepriesene 'Philologische Methode': die gibt's doch gar nicht, die gibt es so wenig wie eine Methode, Fische zu fangen. Der Wal wird harpuniert, der Hering im Netz gefangen. Der Butt wird getreten, der Lachs gespießt, die Forelle geangelt. Wo bleibt da die Methode, Fische zu fangen? – Und überhaupt die Jägerei! Vielleicht gibt's da so etwas wie Methode. Aber meine Damen und Herren (mit schalkhaft blitzenden Augen): es ist doch schließlich ein Unterschied, ob man Löwen jagt oder Flöhe fängt." (W. S.: Hellas und Hesperien. 2. Aufl. Hrsg. von Reinhard Thurow und Ernst Zinn. Bd. 2. Zürich und Stuttgart 1970, S. 606 f.)

Auch für die Geisteswissenschaften gilt, daß der größte Teil aller Wissenschaftler, die je gelebt und publiziert haben, im weiteren Sinne unsere Zeitgenossen sind. So nimmt es nicht wunder, daß sich auch in der Literaturwissenschaft neue Theorien, Methoden, Ansätze usw. immer schneller ablösen.

Lästig ist die begriffliche Unschärfe, mit der in vielen Veröffentlichungen nicht unterschieden wird zwischen Poetik als der Lehre des 'Machens', also der Anfertigung von Texten, und Literaturtheorie oder zwischen Literaturtheorie, Paradigma und Methode. Immer häufiger wird sehr allgemein nur von Verfahren, Ansätzen u.ä. gesprochen. Dabei geht es meist um ein neues Paradigma, dessen Theorie und Methoden erst in der Diskussion begriffen sind.

Weitgehende Übereinstimmung besteht darüber, daß neuere Ansätze in der Literaturwissenschaft die älteren nicht ersetzen, sondern ergänzen, daß also die Vielfalt der literaturwissenschaftlichen Fragen einen *Methodenpluralismus* verlange; ebenso darüber, daß Literaturwissenschaft – werde sie nun als Literaturtheorie in systematischer oder als Literaturgeschichte in historischer Absicht betrieben – es zwar primär mit Texten zu tun hat, bei deren Analyse aber von textexternen Kontexten der Texte nicht absehen kann.

5.2 Positivismus

Als *Positivismus* wird eine im letzten Drittel des 19. Jahrhunderts programmatisch formulierte historisch-philologische Methode bezeichnet, die ihre Begründung aus dem philosophischen Positivismus Auguste Comtes (1798–1857) nimmt. Ihre weite Verbreitung aber verdankt sie dem Literaturhistoriker Wilhelm Scherer (1841–1886) und seiner Schule. Nach Comte gilt als erkennbar nur, was sich in empirischer Beobachtung ermitteln läßt. Diese Vorstellung hat die Naturwissenschaften des 19. Jahrhunderts geleitet, und ihrer methodischen Stringenz versuchte die positivistische Literaturwissenschaft zu folgen. Seine Stärken bewies der Positivismus in der materialorientierten Arbeit an den Quellen, etwa in großen Editionen, in der biographischen Forschung, in der ihn die Fakten aus dem Leben der Autoren interessierten, in der historischen und inhaltlichen Analyse, soweit es um Entstehungszeit, benutzte Quellen, Einflüsse usw. geht. Versagt hat der Positivismus dort, wo er versucht hat, scheinbar naturwisenschaftliche Gesetzmäßigkeiten in der Literaturgeschichte aufzudecken oder – vor allem in überzogenem Biographismus – die Werke der Autoren aus deren Herkunft, Charakter, Erziehung, Erlebnissen usw. zu erklären. Die biographischen Situationen aufzudecken, ohne die Goethe weder *Die Leiden des jungen Werthers* noch die *Römischen Elegien* oder *den West-östlichen Divan* je geschrieben hätte, trägt gewiß zur historischen Erklärung dieser Werke bei, jedoch nichts zum Verständnis der jeweils gewählten *literarischen* Formen des Briefromans, der Elegie oder der kommentierten Gedichtsammlung, die als Manifestationen des objektiven Geistes nur aus dem Kontext von Gattungs- und Formengeschichte erklärt werden können, auch wenn sie deren Konventionen sprengen.

Trotz aller Kritik, die später und in Reaktion auf den Positivismus entwickelte Methoden wie die Geistesgeschichte und die werkimmanente Interpretation auf ihn gehäuft haben, bleibt festzuhalten, daß eine Literaturwissenschaft – wie jede historische Wissenschaft – ohne einen gehörigen Einschluß von Positivismus nicht möglich ist. Neuere Methoden haben den Positivismus nicht überflüssig gemacht, sondern die Grenzen bestimmt, innerhalb derer er Erkenntnis fördern kann.

5.3 Geistesgeschichte

Gegen die Vorstellung, alle wissenschaftliche Erkenntnis müsse an den erklärenden Methoden der Naturwissenschaften ausgerichtet werden, richtet sich Wilhelm Diltheys (1833–1911) Begründung der Geisteswissenschaften aus eigenem Recht. Er stellt den *erklärenden Naturwissenschaften* die *verstehenden Geisteswissenschaften* gegenüber. Während die Naturwissenschaften nach erklärenden Kausalitäten suchten, die eine objektive und dem Menschen äußerliche Natur bestimmten, seien die Geisteswissenschaften bestrebt, die komplexe Wirklichkeit in Religion, Gesellschaft, Staat, Kunst usw. als Hervorbringungen des menschlichen Geistes, der menschlichen Seele, geschichtlich zu verstehen. Zentrale Kategorien für diesen Prozeß des Verstehens sind Dilthey zufolge *Erlebnis* und *Bedeutung*: Das Individuum gewinnt seine Identität, indem es seinen Erlebnissen sinngebende Bedeutung zuordnet. Dabei wirkt das Einzelne ebenso auf das Ganze wie umgekehrt. Aufgrund prinzipiell gleicher psychischer Disposition kann der Interpret diesen Prozeß verstehend nachvollziehen, wobei er wiederum – im hermeneutischen Zirkel – die Interdependenz von Einzelnem und Ganzem beachten muß. Solch deutenden Nachvollzug hat Dilthey in seinem 1906 erschienenen Buch *Das Erlebnis und die Dichtung* als die Funktion der Dichtung beschrieben. Auch deren Verständnis beruht selbst wiederum auf deutendem Nachvollzug. Vom Verstehen des Individuums sucht diese geistesgeschichtliche Methode den Weg zum Verständnis aller überindividuellen Erscheinungen des objektiven Geistes in einer Epoche (Ideen, Stile, Regeln usw.).

Bis zum Zweiten Weltkrieg war die Geistesgeschichte – sie war nicht auf den deutschen Sprachraum beschränkt, wie das gegen den Positivismus gerichtete Werk des italienischen Philosophen, Historikers und Politikers Benedetto Croce (1866–1952) zeigt – die vorherrschende methodische Richtung. Ihr bekanntestes Zeugnis sind die vier Bände, die Hermann August Korff zwischen 1923 und 1953 unter dem Titel *Geist der Goethezeit* veröffentlicht hat. Die Geistesgeschichte hat eine gewisse Nachfolge in der zeitgenössischen Mentalitätsgeschichte gefunden.

5.4 Werkimmanente Interpretation

Eine Zuspitzung auf das individuelle Werk erfuhr die Geistesgeschichte in der sogenannten *werkimmanenten Interpretation*. (Die Wortschöpfung ist zwar nachgerade unsinnig, aber eingeführt.) Galt das Interesse der Geistesgeschichte dem Verständnis von Leben, Werk und Epoche, so richtete die werkimmanente Interpretation den Blick auf die ästhetische Autonomie des einzelnen Kunstwerks. Die werkimmanente Interpretation hatte ihren lange anhaltenden Siegeszug in der Literaturwissenschaft bereits vor dem Zweiten Weltkrieg begonnen, auch im anglo-amerikanischen Raum, wo sie mit einem glücklicher gewählten Terminus als *Close Reading* bezeichnet wird. Es ist also nicht richtig, wenn oft behauptet wird, die werkimmanente Interpretation sei ein Rückzug der deutschen Literaturwissenschaft ins unpolitische Gefilde subtiler ästhetischer Analyse als eskapistische Reaktion auf die Selbstkompromittierung der Germanistik im Nationalsozialismus.

Die werkimmanente Interpretation bedient sich zur Textanalyse der überkommenen Hilfsmittel der Metrik und Rhetorik und widmet sich vor allem dem Aufbau und dem Stil des sprachlichen Kunstwerks. *Das sprachliche Kunstwerk* lautet denn auch der programmatische Titel, den Wolfgang Kayser einem zuerst 1948, seitdem immer wieder neu aufgelegten Buch gegeben hat. Es ist als methodische Einführung in die werkimmanente Interpretation ein bis heute nicht überholtes Standardwerk geblieben; von dem darin ausgebreiteten textanalytischen Instrumentarium können auch neuere methodische Ansätze, etwa in der sozialgeschichtlich oder psychoanalytisch ausgerichteten Literaturwissenschaft, nicht absehen.

Eine Folge des ästhetischen Ansatzes der werkimmanenten Interpretation ist die Konzentration auf 'hohe' Literatur, auf das 'Dichterische', an dem die Interpretation zu erkennen versucht, mit welchen Mitteln es den Leser affiziert, um zu „begreifen, was uns ergreift“ (E. Staiger: Die Zeit als Einbildungskraft des Dichters. München 1976, S. 11). Die werkimmanente Interpretation verdankt ihre nachhaltige Wirkung zum großen Teil den suggestiven Arbeiten des Schweizer Gelehrten Emil Staiger (1908–1987). Seine Veröffentlichungen haben ein ungewöhnlich großes Echo außerhalb der engeren literaturwissenschaftlichen Zunft erreicht. Den Interpretationen liegt die Hermeneutik Martin Heideggers (1889–1976) zugrunde. In den vielgelesenen *Grundbegriffen der Poetik* (1946) scheidet Staiger die poetischen Gattungen, indem er „an Dichtungen lyrische, epische und dramatische Züge im Hinblick auf a priori erfaßte Ideen“ (S. 203) abliest: dem lyrischen, epischen und dramatischen Stil korrrespondiert die Trias Erinnerung, Vorstellung und Spannung.

5.5 Sozialgeschichtliche Methoden

Teils aus dem Interesse der marxistischen Literaturwissenschaft, Literatur als gesellschaftliches Phänomen zu deuten, teils aus der Politisierung der Universitäten in der zweiten Hälfte der 60er Jahre resultierte die Wende von der werkimmanenten Interpretation zu einer *sozialgeschichtlich* ausgerichteten *Literaturwissenschaft* bzw. zur *Literatursoziologie*.

Sie interessiert sich nicht für das einzelne Werk, sondern für das soziale Umfeld von Literatur. Sie fragt nach den Bedingungen, unter denen Literatur *produziert* wird (z. B. nach der Stellung der Autoren ([Hauslehrer, Pfarrer, Beamte], nach den Autorenhonoraren), auf welche Weise Literatur *distribuiert* wird (Verlage, Buchhandel), wie die Literaturkritik wirkt, durch welche Leser welche Art von Literatur *rezipiert* wird, usw. Der Paradigmenwechsel hat das ganze „Literarische Leben" in den Blick genommen und die Forschung auf viele lange vernachlässigte Themen gelenkt. Dazu gehören neben dem erwähnten Buchhandel etwa: Trivialliteratur, Gebrauchsliteratur, Reiseliteratur; Mäzenatentum; Formation literarischer Gruppen; Literaturvermittlung und Bildungsinstitutionen; Theaterpraxis und Literaturproduktion; Zeitschriftenwesen; Politische Literatur, die Zensurpraxis u. v. a. m.

5.6 Psychoanalytische Methode

Der Traum als eine Form der Phantasietätigkeit diente Sigmund Freud (1856–1939) auch als Zugang zu der künstlerischen Phantasie. Aufgrund des offenkundigen Bezugs von Traum und Tagtraum zur künstlerischen Phantasie wendet die *psychoanalytische Literaturwissenschaft (Literaturpsychologie)* das in der *Traumdeutung* (1902) entwickelte Modell von Bewußtsein und Unbewußtem, von Verdrängung und Regression sowie von Wahrnehmung und Erinnerung auf die Analyse literarischer Texte an. Neuere literaturpsychologische Arbeiten versuchen, dieses Modell, dem als Defizit die Beschränkung auf eine Person innewohnt, durch eine Psychologie der literarischen Kommunikation zu ergänzen, die den Rezipienten des Produkts der künstlerischen Phantasie berücksichtigt. Dieser Ausweitung hatte Freud bereits selbst in der Schrift *Der Witz und seine Beziehung zum Unbewußten* (1905) den Weg gewiesen. Dort sieht er die Ursache des Lachens über einen Witz in der Überrumpelung der Verdrängung. Studien aus der Freiburger Arbeitsgruppe Literatur und Psychoanalyse haben das psychotherapeutische Konzept von Übertragung und Gegenübertragung auf die Relation angewandt, in der auf beiden Seiten der Text entsteht: Wie der wirkliche Autor das Zusammenspiel zwischen implizitem Autor und implizitem Leser vollzieht, so erstellt auf der anderen Seite der wirkliche Leser im Kontext des Prozesses von Übertragung und Gegenübertragung seinen Text.

Freuds Vorstellung, daß der manifeste Traum sich zum unbewußten Gedanken verhalte wie Umschrift zu Urschrift, liegt der dekonstruktivistischen Texttheorie (vgl. S.40f.) zugrunde, die an die Stelle fester Bedeutungen das wechselnde Zusammenspiel von Erfahrungen und Zeichen der Erinnerung setzt.

5.7 Strukturalismus

Der *Strukturalismus* als Methode basiert auf den zeichentheoretischen Vorstellungen des Schweizers Ferdinand de Saussure (1857–1913), die zur Grundlage der modernen Linguistik und – in weiterem Ausgriff – der modernen Semiotik geworden sind. Der Kerngedanke ist die Unterscheidung von Signifikant und Signifikat des Zeichens. Der Signifikant ist der materielle Bedeutungsträger, der arbiträr (willkürlich) gesetzt ist; das Signifikat meint den unveränderlichen Sinn, auf den der Signifikant verweist. Das einfachste Beispiel für die Unterscheidung liefern die verschiedenen Wörter zweier Sprachen, mit denen jeweils dasselbe Signifikat bezeichnet wird. Sprache ist für de Saussure also ein System von Zeichen, das nach Regeln organisiert ist. Signifikant ist das Lautbild, Signifikat ist der Begriff oder die Vorstellung; im sprachlichen Zeichen sind beide verknüpft. Der Ausdruck Strukturalismus begegnet bei de Saussure selbst noch nicht, auch wenn er einen Begriff davon hat.

Der Strukturalismus, zu dessen führenden Vertretern u. a. der französische Ethnologe Claude Levi-Strauss und der aus der Sowjetunion nach Prag und später in die USA emigrierte Linguist Roman Jakobsohn (1896–1982) gehören, sucht nach den allgemeinen Strukturen, von deren Gesetzmäßigkeiten alle individuellen sprachlichen Erscheinungen abgeleitet sind.

Die literaturwissenschaftliche Anwendung des Strukturalismus bedient sich eines von Roland Barthes (1915–1980) entwickelten Verfahrens des Segmentierens und Klassifizierens der Elemente von Texten, aus deren verschiedenen Kombinationsmöglichkeiten Typen von Texten erzeugt werden können.

Mit der werkimmanenten Interpretation teilt der Strukturalismus das Absehen von allen außertextlichen Bezügen, von ihr unterscheidet er sich im Ziel: Er will nicht das individuelle Werk als solches verstehen, sondern sein formales Strukturmuster ermitteln, das ihn zu einem Exemplar aus einer Menge gleichstrukturierter Texte macht.

Im Kapitel zur Epik (vgl. S. 94 ff.) werden anhand des Beitrags des Strukturalismus zur Erzähltextanalyse einige seiner Grundbegriffe vorgestellt.

5.8 Rezeptionsästhetik und Rezeptionsforschung

Die *Rezeptionsästhetik* behandelt – im Gegensatz zur Produktionsästhetik – den Leser als Medium der Textrezeption. Mit seiner Veröffentlichung *Literaturgeschichte als Provokation* (1967) hat der Konstanzer Literaturwissenschaftler Hans Robert Jauß aus in der Folge einander durchaus widersprechender Interpretationen von Texten den provozierenden Schluß gezogen, daß in solchen divergierenden Interpretationen durch den Leser das Sinnpotential der Texte aktualisiert werde, und die Widersprüchlichkeit der verschiedenen Interpretationen aus den unterschiedlichen ideologischen, ästhetischen usw. Erwartungshorizonten erklärt, vor denen die Leser sich die Texte auslegen.

Wolfgang Iser hat mit seinem Buch *Der Akt des Lesens* (1976) diesen Ansatz textbezogen vertieft. Er weist auf die in jedem Text als strukturelles Moment vorhandenen *Leerstellen* hin, die der Leser im Akt des Lesens mit eigenen Vorstellungen auffüllt.

Beide Autoren beschränken sich allerdings auf die Theorie der Rezeptionsforschung. Ihre praktische Durchführung geschieht – an notwendigerweise beschränktem Quellenmaterial – in der allgemeinen Literaturgeschichtsschreibung, für die Gegenwart in der *empirischen Leserforschung* mit dem Instrumentarium sozialwissenschaftlicher Methodik (z. B. Interview, Fragebogenerhebung).

5.9 Poststrukturalismus (Dekonstruktion)

Unter dem Sammelbegriff werden die jüngsten Methoden und Theorien zusammengefaßt, in denen strukturalistische, psychoanalytische und historische Ansätze kritisch modifiziert, teils zurückgewiesen werden. Zugleich sind sie alle durch die radikale Umkehr der philosophischen Dekonstruktion bestimmt.

Der Ausdruck Dekonstruktion bezeichnet eine philosophische Schule, die seit Ende der 60er Jahre in Frankreich, vor allem von Jacques Derrida (*1930), entwickelt worden ist. Sie wird dem sogenannten Poststrukturalismus zugerechnet und hat über ihre Rezeption in der allgemeinen Literaturwissenschaft, die an amerikanischen Universitäten einen herausragenden Platz einnimmt, großen Einfluß auf die Literaturtheorie gewonnen.

Dekonstruktion kritisiert die 'Metaphysik der Präsenz', von der sie die gesamte Tradition der abendländischen Philosophie bestimmt sieht. Damit sind alle philosophischen Positionen gemeint, die ihre Begründung aus letzten begrifflichen Selbstidentitäten von ontologischer Priorität – wie z. B. Gott, Sein, Bewußtsein, Wahrheit – herleiten. Auch bei seinen modernen Anregern, wie etwa in Friedrich Nietzsches (1844–1900) und Martin Heideggers (1889–1976) metaphysikkritischen Schriften, in der Phänomenologie Edmund Husserls (1859–1938), in der Psychoanalyse von Sigmund Freud (1856–1939) und Jacques Lacan (1901–1981) und im Strukturalismus, macht Derrida noch solche ungeprüften metaphysischen Annahmen aus.

Seine Kritik an der abendländischen Tradition brachte er auf den Begriff des 'Logozentrismus'. Mit diesem Terminus, der mit der doppelten Bedeutung des griechischen Wortes *logos* ('Wort', 'Sinn') spielt, bezieht sich Derrida auf die verbreitete Auffassung, daß die Sprache als Repräsentant von Außersprachlichem gerade auf die 'Präsenz' einer Sache bzw. der Wahrheit über sie ziele. Dementsprechend rekonstruierten Hörer oder Leser bei der Aufnahme von Gesprochenem oder Geschriebenem das 'eigentlich' Gemeinte, suchten also nach dem Sinn bzw. der Wahrheit. Dafür bietet im kleinen die Erfahrung alltäglicher eigener Lektüre beliebig viele Beispiele. Im großen folgt die Hermeneutik als Textauslegung in ihrer gesamten Geschichte diesem Muster, mag man nun an Aristoteles (384–322 v. Chr.) als Ausleger der Schriften seines Lehrers Platon (427–347 v. Chr.) denken, an die Exegese biblischer Schriften, an die auslegende Subsumption eines individuellen Falles unter die allgemein und abstrakt formulierten Vorschriften eines Gesetzes in der Jurisprudenz, an das Verständnis von metaphorischer, allegorischer und ironischer Rede oder schließlich an den kontinuierlichen Auslegungsprozeß eines literarischen Werkes bei dessen Übersetzung in eine andere Sprache.

Die Vertreter der Dekonstruktion sehen die traditionelle hermeneutische Position, der zufolge sich an Texten ein durchgehender Sinn erkennen läßt, auch noch in der strukturalistisch bestimmten Semiotik wirksam, wenn dort in der Unterscheidung von Signifikant und Signifikat (vgl. S. 38) der Signifikant zwar als arbiträr, das Signifikat jedoch als unabhängig im Bewußtsein verankerte Entität verstanden wird.

Die Dekonstruktion leugnet dagegen die vom Signifikanten unabhängige Existenz des Signifikats und sieht letzteres in einer Radikalisierung des semiotischen Ansatzes selbst wiederum zugleich als einen Signifikanten innerhalb eines Verweisungszusammenhangs. Derrida führt in diesem Zusammenhang sprachspielerisch den Neologismus *différance* ein, der zugleich ‘unterscheiden’ und ‘aufschieben’ bedeuten und das Ineinander von Sprach- und Denkordnung kenntlich machen soll.

Als Folge von Derridas Lehrtätigkeit in New Haven ist die Dekonstruktion seit den 70er Jahren vor allem durch Arbeiten von Professoren der Yale University, wie Paul de Man und Harold Bloom, in die Literaturtheorie eingeführt worden. De Man untersucht die Bedingungen jeden Lesens, auch des dekonstruktivistischen, mit Hilfe der Rhetorik und gelangt zu dem Ergebnis, daß jede Lektüre zum Scheitern verurteilt sei, wenn sie nach Erkenntnis strebe, da man den Texten nicht anmerke, ob sie literal (wörtlich) oder allegorisch zu lesen seien. Blooms Interesse gilt vor allem dem Prozeß von Anziehung und Abstoßung gegenüber den kanonisierten literarischen Vorbildern.

Im antagonistischen Wechsel der Ideen, der sich zwischen den amerikanischen Universitäten der Ost- und Westküste eingespielt hat, schickt sich zur Zeit der kalifornische *New Historicism* an, die Ostküsten-Dekonstruktion durch einen sozialgeschichtlich ausgeweiteten Textbegriff zu verändern, der die kulturellen Akte an ihrem historischen Ort und im den einzelnen Text umschließenden Netzwerk zugleich zu verankern erlaubt.

Das Theoriekonzept der *Intertextualität*, das Julia Kristeva Ende der 60er Jahre entwickelt hat, weitet den strukturalistischen Textbegriff im Sinne einer allgemeinen Kultursemiotik aus und fragt nach der verändernden Wirkung von Texten auf gesellschaftliche Strukturen.

Das Interesse politisch motivierter feministischer Arbeit in der Literaturwissenschaft hat lange Zeit der von Frauen geschriebenen Literatur gegolten, sich aber unter dem Einfluß der Dekonstruktion zunehmend auf *Gender Studies* verschoben.

Was die Fruchtbarkeit der Ergebnisse angeht, hängt auch in der Dekonstruktion, wie immer, viel davon ab, wer sie wie handhabt. Gekonnte Originalität, die zu frappierenden Einsichten führt, und gekünstelte Epigonalität, die sich in selbstgefälligen Spiegelfechtereien erschöpft, liegen dicht nebeneinander. Manches gemahnt an des 'Kaisers neue Kleider'. Dazu kommt ein Hang zur terminologischen Esoterik, die das Laienpublikum aus den literaturwissenschaftlichen Theoriedebatten der letzten Jahrzehnte ausgegrenzt hat.

Literatur

Die drei ersten Titel sind reine Einführungen in die Arbeitstechniken:

Bangen, Georg: Die schriftliche Form germanistischer Arbeiten. Empfehlungen für die Anlage und die äußere Gestaltung wissenschaftlicher Manuskripte unter besonderer Berücksichtigung der Titelangaben von Schrifttum. 9., durchges. Aufl. Stuttgart 1990.

Meyer-Krentler, Eckhardt: Arbeitstechniken Literaturwissenschaft. München 41994. [Nützlich vor allem die Hinweise zur äußeren Form der schriftlichen Arbeit und zum Zitieren.]

Rothmann, Kurt: Anleitung zur Abfassung literaturwissenschaftlicher Arbeiten. Neu bearb. Ausg. Stuttgart 1991.

Arnold, Heinz Ludwig, und Heinrich Detering (Hrsg.): Grundzüge der Literaturwissenschaft. München 1996.

Auerbach, Erich: Mimesis. Dargestellte Wirklichkeit in der abendländischen Literatur. Tübingen und Basel 91994. [Zuerst 1946; das Buch des Romanisten ist als eine der besten Einführungen in das Lesen literarischer Werke überhaupt bis heute nicht überholt.]

Baßler, Moritz (Hrsg.): New Historicism: Literaturgeschichte als Poetik der Kultur. Frankfurt a.M. 1995.

Binder, Wolfgang: Literatur als Denkschule. Eine Vorlesung, mit zwei Kapiteln von Klaus Weimar. Zürich und München 1972.

Brackert, Helmut, und Jörn Stückrath (Hrsg.): Literaturwissenschaft. Ein Grundkurs. Reinbek bei Hamburg 1992.

Bredella, Lothar: Das Verstehen literarischer Texte. Stuttgart, Berlin usw. 1980.

Dürscheid, Christa, Hartmut Kircher, und Bernhard Sowinski: Germanistik. Eine Einführung. Köln 1994.

Eagleton, Terry: Einführung in die Literaturtheorie. Stuttgart 41997.

Eibl, Karl: Die Entstehung der Poesie. Frankfurt a.M. 1995.

Eibl, Karl: Kritisch-rationale Literaturwissenschaft. München 1976.

Fohrmann, Jürgen, und Harro Müller (Hrsg.): Literaturwissenschaft. München 1995.

Fricke, Harald: Die Sprache der Literaturwissenschaft. Textanalytische und philosophische Untersuchungen. München 1977.

Fricke, Harald: Norm und Abweichung. Eine Philosophie der Literatur. München 1981.

Fricke, Harald, und Rüdiger Zymner: Einübung in die Literaturwissenschaft. Parodieren geht über Studieren. Paderborn [3]1996.

Gaiser, Gottlieb: Literaturgeschichte und literarische Institutionen. Zu einer Pragmatik der Institutionen. Meitingen 1993.

Gutzen, Dieter, Norbert Oellers, und Jürgen H. Petersen: Einführung in die neuere deutsche Literaturwissenschaft. Ein Arbeitsbuch. 6., neugefaßte Aufl. Berlin 1989.

Hirsch, Eric Donald: Prinzipien der Interpretation. Übers. von Adelaide Anne Späth. München 1972.

Iser, Wolfgang: Der Akt des Lesens. Theorie ästhetischer Wirkung. München [4]1994.

Jauß, Hans Robert: Ästhetische Erfahrung und literarische Hermeneutik. Frankfurt a.M. [2]1982.

Jauß, Hans Robert: Literaturgeschichte als Provokation der Literaturwissenschaft. Frankfurt a.M. [4]1974. [Enthält auch den Titel: Literaturgeschichte als Provokation (1967).]

Kaiser, Gerhard: Wozu noch Literatur? Über Dichtung und Leben. München 1996.

Kayser, Wolfgang: Das sprachliche Kunstwerk. Eine Einführung in die Literaturwissenschaft. Tübingen [20]1992.

Kimmich, Dorothea, Rolf Günter Renner, und Bernd Stiegler (Hrsg.): Texte zur Literaturtheorie der Gegenwart. Stuttgart 1996.

Lindhoff, Lena: Einführung in die feministische Literaturtheorie. Stuttgart 1995.

Link, Jürgen: Literaturwissenschaftliche Grundbegriffe. Eine programmierte Einführung auf strukturalistischer Basis. 5., [gegenüber der 2. Aufl.] unveränd. Aufl. München 1993.

Makaryk, Irena Rima (ed.): Encyclopedia of Contemporary Literary Theory. Approaches, Scholars, Terms. Toronto, Buffalo, London 1993. [Besonders gründliches, umfassendes und klares Nachschlagewerk, zu dem ein deutschsprachiges Gegenstück fehlt.]

Neumann, Gerhard (Hrsg.): Poststrukturalismus. Herausforderung an die Literaturwissenschaft. DFG-Symposion 1995. Stuttgart, Weimar 1997.

Pasternack, Gerhard: Theoriebildung in der Literaturwissenschaft. Einführung in Grundfragen des Interpretationspluralismus. München 1975.

Pechlivanos, Miltos, Stefan Rieger, Wolfgang Struck, und Michael Weitz: Einführung in die Literaturwissenschaft. Stuttgart, Weimar 1995. [Entgegen dem Titel keine Einführung, sondern eine Sammlung umfangreicher Beiträge zu literaturtheoretischen Begriffen und Konzepten.]

Petersen, Jürgen H.: Fiktionalität und Ästhetik. Eine Philosophie der Dichtung. Berlin 1996.

Pietzcker, Carl: Lesend interpretieren. Zur psychoanalytischen Deutung literarischer Texte. Würzburg 1992.

Reh, Albert M.: Literatur und Psychologie. Bern 1986.

Schönau, Walter: Einführung in die psychoanalytische Literaturwissenschaft. Stuttgart 1991.

Schulte-Sasse, Jochen, und Renate Werner: Einführung in die Literaturwissenschaft. München 1977.

Schutte, Jürgen: Einführung in die Literaturinterpretation. 4., aktualis. Aufl. Stuttgart, Weimar 1997.

Schwanitz, Dietrich: Systemtheorie und Literatur. Opladen 1990.

Staiger, Emil: Die Kunst der Interpretation. München 1971 [zuerst 1955].

Staiger, Emil: Die Zeit als Einbildungskraft des Dichters. Untersuchungen zu Gedichten von Brentano, Goethe und Keller. München 1976 [zuerst 1939].

Staiger, Emil: Grundbegriffe der Poetik. München 1971 [zuerst 1946].

Steinmetz, Horst: Moderne Literatur lesen. Eine Einführung. München 1996.

Strelka, Joseph: Methodologie der Literaturwissenschaft. Tübingen 1978.

Strelka, Joseph P.: Einführung in die literarische Textanalyse. Tübingen 1989.

Titzmann, Manfred: Strukturale Textanalyse. München 1977.

Weddige, Hilkert: Einführung in die germanistische Mediävistik. München ^{2}1992. [Grundlegend auch für viele Aspekte der neueren deutschen Literaturwissenschaft.]

Weimar, Klaus: Enzyklopädie der Literaturwissenschaft. Tübingen ^{2}1993.

Wellbery, David E. (Hrsg.): Positionen der Literaturwissenschaft. 8 Modellanalysen am Beispiel von Kleists „Das Erdbeben in Chili“. München ^{3}1993.

Wellek, René, und Austin Warren: Theorie der Literatur. Neuaufl. Weinheim 1995.

Werber, Niels: Literatur als System. Zur Ausdifferenzierung literarischer Kommunikation. Opladen 1992.

Zima, Peter V.: Die Dekonstruktion. Einführung und Kritik. Tübingen und Basel 1994.

Zima, Peter V.: Literarische Ästhetik. Methoden und Modelle der Literaturwissenschaft. Tübingen ^{2}1995.

Žmegač, Viktor (Hrsg.): Methoden der deutschen Literaturwissenschaft. Eine Dokumentation. Frankfurt a. M. 1972.

6. Thematologie

Der Ausdruck *Thematologie*, der aus der französischen Komparatistik stammt, löst allmählich auch in Deutschland die ältere Bezeichnung *Stoff- und Motivgeschichte* ab. Die ältere Stoff- und Motivgeschichte hatte ihre wichtigste Wurzel in den Untersuchungen der Volksmärchen durch die Brüder Grimm und ihre Nachfolger, die sich vor allem auf Verbreitung und Wanderung von Motiven (drei Wünsche, singender Baum usw.) richtete. Dabei beschränkte sich der Blick keineswegs auf die Märchen einer Sprache, sondern galt – schon bei den Brüdern Grimm – gerade den Literaturbeziehungen, etwa zwischen deutschen und slawischen oder skandinavischen Volksmärchen. Auch die – durch Johann Gottfried Herder (1744–1803) besorgte – Sammlung von *Stimmen der Völker in Liedern* hatte der vergleichenden Stoff- und Motivgeschichte ein weiteres Feld eröffnet. Man hat dieser Forschung eine allzu positivistische 'Materialhuberei' vorgeworfen, mit der sie das ästhetische Moment von Literatur verfehle.

Gegen die neuere thematologische Forschung läßt sich dieser Vorwurf jedoch nicht mehr erheben: Gerade in der Frage nach den ästhetischen Unterschieden, die sich an den zahlreichen dramatischen oder erzählerischen Gestaltungen desselben Stoffes (z.B. der Antigone, des Ödipus oder des Don Juan) ausmachen lassen, zeigt sie die jeweils spezifische Historizität solcher Texte. Die Thematologie stellt ferner ein Gegengewicht dar gegen eine allzu einseitige Ausrichtung literaturwissenschaftlicher Arbeit an den einzelnen Autoren.

Der Ausdruck *Stoff* – ursprünglich (vgl. ital. *stoffo*, 'Gewebe') meinte er einmal das Textilgewebe, hatte also dieselbe Bedeutung wie *Text* (lat. *textura*, 'Gewebe') – bezeichnet in der Anwendung auf Literatur seit dem 18. Jahrhundert zweierlei: 1. im engeren Sinne einen vom Autor gewählten Vorwurf, ein 'Sujet', eines Werks (dabei kann es sich um ein historisches Ereignis, aber auch um ein anderes literarisches Werk handeln, wie etwa für Vergils *Aeneis* die beiden homerischen Epen *Ilias* und *Odyssee* (vgl. S. 86) als Stoff anzusehen sind); 2. in weiterem Sinne eine schon vor der literarischen Ausführung liegende 'Fabel', einen 'Plot', als eine Konstellation von Figuren bzw. eine Abfolge von Situationen, die aus Mythos oder Geschichte stammen kann, Bezug zur äußeren Realität also nur im letzteren Fall aufweist. Zum Begriffsinhalt des 'Stoffes' gehört, so oft er auch vorkommen mag, nicht zwingend der Bezug auf die äußere Realität. Die weitere, Figurenkonstellation und Situation einschließende Definition des Stoffes erlaubt auch, zu sehr abstrakten Strukturen vorzudringen; etwa die 'Verwandtschaft' zwischen dem *König Ödipus* des Sophokles und dem *Zerbrochenen Krug* von Heinrich von Kleist (1777–1811) aufzuzeigen: die zögerliche Suche des Richtenden nach sich selbst als dem Schuldigen, dessen Existenz in der Entdeckung zerbricht.

Das *Motiv* wird vom Stoff abgegrenzt als kleinere, stärker schematisierte inhaltliche Einheit. Man hat verschiedene Einteilungen der Motive vorgeschlagen, z.B. die in Situationsmotive (z.B. Doppelgängertum, Bruderzwist, Dreiecksbeziehung), Typenmotive (Außenseiter, Loreley) sowie Raum- und Zeitmotive (Waldeinsamkeit, Ruine; Morgengrauen, Dämmerung). Ganz formal lassen sich z.B. Kern- und Füllmotive unterscheiden.

Gerade die unbefriedigende Trennschärfe bei der begrifflichen Unterscheidung zwischen Stoffen und Motiven legt nahe, den einheitlichen Ausdruck Thematologie zu bevorzugen.

An einigen herausragenden neueren Beispielen, deren Lektüre auch dem Studienanfänger empfohlen sei, läßt sich gut erkennen, warum thematologische Untersuchungen zu besonders lohnenden Einsichten führen können:

Engelhardt, Dietrich von: Medizin in der Literatur der Neuzeit. Hürtgenwald 1991.

Fülleborn, Ulrich: Besitzen als besäße man nicht. Besitzdenken und seine Alternativen in der Literatur. Frankfurt a.M., Leipzig 1995.

Guthke, Karl Siegfried: Ist der Tod eine Frau? Geschlecht und Tod in Kunst und Literatur. München 1997.

Hölter, Achim: Die Invaliden. Die vergessene Geschichte der Kriegskrüppel in der europäischen Literatur bis zum 19. Jahrhundert. Stuttgart, Weimar 1995.

Hörisch, Jochen: Kopf oder Zahl. Die Poesie des Geldes. Frankfurt a.M. 1996.

Matt, Peter von: Liebesverrat. Die Treulosen in der Literatur. München 1989.

Matt, Peter von: Verkommene Söhne, mißratene Töchter. Familiendesaster in der Literatur. München 1995.

Mölk, Ulrich (Hrsg.): Literatur und Recht. Literarische Rechtsfälle von der Antike bis in die Gegenwart. Göttingen 1996.

Rölleke, Heinz: „O wär' ich nie geboren!“ Zum Topos der Existenzverwünschung in der europäischen Literatur. Mönchengladbach 1979.

Schneider, Peter: „ein einzig Volk von Brüdern“. Recht und Staat in der Literatur. Frankfurt a.M. 1987.

Stuby, Anna Maria: Liebe, Tod und Wasserfrau. Mythen des Weiblichen in der Literatur. Opladen 1992.

Thematologische Arbeiten sind in der Regel komparatistisch angelegt, dadurch lenken sie den Blick auf die engen Zusammenhänge zwischen den Literaturen der verschiedenen Sprachen. Sie sind in hohem Maße darauf angewiesen, verschiedene Methoden zu kombinieren, bewirken also eine Integration der verschiedenen literaturwissenschaftlichen Teildisziplinen. Schließlich liegt ein besonderer Reiz der Thematologie in der Notwendigkeit interdisziplinärer Arbeit, sei es daß der Blick auf die Bearbeitung gleicher Themen auch in anderen Künsten – z. B. in der Studie von Guthke – fällt, sei es daß – wie etwa in den Arbeiten von Engelhardts und Hölters – Fragen und Ergebnisse aus Medizin, Geschichte usw. berücksichtigt werden müssen.

Literatur

Frenzel, Elisabeth: Motive der Weltliteratur. Stuttgart ^{4}1992.
Frenzel, Elisabeth: Stoff-, Motiv- und Symbolforschung. Stuttgart ^{4}1978.
Frenzel, Elisabeth: Stoffe der Weltliteratur. Stuttgart ^{8}1992.
Schmitt, Franz Anselm: Stoff- und Motivgeschichte der deutschen Literatur. Eine Bibliographie. Berlin ^{3}1976.
Thompson, Sith: Motif Index of Folk Literature. Vol. 1–6. Copenhagen ^{2}1955–1958.

7. Rhetorik und Stilistik

7.1 Grundlagen und Geschichte der Rhetorik

Die ältesten erhaltenen Zeugnisse der Literatur sind zugleich die ältesten Dokumente der Rhetorik. Zum Beleg müssen hier ein paar Hinweise genügen: Wenn das erste Buch Mose mit einem – übrigens selbst wieder nach rhetorischen Regeln gebauten – Text beginnt, der davon handelt, wie der wiederholte göttliche Auftrag „Es werde“ die Dinge buchstäblich evoziert ('hervorruft'), wird darin die Überzeugung von der schöpferischen Kraft des Wortes sichtbar. Im zweiten Gesang der *Ilias* bewegt Odysseus die kriegsmüden und zur Abreise von Troja entschlossenen Hellenen mit einer großen Rede zum Ausharren. Es ist die älteste 'Durchhalterede' in einem Krieg, die wir lesen können. Mit dem Wort steuert Odysseus die Entscheidung seiner Mitstreiter vollkommen um. Der Text zeigt, wie menschliches Handeln von der beeinflussenden Rede bestimmt wird.

Schon die Griechen selbst sahen daher später ihren ältesten Dichter als ihren ersten Rhetor an. Nach dem Ende der Tyrannis stritt man in der athenischen Polis-Kultur des 5. vorchristlichen Jahrhunderts in öffentlicher Rede vor einer großen Zuhörerschaft, deren Stimmen der Redner für politische Entscheidungen gewinnen mußte; im Gerichtsverfahren versuchte man, mit der Rede die große Zahl der Richter zu einem für die eigene Sache günstigen Urteil zu bewegen.

Mitten in diese faktische Herrschaft der Rhetorik trafen gleichzeitig zwei Neuerungen: die Professionalisierung der Rhetorik und die philosophische Kritik an ihr. Die Professionalisierung besorgten die Sophisten. Das waren Redelehrer, die gegen Bezahlung in ihrer Kunstfertigkeit Unterricht erteilten. Gorgias aus dem sizilischen Leontinoi (um 485–380 v.Chr.) und Protagoras von Abdera (um 480–410 v.Chr.) hatten sich auf Reisen in der griechisch kolonisierten Mittelmeerwelt Ruhm erworben. Erkenntnistheoretisch huldigten sie einem Skeptizismus – der berühmte Satz des Protagoras, der Mensch sei das Maß aller Dinge, gehört hierher – und einer darin gegründeten Überzeugung von der Machbarkeit und Gestaltbarkeit des sozialen Lebens. Aus dieser Überzeugung entwickelten sie anthropologisch fundierte Konzepte der Psychagogik ('Seelenführung'). Ihre Erfolge beruhten nicht zuletzt auf der bewußten Anwendung pädagogischer und didaktischer Einsichten; so verbanden sie z.B. in ihrem Unterricht theoretische Ausbildung mit praktischer Schulung durch Musterreden. Nicht zuletzt warben sie für ihre Kunst. Gorgias machte sich sogar anheischig, er könne mit seiner Kunst das „schwächere Argument [griech. *logos*] zum stärkeren machen".

Platon (427–348/347 v. Chr.), der einige seiner Dialoge nach Sophisten benannt hat, warf ihnen gerade dies vor, daß sie Nützlichkeit und Opportunität an die Stelle von Wahrheit und Gerechtigkeit setzten. Die pejorative Konnotation, die das Wort 'sophistisch' bis heute hervorruft, entstammt der Polemik Platons gegen die Sophistik und wird den historischen Gegebenheiten ebensowenig gerecht wie der negative Beiklang, den das Wort 'jesuitisch' seit dem 18. Jahrhundert infolge der Polemik der Gegner des Ordens hat. Platons Zeitgenossen zumindest wollten zwischen seinem Lehrer Sokrates und den Sophisten einen prinzipiellen Unterschied nicht wahrhaben. Sie bemerkten aber sehr wohl die sich anbahnende Konkurrenz zwischen der philosophisch-theoretischen Akademie Platons und der praktischen Rednerschule des berühmten Redners Isokrates. Platons Kritik ging an den Sophisten als historisch-moralischen Personen vorbei, weil sie die allenthalben praktizierte Redekunst als nichts anderes denn ein ambivalentes Mittel zum Zweck ausgaben, die Zwecke selbst aber als Skeptiker für gar nicht erkennbar hielten, folglich auch keine Zwecke propagierten. Dagegen richtete sich das Denken des ontologischen Dogmatikers Platon auf nichts als auf höchste Zwecke, nämlich auf das Gute in seiner erkenntnistheoretischen, ethischen und ästhetischen Ausprägung als das Wahre, Gerechte und Schöne. Trifft Platons Kritik der Sophisten die Personen nicht, so haben seine Einwände doch ein für allemal die Gefahr benannt, die der an höchsten Zwecken nicht orientierten Rhetorik potentiell zu eigen ist, daß nämlich ihre Kunstmittel auch verwerfliche Zwecke fördern könnten. Zur allgemeinen Verwirrung trug Platon schon mit der *Apologie* des Sokrates selbst bei: Sokrates, angeklagt der 'Verführung' der Jugend, verteidigt sich mit einer Rede, die selbst voller rhetorischer Volten steckt und als Anklage seiner Gegner die erfolgversprechende Verteidigungsrede nachgerade parodiert.

Platons Kritik hat jedoch nicht nur das immer wiederkehrende Mißtrauen gegen die Rhetorik mit dauerhafter Wirkung formuliert, sondern die Rhetorik selbst in der Weise beeinflußt, daß ihre Theorie fortan den guten Redner durch zwei Qualitäten bestimmt: *die Beherrschung der Redekunst und die Sachkunde der behandelten Materie*. Allein der hohe Anteil juridischer Rede hat den zweiten Aspekt immer im Auge behalten, aber auch die rhetorisch geprägte Poetik als Dichtungslehre.

Nüchtern-sachlich systematisierte der Platon-Schüler Aristoteles (384–322 v. Chr.) mit seinen Vorlesungskonzepten *Rhetorik* und *Topik*, die man später als Lehrbücher nahm, die Rhetorik und leitete aus ihrem Gegenstand, nämlich allem, was nicht zu erkennen, sondern im Streit der Meinungen begründet mit Argumenten zu entscheiden ist, ihre spezifischen Verfahrensweisen ab. Auf diesem Fundus beruhten im Hellenismus der höhere Unterricht, der im wesentlichen Rhetorik-Unterricht war, die alexandrinische Philologie und die vor allem in der Philosophenschule der Stoa weitergetriebene Forschung zur Affektenlehre einerseits, zu den Tropen (s. u. S. 59) andererseits.

Die Sitte vornehmer römischer Häuser, die Erziehung griechischen Sklaven zu übertragen, machte die griechische Rhetorik in Rom schnell heimisch. Marcus Tullius Cicero (106–43 v. Chr.) entwarf in der Schrift *De oratore* ('Über den Redner') das Idealbild des vollkommenen Redners. In der platonischen Dialogform geschrieben, versöhnt dieses Werk Philosophie, Rhetorik und Politik. Es ist neben dem jüngeren Lehrbuch Quintilians das einflußreichste Buch zur rhetorischen Theorie und Technik in lateinischer Sprache geworden. Ist das juridische Element bei Cicero vor allem in der Praxis der eigenen Gerichtsreden anzutreffen, tritt es bei dem kaiserzeitlichen Rhetor Marcus Fabius Quintilianus (gest. 96 n. Chr.) stärker in den Vordergrund. Das hängt natürlich auch mit der – im Vergleich zur republikanischen Epoche – geringeren Bedeutung der politischen Rede in der römischen Kaiserzeit zusammen. Aus demselben Grunde erfreute sich das Starwesen von Unterhaltungsrednern, die im Theater über beliebige Themen kunstvolle Vorträge boten, immer größeren Zuspruchs.

Die *Institutio oratoria* ('Lehrbuch der Redekunst') des Quintilian faßt als Sammelbecken die gesamte rhetorische Tradition der Antike zusammen. Sein Lehrbuch, in dem er die Rhetorik als die Königin aller Künste (d. h. Wissenschaften) bezeichnet, ist zu einem Grundbuch der abendländischen Bildung überhaupt geworden. In den hauptsächlichen Anwendungen in Jurisprudenz und Poetik wird eine doppelte Funktion der Rhetorik deutlich: Als Technik dient sie der Anfertigung, als reflektierte Theorie der Auslegung von Texten. In dieser zweifachen Funktion gelangte die Rhetorik über die Kirchenväter – vor allem durch Aurelius Augustinus (354–430), der vor seiner Bekehrung selbst ein erfolgreicher Rhetor war – in die theologische Schriftexegese.

Im Schutz der Theologie wurde der spätantike Bildungskanon der *Septem artes liberales* ('Sieben freien [d. h. eines freien Mannes würdigen] Künste'), dessen ersten Teil das sogenannte Trivium mit den Kernfächern Grammatik, Rhetorik und Philosophie (auch als Dialektik bezeichnet) bildete, zur Grundlage des geistlichen Unterrichts in Kloster- und Domschulen und machte an den mittelalterlichen und frühneuzeitlichen Universitäten in den *Artisten-Fakultäten* (von ihnen stammt der akademische Grad des M[agister] A[rtium]) den Inhalt des 'Grundstudiums' aus, dessen Absolvierung die 'Zulassungsvoraussetzung' zu den Spezialstudien der Theologie, Jurisprudenz oder Medizin war. In Franziskaner- und Dominikanerpredigten seit dem 13. Jahrhundert, den Bußpredigten der Pestära, dann wieder in gegenreformatorischen Barockpredigten, z. B. der Jesuiten oder des Abraham a Sancta Clara (1644–1709), – allenthalben stand die Rhetorik im Dienst der Verkündigung.

Die Humanisten beschäftigten sich mit den antiken Quellen der Rhetorik nicht nur aus philologischem Interesse, sondern erhoben die Rhetorik zu einer universalen Leitwissenschaft: Die Gedächtniskunst, die *memoria* der Rhetorik, sollte das gesamte angehäufte Wissen organisieren. Solch ordnende Funktionen hatte die Rhetorik noch in den Enzyklopädien barocker Gelehrsamkeit. Aber auch für die soziale Seite des Rhetorischen interessierte sich der Humanismus: Mit Baldassare Castigliones (1478–1529) *Libro del cortegiano* ('Buch vom Hofmann') begann ein Erziehungsideal zu wirken, das bis ins 18. Jahrhundert humanistische Bildung und höfische Geselligkeit vereinte. *Il principe* ('Der Fürst') des Niccolò Machiavelli (1469–1527) rückte die Bedeutung der Rhetorik für die politische Praxis wieder in den Blick. Wenig später machte in einer bewegten Phase der englischen Geschichte William Shakespeare (1564–1616) auf dem Theater dasselbe: in der berühmten Leichenrede Marc Antons auf Caesar in *The Tragedie of Julius Caesar*. Die deutsche Barockdramatik eines Andreas Gryphius (1616–1664) und Daniel Casper von Lohenstein (1635–1683) war – infolge ihrer Orientierung an den rhetorisch bestimmten Tragödien des Römers Lucius Annaeus Seneca (4 v. Chr.–65 n. Chr.) – von Rhetorik durchwirkt. Kenntnis der Affektenlehre vor allem brauchten die Dichter und bezogen sie aus der Lektüre römischer Klassiker im Unterricht und aus Lehrbüchern wie Johann Matthäus Meyfarts (1590–1642) *Teutsche[r] Rhetorica oder Redekunst*. Nicht nur für die Literatur, sondern für alle Künste wurde die Rhetorik im Barock zur konzeptionellen Grundlage: Im festlichen Gesamtkunstwerk vereinigten sich Gelegenheitsdichtung, Architektur, Gartenkunst, Malerei, Musik, Theater usw. zum rhetorisch geformten Ausdruck der Affekte. Bildprogramme, Architekturdetails, die Opern Georg Friedrich Händels

(1685–1759), die Kantaten Johann Sebastian Bachs (1685–1759) – sie alle folgen den Regeln der Rhetorik.

An allen Akademischen Gymnasien und Universitäten der Frühen Neuzeit gab es Professoren der Rhetorik; etliche von ihnen schrieben Lehrbücher. Noch der aufklärerische Literaturreformer Johann Christoph Gottsched (1700–1766) verfaßte eine *Ausführliche Redekunst. Nach einer Anleitung der alten Griechen und Römer, wie auch der neueren Ausländer.* Mit den „neueren Ausländern“ sind vor allem der Franzose Nicolas Boileau-Despréaux (1636–1711) und der Engländer Alexander Pope (1688–1744) gemeint. Zu seiner Zeit drifteten im Deutschen – Vorboten des Endes der universalen Rhetorik – die beiden Seiten der Rhetorik terminologisch auseinander: Rhetorik oder Redekunst hieß die Theorie, Eloquenz oder Beredsamkeit die rednerische Praxis. Wie sehr sie aber noch den Stil auch der 'modernen' Autoren prägte, zeigen die Dramen Friedrich Schillers (1759–1805).

Die Befreiung des Genies vom Zwang vorgegebener Regeln, wie sie der Sturm und Drang gegen die Poetik proklamierte, leitete gegen Ende des 18. Jahrhunderts in Deutschland den raschen Niedergang der rhetorischen Praxis und Theorie ein, während sie gleichzeitig im revolutionären Frankreich unter Berufung auf die römisch-republikanische Tradition zu neuer Blüte gelangte. Bis dahin ist sie das *grundlegende Instrument für die Anfertigung von Texten und für das Verständnis von Texten gewesen.* Adam Müller (1779–1829) faßte seine zwölf Wiener Reden von 1812, in denen er der zeitgenössischen deutschen Literatur im Gegensatz zur antiken, englischen und französischen den vollständigen Mangel einer auf direkte Wirkung zielenden Rhetorik vorwarf, unter dem Titel *Über die Beredsamkeit und deren Verfall* zusammen.

Über das 19. Jahrhundert erhielt sich der textpraktische Aspekt der Rhetorik im Gymnasialunterricht, besonders im lateinischen, dann nur noch im deutschen Schulaufsatz. (In den Aufsatzregeln zur Stoffsammlung, zur Gliederung in Einleitung, Hauptteil und Schluß, zu treffenden Metaphern usw. ist die antike Rhetorik noch heute greifbar.) Der auf Textverständnis gerichtete Aspekt dagegen wurde immerhin zu einem Unterstrom der philosophischen Hermeneutik seit Friedrich Schleiermacher (1768–1834).

Für die politische Rede gab es während des ganzen 19. Jahrhunderts bedeutende Beispiele: von den *Reden an die deutsche Nation* Johann Gottlieb Fichtes (1762–1814) bis zu Otto von Bismarcks Reden. Aber eine Theorie der politischen Rede fehlt. Das ist der Beginn eines Weges, der die praktische Rhetorik bis heute zu einer zweifelhaften Domäne von Einrichtungen der Lebenshilfe und Managerschulung gemacht hat.

In der literaturwissenschaftlichen Forschung ist auch in Deutschland seit längerem das Interesse an der Rhetorik wieder sehr rege. Es resultiert u. a. aus dem Aufschwung der Wissenschaftsgeschichte, der Entfaltung der Barockforschung, der Hinwendung zu lange vernachlässigten Textarten, etwa der Predigt, und aus den ikonographischen Ansätzen der Kunstgeschichte in der Schule Aby Warburgs (1866–1929), die den Blick auf die Rhetorisierung der Künste und die Zusammenhänge von Text und Bild in der Gedächtniskunst, der Emblematik usw. gelenkt hat. Der Formalismus und der Strukturalismus des 20. Jahrhunderts haben rhetorische Konzepte für die Analyse von Makrostrukturen der Texte eingesetzt. Moderne Ansätze in Semiologie, Kommunikationswissenschaft, linguistischer Argumentationsforschung und Gesprächsanalyse (hier besonders der persuasiven Gespräche) beziehen sich vielfach auf rhetorische Kategorien.

7.2 Das System der Rhetorik

Die folgende erste Annäherung an Grundstrukturen und Grundbegriffe der systematischen Rhetorik beschränkt sich auf die Einteilung der Gattungen, die Produktionsstadien, die Teile der Rede und die wichtigsten Figuren. Noch einmal sei daran erinnert, daß das System der antiken Rhetorik zugleich das der europäischen Neuzeit gewesen ist.

7.2.1 Gattungen der Rede

Die Rhetorik unterscheidet drei Genera der Rede, und zwar

1. das *genus iudiciale* (Gerichtsrede);
2. das *genus deliberativum* (politische Rede);
3. das *genus demonstrativum* (Prunkrede; griech. epideiktische Rede).

Gerichtsrede und politische Rede zielen auf die Änderung einer Situation. Die Gerichtsrede ist auf ein vergangenes Ereignis gerichtet und will die situationsmächtigen Richter so beeinflussen, daß ihr Urteil über das vergangene Ereignis die vom Redner gewünschten Konsequenzen herbeiführt. Die politische Rede legt den situationsmächtigen Entscheidungsträgern alternative Möglichkeiten des Handelns zur Abwägung (lat. *deliberare*, 'erwägen') vor und will sie so beeinflussen, daß ihre Entscheidung ein vom Redner gewünschtes künftiges Ereignis herbeiführt. Die Prunkrede zielt als rühmende Rede (in der griechischen und lateinischen Bezeichnung 'Demonstrationsrede' ist auch die seltene Form des Tadels nicht ausgeschlossen) auf die Stiftung von Identität. Situationsbezug hat sie durch die Gelegenheit, zu der sie als Festrede, Leichenrede usw. gehalten wird. Sie strebt keine Veränderung der Situation an, sondern die Verstärkung der emotionalen Einstellung der Zuhörer zu der Gelegenheit.

7.2.2 Die Produktionsstadien der Rede

Die Produktionsstadien der Rede sind die Schritte, die der Redner nacheinander zu vollziehen hat. Sie werden als seine *officia* ('Aufgaben') bezeichnet. Er muß sie in einer festgelegten Folge von fünf Schritten 'abarbeiten':

1. *inventio* ('Erfindung');
2. *dispositio* ('Anordnung');
3. *elocutio* ('sprachliche Ausgestaltung');
4. *memoria* ('Einprägen im Gedächtnis');
5. *actio* ('Vortrag').

Die *inventio* ist die Suche und Sammlung von Einfällen zum Thema. Diese erfordert eine genaue Erkenntnis des Gegenstands der Rede. Sie ermöglicht dem Redner, die angemessenen 'Beweisgründe' für seine Rede zu erfinden. Für die Suche nach Beweisgründen hat die antike Rhetorik in der *Topik* ein ausgefeiltes Subsystem von 'Örtern' oder 'Plätzen' (griech. *topos*, lat. *locus*; daher kommt der Ausdruck 'Gemeinplatz') entworfen, von denen der Redner sich die Argumente 'holen' kann. Es kann hier nur exemplarisch angedeutet werden. Grundsätzlich werden die Beweisgründe unterteilt in solche, die von der Person (*loci a persona*), und solche, die von der Sache (*loci a re*) hergenommen werden können.

Beide Kategorien sind weiter untergliedert: die Beweisgründe von der Person her etwa im Hinblick auf Geschlecht, Alter, Charakter, Körperbeschaffenheit, Beruf, Vorleben usw. Ein Beispiel für einen solchen von der Person hergenommenen Beweis: Hat der Redner jemanden gegen die Anklage zu verteidigen, einen Amboß gestohlen zu haben, so wird er gegebenenfalls folgende Beweisgründe verwenden: wie denn der Angeklagte bei seiner Gebrechlichkeit überhaupt einen schweren Amboß habe entwenden können; was er – als Schriftsteller – mit einem Amboß überhaupt anfangen solle; wie man ihm, der sich doch anderen immer als freigebiger Wohltäter erwiesen habe, eine solche Tat überhaupt zutrauen könne usw.

Die Beweisgründe von der Sache her werden z. B. untergliedert nach Ort, Zeit, Möglichkeit, Umständen usw. Bei der Konkretisierung dieser abstrakten Kategorien auf seinen konkreten Fall könnte der Redner etwa folgende Beweisgründe anführen: Zur vom Kläger angegebenen Tatzeit habe dieser doch selbst den Amboß benutzt; noch dazu sei seine Schmiede voll von wartenden Kunden gewesen, unter solchen Umständen habe der Beschuldigte doch gar nicht an den Amboß herankommen können usw.

In der *dispositio* bringt der Redner im zweiten Stadium der Verfertigung einer Rede die nach den Regeln der Topik gefundenen Beweisgründe in zweckmäßige Anordnung und Verteilung auf die vier bzw. fünf Teile der Rede. Das sind:

1. *exordium* ('Anfang');
2. *narratio* ('Erzählung');
3. *argumentatio* ('Beweisführung') mit den beiden Teilen
   - *probatio* ('Beweisbekräftigung') und
   - *refutatio* ('Widerlegung');
4. *peroratio* ('Redeschluß').

Die Einteilung stimmt nicht in allen Redelehren genau überein. Ursprünglich ist eine Dreiteilung in Anfang, Mitte und Ende, bei der Anfang und Ende eher affektiven Charakter aufweisen, also auf die Personen der Zuhörerschaft bezogen sind, während die Mitte mehr an der Sache orientiert ist. Aus der Aufspaltung des mittleren Teils in einen erzählenden und einen argumentierenden Teil ergibt sich die in Redelehren oft anzutreffende Vierteilung. Die beiden Teile der *argumentatio* werden bei Quintilian ausdrücklich als jeweils selbständige Redeteile behandelt, so daß sich eine Fünferteilung ergibt. Diese arbeitet schon der späteren *memoria* vor, dem 'Memorieren' der Rede; dabei können dann dem Redner die fünf Finger einer Hand als Merkhilfe dienen. Die folgenden Erklärungen beziehen sich auf gerichtliche und politische Reden.

Für das *exordium* kann der Redner zwischen dem *prooemium* ('Einleitung') oder der *insinuatio* ('Einschmeichelung') wählen. Das *prooemium* hat die Funktionen, die Aufmerksamkeit der Hörer zu wecken, z. B. indem der Redner ihnen ankündigt, daß es um ihre Interessen gehe, ihre Neugierde zu erregen oder ihr Wohlwollen zu erlangen. Das *prooemium* richtet sich mehr an den Intellekt, die *insinuatio* – sie ist das bevorzugte *exordium*, wenn die Sache selbst eher 'windig' ist – mehr an die Emotionen der Zuhörer.

Die *narratio* ist die parteiliche Schilderung des „tatsächlichen oder scheinbar tatsächlichen Sachverhalts“ (Quintilian), die zum Nutzen der Partei auch mit Auslassungen arbeiten darf. Die *narratio* soll bestimmte, z. T. konfligierende *virtutes* ('Tugenden') aufweisen, wie Kürze, Klarheit, aber auch Anschaulichkeit. Mit dem Thema nur locker verbundene Aspekte (Digressionen, Exkurse) können die *narratio* dehnen; ein als *propositio* bezeichneter knapper Überblick zum Thema kann sie straffen.

In der *argumentatio* bereitet der Redner die strittige Frage aus der Sicht der eigenen Partei so auf, daß sie in deren Sinne entschieden werden kann. Die *argumentatio* will die Zuhörer zu einer *Überzeugung* führen. Dazu belehrt sie, ohne allerdings auf der *Überredung* dienliche affektive Mittel zu verzichten. Die *argumentatio* beginnt meist mit einer kurzen *partitio*, der Aufzählung der nachfolgenden Beweisgründe. Diese Aufzählung kann auch in das *exordium* oder die *narratio* integriert sein. Im ersten Teil der *argumentatio*, der *probatio*, trägt der Redner die für die eigene Position sprechenden Beweisgründe vor, in der *refutatio* widerlegt er die der gegnerischen Position. Die eigenen Beweisgründe werden durch *amplificatio* ('Ausweitung') 'so groß wie möglich' herausgekehrt, die gegnerischen durch *minutio* ('Verkleinerung') herabgesetzt.

Im Hinblick auf die *argumentatio* werden die Beweisgründe eingeteilt in *inartifizielle* ('ohne Kunst'), die von außen kommen (Dokumente, Zeugen usw.), und *artifizielle*, die der Redner 'künstlich' erzeugen muß. *Probatio* und *refutatio* stützen sich in der Praxis auf:

1. *signa* ('Zeichen, Indizien');
2. *argumenta* ('Argumente' im engeren Sinne des Wortes);
3. *exempla* ('Beispiele').

Die *exempla* als vorgegebene, die der Redner nur zu finden braucht, sind typische inartifizielle Beweise. Das *argumentum* i. e. S. ist dagegen der typische artifizielle Beweis, für den die Rhetorik ein eigenes Verfahren, den 'rhetorischen Syllogismus' entwickelt hat, der aus dem logischen Syllogismus (Schlußverfahren) entwickelt ist, diesen aber nur verkürzt unter Weglassung des Mittelbegriffs anwendet. Dies rhetorische Schlußverfahren heißt *Enthymem* (griech., wörtlich: 'Erwägung') oder *ratiocinatio* ('Schlußfolgerung'). Den vollständigen logischen Schluß vorzutragen, gilt der Rhetorik als umständlich, also langweilig. Ein von Quintilian benutztes Beispiel aus einem Erbstreit soll das Gemeinte verdeutlichen: A hat B zum Erben seines Silbers eingesetzt. Der Miterbe C macht B jedoch die Erbschaft an dem aus geprägtem Silber bestehenden Geld des A streitig. Ein logischer Syllogismus aus zwei Prämissen und einer Konklusion zu der Sache würde lauten: „Wenn Geld, das aus geprägtem Silber besteht, Silber ist, hat jemand, der alles Silber vermacht hat, auch das Geld, das aus geprägtem Silber besteht, vermacht." (Quintilian, *Institutio oratoria* 5,14,26). Das Enthymem des Redners aber lautet nur: „Da er alles Silber vermacht hat, hat er auch das Geld vermacht, das aus Silber besteht" (ebd.).

In der *peroratio* faßt der Redner die wichtigsten Tatsachen und Gesichtspunkte für das Gedächtnis der Zuhörer noch einmal belehrend zusammen, spitzt die Gründe für die von ihm beantragte Entscheidung durch affektive Formulierungen noch einmal so zu, daß er den Zuhörer emotional für sich einnimmt, also ihn je nach Sache anfeuert oder besänftigt.

Die *elocutio* als drittes Stadium der Anfertigung gilt der sprachlichen Ausarbeitung. Dabei sind verschiedene *virtutes* (s.o.) zu berücksichtigen: allen voran das *aptum* oder *decorum* ('das Angemessene'). Das *aptum* zielt auf Angemessenheit, Ausgewogenheit und Harmonie des sprachlichen Ausdrucks im Hinblick auf den Redner selbst, auf die Zuhörer und auf die Sache. Dabei sind die *genera dicendi* ('Arten des Sprechens'), auch *genera elocutionis* ('Ausdrucksarten') genannt, zu berücksichtigen. Das sind drei Stilarten, für die mehrere Benennungen geläufig sind:

1. das *genus humile* (*tenue, subtile*; 'niedere, einfache, schlichte Stilart');
2. das *genus medium* (*modicum, mediocre*; 'mittlere Stilart');
3. das *genus grande* (*sublime*; 'erhabene, pathetische Stilart').

Das *genus humile* entspricht dem Sprachgebrauch des Alltags, etwa dem Briefstil, und ist geeignet für belehrende Texte. Also passen zu ihm nicht: poetische Redefigurem, gewählte und affektive Ausdrücke usw. Das *genus medium* soll belehren, unterhalten und in Maßen die Affekte stimulieren. Es ist die typische Stilart für die *narratio*. Bis zu einem gewissen Grade sind die Verfremdungseffekte durch Redeschmuck erwünscht. Das *genus grande* zielt auf starke Erregung von Affekten, wie z.B. Liebe, Haß, Zorn, Neid oder Mitleid, Freude usw. Das *genus grande* ist der Platz für starke Verfremdungseffekte durch Redeschmuck, abweichende Syntax, uneigentliche Redeweise, pathetische Ausdrücke usf. In der Poesie ist es der Stil der Tragödie. Die Rücksicht auf das *aptum* schließt ein, daß die Gegenstände dem sprachlichen Stil entsprechen; so dürfen z.B. einer Person hohen Standes keine Vulgarismen in den Mund gelegt werden; darf eine Frauengestalt sich nicht militärischer Ausdrücke bedienen usf. Neben dem *aptum* sind in der *elocutio* die *virtutes* der Sprachrichtigkeit, der Kürze (lat. *brevitas*) und der Verständlichkeit (lat. *perspicuitas*) zu beachten. Auch der umfangreiche Komplex des *ornatus* ('Schmuck') gehört zur *elocutio*. Wegen der großen Bedeutung des Redeschmucks wird er eigens (vgl. S. 59 ff.) behandelt.

In der *memoria* prägt sich der Redner den Text für den Vortrag ein. Auch die *Mnemonik* (griech., 'Gedächtniskunst') hat stark topischen, d.h. räumlich-visuellen Charakter. Die von Cicero in *De oratore* überlieferte Geschichte des griechischen Sängers Simonides kann das verdeutlichen: Dieser war einmal zum Liedervortrag in das Haus eines Reichen geladen worden. Sein Lied enthielt auch einen Passus zum Lob der beiden als Heroen unter die Götter versetzten Dioskuren ('Zeussöhne') Kastor und Pollux. Der Gastgeber wollte ihm den versprochenen Lohn um die Hälfte kürzen, die andere könne er sich bei seinen Heroen holen, da er ihnen ja die Hälfte des Gesangs gewidmet habe. Da wurde dem Simonides von einem der Sklaven gemeldet, daß zwei Männer draußen auf ihn warteten und ihn sprechen wollten. Er verließ also das Gastmahl, konnte vor der Tür aber niemanden sehen. Kaum konnte er sich darüber wundern, als hinter ihm das Haus zusammenstürzte und Gastgeber und Gäste unter sich begrub. So lohnten die Dioskuren Gastgeber und Sänger. Die Trümmer hatten die Leichen so zermalmt, daß die herbeigerufenen Angehörigen sie nicht erkennen konnten. Da sich Simonides aber gemerkt hatte, in welcher Ordnung sich die Gäste zum Mahle gelegt [in der Antike legte man sich zu Tisch] hatten, konnte er die Leichen identifizieren.

Die Redelehren empfehlen, sich ein bekanntes Gebäude vorzustellen und in ihm an verschiedenen Stellen die Inhalte der Rede in bestimmter Reihenfolge als 'Gedächtnisbilder' aufzuhängen und sie beim Vortrag in derselben Reihenfolge wieder 'abzunehmen'.

Die *actio* (auch: *pronuntiatio*) ist dann der eigentliche Vortrag der Rede, bei dem zum Text die affektbezogenen Mittel von Gestik und Mimik kommen müssen. Da diese natürlich vor dem Vortrag erarbeitet sein müssen, müßten sie strenggenommen in Abweichung von den antiken Redelehren als eigenes Stadium zwischen *elocutio* und *memoria* gestellt werden.

Ein hier nicht näher zu behandelnder Teil der Redelehre ist die *exercitatio* ('Übung'). Um die theoretischen Kenntnisse der Redelehre zur praktischen Anwendung zu befestigen, empfehlen die Redelehren Redaktions- und Deklamationsübungen. Zu den Redaktionsübungen gehören Umformulierungen von Texten durch Übersetzung aus der fremden Sprache – man vergegenwärtige sich, daß die Antike seit dem Hellenismus eine zweisprachige Kultur gewesen ist –, durch Paraphrase in der eigenen Sprache und Musterreden. Die Deklamationsübungen umfassen sowohl den Vortrag memorierter Texte als auch das Extemporieren, die Stegreifrede.

7.2.3 Der Redeschmuck

Der *ornatus* ('Schmuck') der Rede gehört zum Kern der *elocutio*. Durch ihn erhält der Text seine stilistische Gestalt. Er gliedert sich in *ornatus in verbis singulis* ('Schmuck in einzelnen Wörtern') und *ornatus in verbis coniunctis* ('Schmuck in Wortverbindungen'). Aller Redeschmuck erzeugt uneigentlichen, sprachlich verfremdenden Ausdruck durch Entfernung vom *verbum proprium* (dem 'eigentlichen Wort') in unterschiedlichem Grade.

Der Redeschmuck in einzelnen Wörtern

Der Redeschmuck in einzelnen Wörtern zielt auf die Auswahl des am besten geeigneten (wohlklingenden, treffenden, ansprechenden usw.) Ausdrucks unter mehreren bedeutungsgleichen bzw. bedeutungsverwandten. Der Text wird durch solche Ersetzung (Substitution) abwechslungsreicher – nach dem Prinzip *variatio delectat* ('Abwechslung bereitet Vergnügen'). Bedeutungsgleiche Wörter heißen *Synonyma*, bedeutungsähnliche *Tropen* (griech. *tropos*, auch *trope*; latinisiert *tropus*; 'Wendung'). Eine gewisse Wendung liegt aber auch beim einfachen Austausch von Synonyma schon vor, weil die Konnotationen sich durchaus verändern. Synonyma können z.B. sein: gewähltere Wörter aus einer höheren Sprachebene; Fremdwörter; Vulgarismen; veraltete Wörter (Archaismen); Barbarismen; Neubildungen (Neologismen). Der Wechsel der Wörter hilft auch, *Kakophonien* ('Übelklänge') zu vermeiden: „Der *Re*dner *re*digiert seinen Text" würde man ersetzen durch „Er redigiert ..." oder „Der Redner überarbeitet ..."

Bei den Tropen sind *Grenzverschiebungstropen* und *Sprungtropen* zu unterscheiden. Die meisten Grenzverschiebungstropen finden innerhalb der Ebene des Begriffsinhalts statt, nur die Metonymie außerhalb. Bei Grenzverschiebungstropen stammt das ersetzende Wort aus einem unmittelbar benachbarten Sinnbereich, bei Sprungtropen ist das nicht der Fall.

Häufig vorkommende *Grenzverschiebungstropen innerhalb der Ebene des Begriffsinhalts* sind Synekdoche, Antonomasie, Litotes und Hyperbel. Die *Synekdoche* ('Mitaufnahnme') ist die Verschiebung vom Allgemeinen zum Besonderen oder umgekehrt. Eine typische Synekdoche ist die Ersetzung des Ganzen durch einen Teil (*pars pro toto*), wie etwa die Bitte „Unser täglich Brot gib uns heute" im Paternoster nicht nur auf Brot, sondern auch z. B. auf Wasser, kurz auf alles zielt, was zum Leben erforderlich ist. Auch die Ersetzung des Plurals durch den Singular ist eine Synekdoche, z. B. „Der Engländer reist gern." Die *Antonomasie* ('Namenersetzung') ist der Austausch eines Eigennamens gegen eine *Periphrase* ('Umschreibung') oder ein Appellativ (generalisierendes 'Beiwort'). „Schöpfer der Welt" für Gott, „Heiliger Vater" für den Papst, „Beherrscher der Gläubigen" (*Tausendundeine Nacht*) für den Kalifen – das sind Antonomasien durch Periphrase, die Bezeichung „der Korse" für Napoleon ist eine solche mittels eines Appellativs. Die *Litotes* (untertreibende 'Schlichtheit') umschreibt einen Superlativ durch die Verneinung seines Gegenteils: „nicht übel" für „sehr gut". Die *Hyperbel* ersetzt den beschreibenden, der Realität entsprechenden Ausdruck durch einen übertreibenden, oft pathetischen: „eine Ewigkeit [statt: lange] warten"; „Bäume, die in den Himmel [statt: sehr hoch] wachsen"; „Wolkenkratzer".

Es gibt nur einen Grenzverschiebungstropus außerhalb der Ebene des Begriffsinhalts: die *Metonymie* (griech., wörtlich 'Umbenennung'; lat. *denominatio*). Ihr Wesen besteht darin, daß sie eine Sache nicht mit einem Wort aus dem zugehörigen Begriffsfeld, sondern mit einem Wort aus verwandten oder angrenzenden Begriffsfeldern belegt. Die Metonymie hat den Grund der Benennung (*ratio nominandi*) nicht in der Ähnlichkeit zwischen Ersetztem und Ersetzendem – dies ist das Kennzeichen der gleich zu behandelnden Metapher –, sondern in einer realen Nähe. Typische Fälle der Metonymie sind z. B. die Ersetzungen der Wirkung durch die Ursache, z. B. einer Sache durch ihren Urheber („Goethe lesen" statt „Goethes Werke lesen"; „einen Volvo fahren" usw.) oder die einer Institution durch den Ort ihres Sitzes („Bonn hat verlautbart" statt „ die Bundesregierung hat ...") oder des Inhalts durch das Gefäß („eine Flasche trinken").

Der am häufigsten anzutreffende Sprungtropus ist die *Metapher* (lat. *translatio*; 'Übertragung'), zugleich die häufigste Form der uneigentlichen Redeweise überhaupt. Vereinfacht läßt sich die Metapher als ein abgekürzter Vergleich definieren, in dem das Verglichene mit dem Abbild zusammenfällt. Der Vergleich läßt sich durch Weglassen der Vergleichsformel in eine Metapher transformieren: „Achill kämpfte wie ein Löwe" zu „Achill war ein Löwe im Kampf"; „ein Herz hart wie Stein" zu „ein steinernes Herz". Diese Transformation funktioniert aufgrund einer Ähnlichkeitsbeziehung zwischen den Bedeutungen des ersetzten und des ersetzenden Wortes. Im Beispiel ist das der Kampfesmut. Man kann diese Ähnlichkeit auch mengentheoretisch formulieren: Die Bedeutungsfelder beider Wörter haben semantisch eine Schnittmenge. Ist diese Schnittmenge klein, handelt es sich um eine *kühne Metapher*, ist sie nahezu leer, um eine *absolute Metapher*. Beispiele für beides finden sich gehäuft in der Literatur der Romantik und des Expressionismus, später bei Paul Celan (1920–1970). „Über den Wäldern ... weint lautlos die Nacht", so lautet eine kühne Metapher in Georg Trakls (1887–1914) Gedicht *Schweigen*; „Umfängt den Tönenden mit purpurnen Armen sein Stern" ist eine absolute Metapher in Trakls Gedicht *Hohenburg*. Die kühne oder absolute Metapher begegnet oft als *Synästhesie* (wörtlich 'Zusammenwahrnehmung'). Es handelt sich um eine Metapher, bei der das ersetzende Wort dem Bedeutungsbereich eines anderen Sinnes als das ersetzte zugehört. Noch einmal ein Beispiel aus einem Gedicht Trakls, dem *Traum des Bösen*: „Verhallend eines Gongs braungoldne Klänge". Ein Wort für Sichtbares („braungold") ersetzt eines für Hörbares (etwa „dunkel, matt tönend"). Quintilian führt folgende Varianten der metaphorischen Ersetzung an: Belebtes durch Belebtes; Lebloses durch Lebloses; Belebtes durch Lebloses; Lebloses durch Belebtes. Diese Unterscheidung macht deutlich, daß die Metaphorik auch von historischen Gegebenheiten abhängt, da in verschiedenen Kulturen und zu verschiedenen Zeiten die Vorstellungen darüber, was beseelt ist, nicht dieselben sind: Früher als beseelte Gottheiten verstandene Himmelskörper sind für uns unbeseelte Materie. Die Metaphorik von Texten gehört daher auch zum Zeitstil der Texte. Die Liste Quintilians bedarf der Ergänzung um weitere Varianten: so kann Geistiges durch Sinnliches ersetzt werden („ein kühler Kopf") und umgekehrt („eine drohende Wolke") oder Geistiges durch Praktisches („etwas begreifen"). Wenn man beim Gebrauch von Metaphern das Bewußtsein uneigentlichen Redens nicht mehr hat, wie im letzten Beispiel „begreifen", handelt es sich um eine *tote* (auch: *verblaßte* oder *konventionalisierte*) *Metapher*. Eine erweiterte Form der Metaphorik ist die Allegorie (vgl. S. 65 f.).

Eine der Metapher verwandte, ebenfalls auf Ähnlichkeit gegründete uneigentliche Redeweise stellt die sogenannte *metaphorische Katachrese* (griech., 'Gebrauch') dar. Sie ist für die Linguistik von größerem Interesse als für die Rhetorik. Es handelt sich um bildhaft-anschauliche Benennung von Dingen, für die kein eigenes Wort existiert (wie z. B. die Ausdrücke „Stuhlbein, Baumschule"), bei denen also das uneigentliche Sprechen ganz unvermeidlich ist.

Zu den Sprungtropen zählt noch die *Ironie*, die häufiger in der erweiterten Form als Gedankenfigur (vgl. S. 66) vorkommt. Als Tropus ist sie ein Sprung vom Wortgebrauch der eigenen Partei zu dem der Gegenseite. Ironie ist daher oft nur im Kontext erkennbar: Erst an den mehrfachen Wiederholungen in unterschiedlichen Kontexten des Wortes „honourable man“ durch Marc Anton in der berühmten Rede in Shakespeares *Julius Caesar* merkt man, daß der so bezeichnete Brutus damit als unehrenhaft hingestellt werden soll.

Der Redeschmuck in Wortverbindungen (Redefiguren)

Der Redeschmuck in Wortverbindungen umfaßt die Redefiguren und die Komposition. Unter Komposition wird die syntaktische und phonetische Gestaltung verstanden. Bei den syntaktischen Strukturen reicht die Auswahl von besonders knappen (konzisen) Sätzen über die lineare Parataxe bis zum komplizierten Periodenbau. Zur phonetischen Komposition wird auch die Lautmalerei (griech. *Onomatopoeie*) gezählt, die Wörter wählt oder bildet, deren Klang die Sache nachahmt („Das Wasser plätschert und plütschert“).

Bei den Redefiguren werden *figurae elocutionis* (‘Wortfiguren’) und *figurae sententiae* (‘Gedankenfiguren’) unterschieden. Figuren werden durch *adiectio* (‘Hinzufügung’), *detractio* (‘Weglassung’) oder durch *transmutatio* (‘Veränderung der Anordnung’) gebildet.

Wortfiguren

Die wichtigsten durch Hinzufügung erzeugten Figuren sind solche der Wiederholung. Die *geminatio* (wörtl. ‘Verdoppelung’; die Bezeichnung ist also ungenau) ist die Wiederholung, meist die einmalige, desselben Wortes oder derselben Wortgruppe an beliebiger Stelle im Text („Daraus wird nie, nie etwas“; „Leb wohl! Leb wohl“). Damit darf eine andere Form der Wiederholung nicht verwechselt werden: die *Anadiplose* (griech., lat. *reduplicatio*; ‘Verdoppelung’) ist die Wiederholung des letzten Gliedes einer Wortgruppe am Beginn der nächsten („Ha! wie will ich dich denn höhnen! Höhnen? Gott bewahre mich!“ (Schiller, *An Minna*)). Die *Anapher* (griech., ‘das Aufsteigen’) ist die Wiederholung eines Satzteils zu Beginn aufeinanderfolgender Wortgruppen, wie in Christian Morgensterns (1871–1914) Galgenlied *Das Knie*: „Es ist ein Knie, sonst nichts! Es ist kein Baum! Es ist kein Zelt! Es ist ein Knie, sonst nichts.“ Eine *Epipher* (griech., ‘Zugabe’) ist die entsprechende Wiederholung eines Satzteiles am Ende aufeinanderfolgender Wortgruppen: „Ich bin so dumm, du bist so dumm, / wir wollen sterben gehen, kumm!“ (Morgenstern: *Die beiden Esel*). Eine gelockerte Figur der Wiederholung ist die *Paronomasie* (‘Wortumbildung’). Es handelt sich um ein Wortspiel, bei dem durch möglichst geringe Veränderung von Phonemen an der Wiederholungsstelle ein ähnlich klingendes Wort mit anderer Bedeutung steht: „Kümmert sich mehr um den Krug als den Krieg“ (Schiller; *Wallensteins Lager*). Statt durch Wiederholung kann als eine Figur der Hinzufügung auch die bloße Häufung synonymer Wörter („Und es wallet und siedet und brauset und zischt“; Schiller: *Der Taucher*) vorkommen. Wenn die gehäuften Wörter unverbunden aufeinanderfolgen, spricht man von einem *Asyndeton* ('Unverbundenes'), wenn ihnen – wie in dem Beispiel aus dem *Taucher* eine Häufung der Konjunktionen entspricht, von einem *Polysyndeton* ('vielfach Verbundenes'). Wenn in der Häufung zugleich eine semantische Steigerung enthalten ist, handelt es sich um die Figur der *Klimax* (griech., 'Leiter'): „wie habe ich ihn nicht gebeten, gefleht, beschworen“ (G. E. Lessing [1729–1781]: *Philotas*).

Durch Weglassung entstehen u. a. neben dem eben erwähnten Ansyndeton die Figuren der *Ellipse* und des *Zeugma*. Bei der *Ellipse* ('Auslassung') wird, oft bei emphatischer Sprechweise, ein Teil des Satzes ausgelassen, den der Hörer oder Leser aus dem Kontext leicht ergänzen kann, z. B.: „Vielleicht [geschieht es], daß er doch noch kommt!“ Das *Zeugma* (griech., 'Joch', 'Verklammerung') ist ein Spezialfall der Ellipse. Die Figur verklammert zwei oder mehr Satzglieder mit einem weiteren nur einmal gesetzten, das eigentlich zu jedem der verklammerten Satzglieder eigens hinzugefügt werden müßte. Weisen die verklammerten Satzglieder semantische Differenzen auf, kommt es zu sprachkomischen Effekten, die meist ungewollt sind. Da wird z. B. Sinnfälliges mit Geistigem verklammert: „Mit einem leinenen Lappen und stoischer Ruhe putzte der Diener das Fenster.“ Nur der Virtuose kann Zeugmata als Stilmittel einsetzen; so nutzt Jean Paul (1763–1825) im *Siebenkäs* das Zeugma, um die Skurrilität zu steigern: „Er saß ganze Nächte und Sessel durch.“ (Die in guter Rede seltene Figur der *Syllepse* [griech., 'Zusammenfassung'] dagegen, die sich aus der syntaktisch unkorrekten Verbindung eines Wortes mit mehreren in Person, Kasus, Numerus abweichenden anderen ergibt, begegnet immer häufiger in Behörden- und Zeitungstexten, aber auch in Seminararbeiten: „Der Vortrag wurde gehalten und viele Beispiele angeführt.“ Das ist kein Redeschmuck, sondern schlichte Sprachdummheit, die eine schludrige Gedankenführung erkennen läßt.)

Von den Figuren *der Anordnung* seien Anastrophe, Hyperbaton, Tmesis und Isokolon angeführt. Wie leicht zu sehen ist, weisen die Figuren der Anordnung eine Nähe zur poetischen Sprache auf. Daraus wird verständlich, daß Rhetorik als Redelehre und Poetik als Dichtungslehre immer als eng zusammengehörig betrachtet worden sind. Unter der *Anastrophe* ('Umkehrung') wird eine der Sprachgewohnheit widersprechende Umstellung von Satzgliedern verstanden, z. B. die Voranstellung eines Genetiv-Attributs: „in jeder Freuden Fülle aufgewachsen" (Schiller: *Maria Stuart*). Beim *Hyperbaton* ('Übersteigung') werden zwei Wörter, deren enge Zusammengehörigkeit syntaktisch erforderlich ist, durch Einschiebung anderer Satzglieder auseinandergezogen: „O laß nimmer von nun an mich dieses Tödliche sehn" (Friedrich Hölderlin [1770–1843]: *Der Abschied*). Wenn ein Wort gegen die Sprachgewohnheit künstlich aufgespalten wird, spricht man von *Tmesis* (griech., 'Zerschneidung'): So übersetzt Martin Luther (1483–1546) im 23. Psalm wider die Sprachgewohnheit: „Ob ich schon wanderte" statt „Obschon ich wanderte". Als *Isokolon* ('griech., 'Gleichgliedriges') oder *Parallelismus* wird die Wiederholung der gleichen syntaktischen Abfolge bezeichnet: „Der Rang, den ich bekleide, das Vertrauen / wodurch die Königin mich ehrt, muß jeden Zweifel … niederschlagen" (Schiller: *Maria Stuart*). Das Beispiel zeigt Parallelismus in der Fügung von Nomen und ergänzendem Relativsatz.

Gedankenfiguren

Ein großer Teil der *Gedankenfiguren* läßt sich ebenfalls nach den Kriterien Hinzufügung, Weglassung und Anordnung gliedern. Eine zweite Gruppen bilden Gedankenfiguren durch Austausch.

Die ausholende sprachliche Fassung eines Gedankens durch Hinzufügungen wird als *amplificatio* ('Erweiterung') bezeichnet. Sie kommt als Wiederholung desselben Gedankens mit denselben oder anderen Formulierungen vor oder als Häufung der Gedanken, z. B. beim argumentierenden Gebrauch des *Enthymems* oder als semantische Ausweitung. Semantische Ausweitung kennzeichnet die *Antithese* als Gegenüberstellung zweier Gedanken beliebiger syntaktischer Größe (Sätze, Satzglieder, Wörter): „Du warst die Königin, sie der Verbrecher" (Schiller: *Maria Stuart*). Geschieht die Gegenüberstellung in kreuzweiser Anordnung, liegt ein *Chiasmus* vor, der seinen Namen nach dem griechischen Buchstaben X in Kreuzgestalt trägt: „Eng ist die Welt und das Gehirn ist weit" (Schiller: *Wallenstein*). Umfassende semantische Erweiterung kennzeichnet die Exempla in der Rede.

Zu den Figuren durch Weglassung gehören u. a. die *praeteritio* ('Übergehung') und die *Aposiopese* (das 'Verschweigen'). Die *praeteritio* kündigt mit Formeln wie „davon will ich nicht reden" oder „das übergehe ich" ausdrücklich an, daß etwas nicht ausführlich erörtert werden soll. Die ironische Komponente, das auszusparende Thema gerade durch die Figur doch ins Spiel zu bringen, eignet sich für die Parteirede vorzüglich. (Im Seminarvortrag hingegen sollte man seine Rhetorik-Kenntnisse nicht dadurch unter Beweis stellen, daß man gerade davon redet, was wegzulassen man angekündigt hat.) Die *Aposiopese* ist der Abbruch eines Gedankens oder einer Gedankenfolge, der sprachlich in der Regel durch syntaktischen Abbruch nach Art der *Ellipse* markiert wird: „Daß euch! ...“; gemeint ist: „daß euch der Teufel hole!“

Die häufigsten durch Anordnung zustandekommenden Gedankenfiguren sind das *Hysteron proteron* (griech., ‘Späteres zuerst’) und die *Parenthese* (griech., ‘Einfügung’). Ein Hysteron proteron liegt vor, wenn der sprachliche Ausdruck die logische Folge der Ereignisse umdreht: „Nehmet, esset; das ist mein Leib“ (Einsetzungsworte des Herrenmahls in den Evangelien); „Ihr Mann ist tot und läßt sie grüßen“ (Goethe: *Faust I*). Die Parenthese, im Schriftbild heute durch den Einschluß in Gedankenstriche oder Kommata kenntlich gemacht, unterbricht den syntaktischen Fluß und erhöht, souverän gehandhabt, Spannung und Aufmerksamkeit. Thomas Mann hat sie sehr häufig als Stilmittel eingesetzt.

Gedankenfiguren durch Austausch kommen zustande durch Tropen, die Hinwendung zur Redesituation (*aversio*, ‘Wegwendung’; der lateinische Ausdruck rückt nicht die Hinwendung zur Redesituation, sondern die Wegwendung von der Sache in den Blick) und durch Austausch auf der syntaktischen Ebene.

Die *Emphase* (griech., ‘Schein, Andeutung’), ein Tropus der verblümten (verhüllenden) Redeweise, verfremdet den sprachlichen Ausdruck für eine gefährliche oder obszöne Sache in der gedanklichen Wendung vom eigentlichen zu einem scheinbar harmlosen uneigentlichen Ausdruck: „Was sein muß, muß sein!“

Der häufigste gedankliche Sprungtropus ist die *Allegorie* (griech., ‘Andersrede’). Quintilian definiert sie als eine zur Gedankenfolge erweiterte Metapher, weil in ihr der gemeinte Gedanke durch einen anderen ersetzt wird, der mit dem gemeinten in einer Ähnlichkeitsbeziehung steht, wie etwa in der seit frühesten Zeiten geläufigen Allegorie, in der die sichere Schiffahrt im Sturm für die Lenkung der Staatsgeschäfte gesetzt wird. Die Ähnlichkeitsbeziehung der Allegorie – deswegen ist sie bildhaftes Sprechen – gründet in der Vorstellung eines Bildes, z. B. des Schiffes im Sturm. Den Ursprung der Allegorie im Bild macht auch die Tatsache deutlich, daß die Allegorie von alters her eine Darstellungsweise der Bildenden Kunst gewesen ist. Dafür liefert die *Personifikation* der Gerechtigkeit als Frauengestalt mit verbundenen Augen und Waage ein Beispiel. Es macht auch deutlich, warum Allegorie oft geradezu als Veranschaulichung einer abstrakten Begrifflichkeit verstanden wird. Die Allegorie hat in aller Textproduktion weite Verbreitung gefunden, bis hin zu ausgesprochen allegorischen Gattungen wie der Emblematik, die ihren Gegenstand als Verbindung von Bild und Text zugleich darstellt. Deshalb ist die Allegorie – entsprechend dem Doppelcharakter der Rhetorik – auch zu einem wichtigen Verfahren der Textauslegung (Allegorese) geworden (vgl. S. 52).

Ein weiterer gedanklicher Sprungtropus ist die *Ironie* (griech., 'Verstellung'). Der rhetorische Terminus Ironie darf nicht mit Begriffen wie 'tragische Ironie' oder 'romantische Ironie' verwechselt werden. Ironie im rhetorischen Sinne liegt vor, wenn der gewählte Ausdruck infolge des Kontextes das genaue Gegenteil dessen meint, was er eigentlich bedeutet. Die Wurzel der Ironie liegt in der Gerichtsrede, in der sich eine Partei gelegentlich des Vokabulars der Gegenseite bedient. Aus dieser sprachpragmatischen Wurzel erklärt sich auch, daß ironisches Sprechen häufig aggressiv ist. Auch der Sarkasmus ist eine Form der Ironie. Das aggressive Moment der Ironie ist notwendiger Bestandteil mancher Textarten, z. B. von Satire, Parodie und Travestie. Der *Euphemismus* (griech., das 'Schönreden') als ein Spezialfall der Ironie benennt gerade umgekehrt als bedrohlich oder peinlich Empfundenes mit uneigentlichen Ausdrücken der Beschönigung („das Zeitliche segnen").

Eine Hinwendung zur Redesituation liegt z. B. vor, wenn sich der Redner die Freiheit (lat. *licentia*) nimmt, eine die Zuhörer schockierende, der eigenen Partei abträgliche Äußerung zu tun. Unter den Figuren durch Austausch auf syntaktischer Ebene kommt der *rhetorischen Frage* (lat. *interrogatio*) besondere Bedeutung zu. Es handelt sich meist um einen in Frageform gekleideten Ausruf („Hört denn dies Kapitel überhaupt nicht auf?" statt „Nun aber Schluß mit Rhetorik!"). Auf diese Form der exklamatorischen Frage wird keine Antwort erwartet. Varianten sind vom Redner an sich selbst oder die gegnerische Partei gestellte Fragen, auf die der Redner selbst die Antwort gibt. Diese Technik dient der Auflockerung des Vortrags.

7.3 Stilistik

Die literaturwissenschaftliche Stilistik (von lat. *stilus*, 'Schreibgriffel') untersucht das schwer faßbare Phänomen des literarischen Stils. Sie stützt sich dabei einerseits auf die Instrumente der rhetorischen Analyse, bezieht aber zusätzliche Daten aus der Literatur- und Sprachgeschichte sowie der Linguistik ein.

Ihrem Herkommen nach ist die Stilistik auf die Lehre von den *genera dicendi* der Rhetorik zurückzuführen. Die neuzeitliche Poetik hat die

Stillehre auf die Gattungslehre appliziert: So sind der barocken Poetik zufolge Tragödie und heroischer Roman im hohen, bürgerliches Schauspiel und politischer Roman im mittleren und Komödie und Picaro-Roman im niederen Stil zu schreiben. Eine entsprechende Zuordnung der Stile gilt – schon im späten Mittelalter – auch für die drei Stände Adel, Bürger und Bauer. Mit leichten Verschiebungen gegenüber der klassischen Rhetorik (vgl. S. 57) werden der hohe (pathetische) Stil dem *movere*, der Erregung von Affekten, der mittlere Stil dem *docere*, der Belehrung, und der niedere dem *delectare*, der Unterhaltung, zugeordnet. Aus dem Prinzip des *aptum* folgt die Auswahl je gemäßer (gehobener, mittlerer oder vulgärer) Ausdrücke (z. B. „Antlitz/Gesicht/Fresse") in den drei Stilarten.

Von der ursprünglichen Doppelnatur der sowohl präskriptiv als auch deskriptiv verstandenen Stilistik hat sich nach dem Niedergang der Rhetorik zu Ende des 18. Jahrhunderts nur noch der deskriptive Aspekt in der literaturwissenschaftlichen Stilanalyse erhalten.

Die Stilistik versucht, Werkstile, Autorstile, Zeitstile und Gattungsstile zu bestimmen – meist anhand zu beobachtender Abweichungen (Devianzen): z. B. von Zeitstilen im Verhältnis zueinander, von Individualstilen im Verhältnis zum Zeitstil, von Individualstilen untereinander (z. B. Nominalstil/Verbalstil; Bevorzugung von Parataxe oder Hypotaxe in der Syntax) usw.

Problematisch wie der Stilbegriff selbst, sind die eben genannten Kategorien. Handelt es sich doch einmal um Individualstile, einmal um Kollektivstile. Beziehen sich z. B. Zeitstil und Individualstil auf denselben Begriff von Sprache oder – in der Terminologie von Ferdinand de Saussure (1857–1913) – der eine auf das Sprachsystem (*langue*), der andere auf den Sprech- bzw. Schreibakt (*parole*)? Was bedeutet z. B. Autorstil, wenn der Autor im Laufe des Lebens unterschiedliche individuelle Stile, z. B. einen Jugend- und Altersstil, ausgeprägt hat, oder einen anderen Lyrikstil als Erzählstil gepflegt oder in mehreren Zeitstilen geschrieben hat? Überlagern sich nicht in derselben Epoche mehrere Zeitstile? Statt von Zeitstil spricht man daher besser nur von Stiltendenzen, zeitgenössischen Konventionen oder literarischen Moden.

Wie ergiebig trotz solcher Bedenken stilistische Analysen sein können, belegen vor allem das *Wörterbuch des Unmenschen* von Gerhard Storz u. a. sowie die *L[ingua] T[ertii] I[mperii]* von Victor Klemperer, die beide eine Fülle semantischer, syntaktischer u. a. Kennzeichen der Sprache des nationalsozialistischen Totalitarismus ermittelt haben, die zusammen einen unterscheidbaren 'Stil' ausmachen.

Literatur

Anderegg, Johannes: Literaturwissenschaftliche Stiltheorie. Göttingen 1978.

Asmuth, Bernhard; Luise Berg-Ehlers: Stilistik. Opladen ^{3}1978.

Barner, Wilfried: Barockrhetorik. Tübingen 1970.

Cicero, Marcus Tullius: De oratore. Über den Redner. Lateinisch und deutsch. Übers., komm. und ... hrsg. von Harald Merklin. Stuttgart 1976.

Curtius, Ernst Robert: Europäische Literatur und lateinisches Mittelalter. Tübingen, Basel ^{11}1993. [Noch immer grundlegend für die Kenntnis der intensiven Rezeption antiker Topoi in allen europäischen Literaturen; da das Werk ein wenig einem umgestürzten Zettelkasten ähnelt, kann man durchaus einzelne Abschnitte exemplarisch lesen.]

Debatin, Bernhard: Die Rationalität der Metapher. Eine sprachphilosophische und kommnuikationstheoretische Untersuchung. Berlin, New York 1995.

Dockhorn, Klaus: Macht und Wirkung der Rhetorik. Bad Homburg v.d.H., Berlin usw. 1968.

Dyck, Joachim: Ticht-Kunst. Deutsche Barockpoetik und rhetorische Tradition. Bad Homburg, Berlin usw. ^{2}1969.

Eisenhut, Werner: Einführung in die antike Rhetorik und ihre Geschichte. Darmstadt ^{5}1994.

Fuhrmann, Manfred: Die antike Rhetorik. München, Zürich ^{3}1990.

Gauger, Hans-Martin: Über Sprache und Stil. München 1995.

Göttert, Karl-Heinz: Einführung in die Rhetorik. Grundbegriffe, Geschichte, Rezeption. 2., verb. Aufl. München 1994.

Haverkamp, Anselm (Hrsg.): Theorie der Metapher. 2., ... erg. Aufl. Darmstadt 1996.

Klemperer, Victor: LTI. Notizbuch eines Philologen. Leipzig ^{13}1995.

Kopperschmidt, Josef (Hrsg.): Rhetorik. Bd. 1.2. Darmstadt 1990–91. 1: Rhetorik als Texttheorie. 2: Wirkungsgeschichte der Rhetorik.

Lausberg, Heinrich: Elemente der literarischen Rhetorik. München ^{10}1990. [Unentbehrlich.]

Lausberg, Heinrich: Handbuch der literarischen Rhetorik. Stuttgart ^{3}1990.

Ottmers, Clemens: Rhetorik. Stuttgart, Weimar 1996.

Quintilianus, Marcus Fabius: Institutio oratoria. Ausbildung des Redners. Lateinisch und deutsch. Hrsg. und übers. von Helmut Rahn. 2., durchges. Aufl. Bd. 1.2. Darmstadt 1988.

Schmidt-Biggemann, Wilhelm: Topica universalis. Eine Modellgeschichte humanistischer und barocker Wissenschaft. Hamburg 1983. [Zeigt in einem imposanten Panorama die Bedeutung der Topik für die frühneuzeitliche Wissenschaft; nicht zur einführenden Lektüre.]

Seidler, Herbert: Allgemeine Stilistik. Göttingen ^{2}1963.

Sowinski, Bernhard: Stilistik. Stiltheorien und Stilanalysen. Stuttgart 1991.

Spitzer. Leo: Stil-Studien. Bd. 1.2. München 1928, Nachdr. 1961

Storz, Gerhard, Dolf Sternberger, und Wilhelm E. Süskind: Aus dem Wörterbuch des Unmenschen. Hamburg 1957 u. ö.

Thieberger, Richard: Stilkunde. Bern; Frankfurt a. M. usw. 1988.

Ueding, Gert (Hrsg.): Historisches Wörterbuch der Rhetorik. Tübingen. Bd. 1 ff. 1992 ff.
Ueding, Gert: Klassische Rhetorik. München ²1996.
Ueding, Gert, und Bernd Steinbrink: Grundriß der Rhetorik. 3., überarb. und erw. Aufl. Stuttgart, Weimar 1994. [Unentbehrlich.]
Yates, Frances A.: Gedächtnis und Erinnern. Mnemonik von Aristoteles bis Shakespeare. Weinheim 1990.
Zeitschrift: Rhetorik. Ein internationales Jahrbuch.

8. Editorik

8.1 Allgemeines

Editorik oder *Editionsphilologie* ist die philologische Teildisziplin, die sich mit Theorien und Methoden der Edition befaßt, der Gewinnung und Herausgabe von Texten. Alle literaturwissenschaftliche Arbeit setzt Texte voraus, auf die sie sich bezieht. Die Aufgaben der Editorik gehören daher zu den im wörtlichen Sinne grundlegenden der Literaturwissenschaft. Wegen ihres Textbezugs gehen von der Editorik Impulse auf nahezu alle anderen Teilgebiete der Literaturwissenschaft aus, soweit textologische Fragen im weitesten Sinne betroffen sind.

Da in der Geschichte der größte Teil der materialen Überlieferung verlorengeht, kommt der Editorik auch die Aufgabe der Rettung des Gedächtnisses zu. Man braucht sich nur folgende prominente Beispiele zu vergegenwärtigen: Der griechische Dichter Aischylos (525/4–456/5 v. Chr.) hat etwa 80 Stücke geschrieben, vollständig erhalten sind uns davon lediglich sieben Tragödien, zu denen die *Perser* und die *Orest*-Trilogie gehören. Von den gar 123 Stücken des wenig jüngeren Sophokles (497/6–406/5 v. Chr.) besitzen wir ebenfalls nur noch sieben Tragödien, darunter *Antigone*, *Elektra*, zwei *Ödipus*-Tragödien und *Philoktet*. Von den knapp 90 Stücken des Euripides (485/4–407/6 v. Chr.) haben sich 17 Tragödien und ein Satyrspiel erhalten, z. B. *Medea*. *Hippolytos*, *Iphigenie bei den Taurern*, *Iphigenie in Aulis* und *Bakchen*. Die überlieferten Stücke verdanken ihre Erhaltung der editorischen Arbeit antiker Philologen, die sie in der Regel als Auswahlausgaben für den Unterricht ediert und nicht selten auch mit Kommentaren zu schwierigen Stellen (*Scholien*) versehen haben. Dieser Auswahl, die überlieferungsgeschichtlich zur Kanonisierung geführt hat, liegt natürlich eine Wertung zugrunde.

Texte existieren in sehr unterschiedlicher Weise. Sie können z. B. unveröffentlicht in einem Nachlaß schlummern. Der kann sich wiederum in privater Hand oder in einer öffentlich zugänglichen Einrichtung (Archiv, Bibliothek) befinden. Ein solcher Text wird nicht rezipiert, entfaltet keine Wirkung, solange ihn kein Editor ans Licht gezogen hat. Es gibt endgültig verlorene Texte, z. B. Goethes früheste poetische Versuche, die er selbst in einem Autodafé vernichtet hat. Hätte der römische Kaiser Augustus die testamentarische Verfügung des Dichters Vergil, die nicht ganz vollendete *Aeneis* zu vernichten, nicht ausdrücklich mißachtet, gehörte dieses aus dem Nachlaß gegen die Intention des Autors veröffentlichte Heldenepos, eines der wirkungsmächtigsten Werke der Weltliteratur überhaupt, ebenfalls zu den endgültig verlorenen Texten.

Bis zur Einführung des Buchdrucks waren Bücher ausschließlich als Handschriften verbreitet, sei es zunächst als Rollen, sei es seit der späteren Antike und im Mittelalter als *Codices* (vgl. S. 119). Fast alle erhaltenen Handschriften bis zum Ausgang des Mittelalters – Ausnahmen, wie etwa die Existenz von Autographen Petrarcas, sind äußerst selten – sind Buchhandschriften, die von Schreibern zum Zweck der Verbreitung angefertigt worden sind. Von den tatsächlich hergestellten Handschriften – es sind Abschriften von Abschriften – hat sich nur ein kleiner Teil erhalten. Die erhaltenen können jedoch – als Folge unterschiedlicher Vorlagen oder von Fehlern beim Abschreiben – im Text erheblich voneinander abweichen.

Neben den Fehlern, etwa als Folge nachlässiger Herstellung, muß man für neuzeitliche Texte vor allem mit der Gefahr von Entstellungen rechnen, die oft von dem Autor nahestehenden Personen herrühren, an die nach dessen Tod die Urheberrechte im ideellen und materiellen Sinne gefallen sind. Friedrich Nietzsches (1844–1900) nachgelassene Schriften sind jahrzehntelang nur in der entstellenden Bearbeitung zugänglich gewesen, die seine Schwester Elisabeth Förster-Nietzsche aus 'Familienrücksichten' vorgenommen hatte; nicht was Nietzsche geschrieben hat, ist also rezipiert worden, sondern was er nach den Vorstellungen seiner Schwester hätte schreiben sollen. Erst die von Mazzino Montinari besorgte Ausgabe hat den richtigen Text zugänglich gemacht. Dies Beispiel macht aber auch eine textologische und eine pragmatische Problematik deutlich: Zum einen gehört auch die Wirkung, die ein gefälschter Text gehabt hat, zur Geschichte dieses Textes. Zum anderen ist der Abstand zu den Zeitgenossen eine Voraussetzung kritischer Ausgaben, vor allem wenn sie bislang unveröffentlichte Nachlaßtexte enthalten.

8.2 Textkritik

Es ist die Aufgabe der *Textkritik*, aus den dem Autor zeitlich fernstehenden, abweichenden *Überlieferungsträgern* (*Textzeugen*) den originalen (authentischen) Text des Autors zu ermitteln, d.h. den Text von

Fehlern zu reinigen, die sich im Laufe seiner handschriftlichen Tradierung eingeschlichen haben. Auf solcher textkritischen Arbeit beruhen alle gedruckten Ausgaben, in denen wir heute antike Autoren, die Bibel und die mittelalterlichen Autoren lesen. Die Methode der Textkritik ist zuerst in der klassischen Philologie entwickelt worden, um den Text antiker Autoren aus den mittelalterlichen Buchhandschriften zu gewinnen. Von der klassischen übernahmen im 19. Jahrhundert die neueren Philologien diese Methode für die Herstellung möglichst 'richtiger' Texte, zunächst der mittelalterlichen deutschen, englischen, romanischen usw. Werke.

Die Textkritik geht in den drei Schritten Recensio, Examinatio und Emendatio vor:

1. In der *Recensio* (Sichtung) werden die erhaltenen Textzeugen gesammelt und ihre Beziehungen zueinander ermittelt. Die Ermittlung der Beziehungen macht sich die Einsicht zunutze, daß ein längerer Text nicht fehlerfrei abgeschrieben werden kann, daß Abschriften vielmehr durch Fehler – man spricht in der Textkritik von einer *Verderbnis* bzw. einer *Korruptel* des Textes – gekennzeichnet sind. Wer einmal einen längeren Text abschreibt, kann das leicht im Experiment für sich nachprüfen. Da überspringt man man z.B. eine oder mehrere Zeilen beim Abschreiben, weil das Auge beim Wechseln zwischen Abschrift und Vorlage vorauseilend in einer späteren Zeile dasselbe Wort wahrnimmt, das in der richtigen den Anschluß hätte bilden sollen. Beobachtet man beim Vergleich (*Kollation*) zweier Überlieferungsträger A und B, daß bei ansonsten identischem Text B an einigen Stellen gegenüber A fehlerhaft ist, einen sog. Sonderfehler aufweist, spricht das für eine Abhängigkeit des Überlieferungsträgers B von A, so daß B als irrelevant aus der Recensio ausgeschieden werden kann. Weist indes A auch nur eine Korruptel auf, die sich in B nicht findet (einen sogenannten Trennfehler), läßt sich keiner der beiden Überlieferungsträger aus dem jeweils anderen ableiten. Aus identischen Verderbnissen (sogenannten Leit- oder Bindefehlern) zweier Textzeugen kann man auf deren gemeinsame Abhängigkeit von einem dritten Zeugen schließen, der nicht erhalten zu sein braucht. (Aus einer Klosterbibliothek kann z.B. dieselbe Handschrift an zwei andere Klöster zum Abschreiben ausgeliehen worden sein.) Die womöglich nur erschlossene gemeinsame Vorlage mehrerer Textzeugen nennt man deren *Archetypus;* zu Archetypen kann es wiederum übergeordnete Archetypen geben, so daß sich die Abhängigkeiten der Überlieferungsträger im *Stemma*, dem Stammbaum der Handschriften, zusammenfassen lassen.

In dem graphischen Beispiel für ein Stemma bezeichnen die Großbuchstaben in der Recensio ermittelte und auf ihre Beziehungen geprüfte Textzeugen, die physisch existieren, die kleinen griechischen Buchstaben stehen dagegen für erschlossene Archetypi. Das Verhältnis zwischen A und B ist durch Sonderfehler, dasjenige zwischen A und C oder zwischen α und D durch Leitfehler bestimmt.

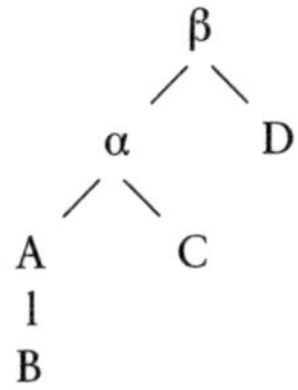

Dieses auf Kollation beruhende Verfahren versagt allerdings immer dann, wenn ein Abschreiber bei seiner Tätigkeit mehrere Vorlagen *kontaminiert*, d.h. die *Varianten* (*Lesarten*) verschiedener Überlieferungsträger ineinandergearbeitet hat.

2. In der *Examinatio* (Prüfung) lokalisiert der Editor die verderbten Stellen und wählt die besten Lesarten aus, die übrigens keineswegs aus den ältesten Überlieferungsträgern stammen müssen, wenn jüngere Textzeugen über nicht erhaltene Zwischenstufen auf bessere Vorlagen zurückgehen als die älteren. Bei der Examinatio stützt sich der Editor auf die Kenntnis sprachlicher Besonderheiten eines Autors, die Herkunft der Varianten und auf allgemeine Erfahrungsregeln, deren wichtigste die von der *lectio difficilior* (der schwierigeren Lesart) ist. Da Abschreiber einen Text eher fehlerhaft vereinfachen als ihn schwieriger gestalten, hat die ausgefallenere Wendung die Vermutung der Authentizität für sich. Statt langer Begründungen sei auf den Erfahrungsschatz eines modernen Autors verwiesen:

„Der erfahrene Feuilletonschreiber muß wissen, daß er anspruchsvolle Ausdrücke wie 'kosmisch' oder 'eklektisch' besser vermeidet, weil sie im Druck unweigerlich als 'komisch' oder 'elektrisch' erscheinen", bemerkt Friedrich Torberg (F.T.: *Die Erben der Tante Jolesch*. München 1981, S.98) und schiebt folgende Anekdote nach:

Ein Malheur [...] widerfuhr in den Zwanzigerjahren einem damals eben entstandenen, sehr schönen, von edlem Pathos getragenen Gedicht Franz Werfels: „Echnatons Sonnengesang", das in der Sonntagsbeilage der „Neuen Freien Presse" abgedruckt wurde und dessen erste Strophe folgendermaßen schließt:

„Dann tauml' ich auf, daß mich umbrause
Des Morgens sturmverwühlte See,
Dann kniee ich mit meinem Hause
Vor dir, mein Vater, Aton Re."

Vielleicht war's gar kein Druckfehler, was da geschah. Vielleicht ging es [...] auf die Nachdenklichkeit eines Korrektors zurück, der allenfalls noch bereit war, „Re“ als Zunamen eines Vaters zu akzeptieren, aber den Vornamen „Aton“ ließ er nicht mehr gelten, Echnaton hin und Sonnengesang her. Jedenfalls präsentierten sich die Schlußzeilen mit einer minimalen Veränderung:

„Dann kniee ich mit meinem Hause
Vor dir, mein Vater, Anton Re.“

3. Die *Emendatio* (Verbesserung) hat zum Ziel, den 'besten' Text zu konstituieren, d.h. einen Text herzustellen, der dem Original des Autors soweit wie möglich entspricht. Zur *Textkonstitution* durch Emendation gehören die Ergänzung überlieferter oder erschlossener Lücken, aber auch die Tilgung von fremder Hand eingefügter Zusätze. Solche unautorisierten Ergänzungen haben sich als Schauspieler*interpolationen* z.B. häufig aus der Bühnenpraxis in Dramentexte eingeschlichen. Die höchste Stufe der Emendation stellt die sog. *Konjektur* dar, die Heilung einer Korruptel durch *Vermutung* der richtigen Textgestalt, die sich so aber in keinem Überlieferungsträger findet. Eine Konjektur ist um so plausibler, je besser sie auch die Entstehung des Fehlers erklärt. Die Erklärung einer Verderbnis der Überlieferung allein rechtfertigt sie indes noch nicht. Die Konjekturalkritik kann aufgrund der *Divination* (Eingebung, Erleuchtung) des Editors immer nur zu mehr oder minder wahrscheinlichen Ergebnissen führen. Daher wird sie gerade von den besten Kennern der Texte, deren Konjekturen zuweilen höchste Evidenz erreichen, nur mit Zurückhaltung geübt. Eine unheilbar verderbte Stelle bleibt eine *Crux*, ein 'Kreuz', und wird daher als solche im Text in Kreuzzeichen eingeschlossen. In Ausgaben neuzeitlicher Autoren besteht ein großer Teil der Emendation jedoch wortwörtlich in der bloßen Verbesserung von Schreibfehlern, die sich in den Überlieferungsträgern finden.

Wenn sich die Textkonstitution an den 'besten' Lesarten orientiert, egal woher sie stammen, kontaminiert sie ihrerseits. Bei der Edition mittelalterlicher Texte hat sich die germanistische Mediävistik daher oft dafür entschieden, den Text nach einer sogenannten *Leithandschrift* zu bieten und die Abweichungen anderer Überlieferungsträger im Kritischen Apparat zu vermerken. Der Edition nach dem Prinzip der Leithandschrift sind inzwischen überlieferungskritische Editionen gefolgt, die mit verschiedenen Fassungen die Textgeschichte dokumentieren, auch seine Wirkungsgeschichte.

Vom Autor selbst stammende Handschriften (*Autographen*) mit Entwürfen oder Reinschriften muß es natürlich, soweit der Autor nicht einem Schreiber diktiert hat, immer gegeben haben. Im Gegensatz zu den antiken und mittelalterlichen Autoren sind von neuzeitlichen Autoren neben den Drucken als Überlieferungsträgern von fremder Hand oft auch eigenhändige Manuskripte in größerem Umfang vorhanden. Zu ihnen können weitere Überlieferungsträger treten: nach Diktat oder als Abschrift angefertigte Manuskripte von fremder Hand, z. B. von Sekretären, Verwandten usw.; seit etwa dem letzten Viertel des 19. Jahrhunderts auch eigenhändig oder von fremder Hand erstellte Typoskripte oder für das 20. Jahrhundert auch Tonträger. Neben eigenhändigen Reinschriften können Abschriften von fremder Hand oder Typoskripte in Setzereien als Druckvorlage gedient haben und sind womöglich in Verlagsarchiven erhalten geblieben. Ähnliches gilt für vom Autor oder einem Mitarbeiter korrigierte Fahnenabzüge oder den Umbruch; für die Edition von Dramentexten können Bühnenexemplare oder Zensurexemplare näher an den Text des Autors führen, wenn die Striche wieder geöffnet sind. Die Wiener Theatergeschichte seit Johann Nestroy (1801–1862), aber auch die Berliner oder Münchner liefert einschlägige Beispiele in großer Zahl.

Die erste historisch-kritische Edition eines neuzeitlichen deutschen Autors haben lange vor der Begründung der Universitätsgermanistik die beiden Zürcher Literaten Johann Jacob Bodmer (1698–1783) und Johann Jakob Breitinger (1701–1776) mit der Ausgabe der Werke des Barockdichters Martin Opitz (1597–1637) erarbeitet. Bereits diese Edition führt die strikte Unterscheidung zwischen Varianten und Lesarten ein; sie verwendet aber die Bezeichnungen gerade umgekehrt wie die moderne Editorik. Da die Klassische und die Mittelalterphilologie es nicht mit Handschriften des Autor selbst zu tun haben, können sie die Ausdrücke 'Variante' und 'Lesart' als Synonyme verwenden. In der Edition neuerer Texte – besonders solcher, die seit dem 18. Jahrhundert entstanden sind – ist es dagegen sinnvoll, zwischen *Varianten als den vom Autor selbst im Laufe der Textgenese vorgenommenen Änderungen* und *Lesarten als Änderungen durch Dritte*, z. B. Zeitschriftenredakteure oder Verlagslektoren, *im Laufe der Überlieferungsgeschichte* zu unterscheiden. Dieselbe begriffliche Unterscheidung wird gelegentlich auch mit den Ausdrücken *Entstehungsvarianten* und *Überlieferungsvarianten* gekennzeichnet. Noch umstritten ist dagegen ein Vorschlag von Herbert Kraft, den Ausdruck 'Überlieferungsträger' den eigenhändigen Niederschriften und authentischen Drucken als den Trägern von Texten und Varianten vorzubehalten und davon mit dem Terminus 'Textzeuge' die Träger von Lesarten abzugrenzen, so einleuchtend die begriffliche Unterscheidung ist.

Die neugermanistische Editionspraxis ist vielfach hinter die von

Bodmer und Breitinger erreichte Präzision zurückgefallen, vor allem unter dem erdrückenden Einfluß, den die Klassische Philologie durch Karl Lachmann (1793–1851), Editor des Neuen Testaments und des römischen Dichterphilosophen Lukrez (um 95–55 v.Chr.), auf sie ausgeübt hat. Lachmann hat mit seiner kritischen Lessing-Ausgabe für lange Zeit der germanistischen Editorik die Methode vorgegeben. Nach derselben Methode ist auch die große *Weimarer Goethe-Ausgabe* verfahren.

Hervorzuheben ist, daß die Kontamination, so problematisch sie schon bei mittelalterlichen Texten ist, entgegen der Lachmannschen Methode bei der Edition neuerer Texte überhaupt nichts verloren hat. Wo frühere Editoren für die Textkonstitution Varianten aus verschiedenen Überlieferungsträgern vermischen und die vermeintlich jeweils beste für eine Textstelle ausgewählt haben, sind sie eigenmächtig an die Stelle des Autors getreten und haben 'fortdichtend' einen ganz unhistorischen Text produziert, der so niemals existiert hat.

Während Karl Goedekes Schiller-Ausgabe von 1867 ff. dem Text die älteren Drucke, nicht die jüngeren, von Schiller überarbeiteten, zugrunde legt, hat die Weimarer Goethe-Ausgabe (1887) das lange hochgehaltene Prinzip der *Ausgabe letzter Hand* nahezu sanktioniert. Danach wird der Text in der Fassung geboten, die der Autor ihm zuletzt gegeben hat. Dies Prinzip entstammt der Fixierung auf die teleologisch, d.h. als auf ein Ziel zuführend verstandene Biographie. Die Editorik hat sie inzwischen hinter sich gelassen und kennt auch die *frühere* oder *mittlere Hand*. So wird die Historizität der verschiedenen Fassungen anerkannt, und sie gelten als Texte eigenen Rechts: etwa Goethes Sturm-und-Drang-Texte, deren sprachliche Frische der Autor für spätere Werkausgaben hinweggeglättet hat, oder die beiden Fassungen von Gottfried Kellers *Grünem Heinrich*, die sich nicht nur durch den Wechsel der Erzählform von der Er- zur Ich-Form unterscheiden, sondern auch durch viele weiträumige kompositorische Umstellungen, die dieser Wechsel als Konsequenzen erzwingt.

8.3 Die historisch-kritische Ausgabe

Eine historisch-kritische Ausgabe neuzeitlicher Autoren besteht aus dem kritisch konstituierten Text und dem Kritischen Apparat. Der Apparat, der auch die Editionsprinzipien mitteilt, umfaßt in der Regel die folgenden Abschnitte: Beschreibung der Überlieferung (Handschriften und Drucke), Quellen, Zeugnisse (Dokumente), Entstehungsgeschichte, Varianten, Erläuterungen und Register. Die Rechtfertigung des konstituierten Textes kann bei der Beschreibung der Überlieferungsträger stehen. Ob alle Emendationen aufgeführt werden, hängt vom Einzelfall ab. So werden in manchen Editionen bloße Schreibfehler des Autors stillschweigend emendiert.

Die Überlieferungsträger werden vollständig mit den Siglen , unter denen sie im Apparat zitiert werden, aufgeführt und nach ihren wichtigsten Charakteristika beschrieben. Zur Beschreibung gehören: der archivalische Standort mit Signatur, vom Autor vorgenommene Paginierungen und Datierungen, der Beschreibstoff (z. B., wenn daraus wesentliche Erkenntnisse zu gewinnen sind, die Papiersorte), das Schreibmaterial (Stift, Tinte), die Maße.

Für die Siglierung der Überlieferungsträger werden 'sprechende' Symbole verwandt:

H	eigenhändige Handschrift des Autors
h	Handschrift von fremder Hand
T	eigenhändiges Typoskript des Autors
t	Typoskript von fremder Hand
TH	eigenhändiges Typoskript mit eigenhändiger Überarbeitung
tH	eigenhändig überarbeitetes Typoskript von fremder Hand
D	autorisierter Druck
d	unautorisierter Druck
N	Notiz

Je nach Überlieferungslage ist es unter Umständen sinnvoll, zwischen Drucken, die als selbständige Buchveröffentlichung erschienen sind, und Vor- oder Wiederabdrucken oder Teildrucken in Almanachen, Zeitschriften, Zeitungen usw. zu unterscheiden. Dann finden sich neben der Sigle D/d für den Buchdruck etwa J/j oder Z/z als Sigle für den unselbständig erschienenen Druck.

Mehrere gleichartige Überlieferungsträger werden durch Eponenten unterschieden, deren Zählung in der Regel zugleich die relative Chronologie dieser Überlieferungsträger untereinander kenntlich macht, z. B.

H^1, H^2, H^3, T^1, H^4, H^5, T^2, D^1, D^2, D^3.

Wo die Überlieferungslage es zuläßt, die *relative Chronologie* aller Überlieferungsträger eines Werks zueinander zu ermitteln, kann diese durch eine Gesamtzählung mitgeteilt werden, während die Reihenfolge innerhalb der einzelnen Typen von Überlieferungsträgern in der beschriebenen Weise durch Exponenten bezeichnet wird:

1 H^1, 2 H^2, 3 H^3, 4 T^1, 5 H^4, 6 H^5, 7 T^2, 8 D^1, 9 D^2, 10 D^3.

Lassen sich innerhalb eines Überlieferungsträgers aufgrund evidenter Kriterien durchgehende Variationsschichten – z.B. im Zusammenhang mit Umarbeitungen, Überarbeitungen, Wiederaufnahme unterbrochener Arbeit (kenntlich z.B. an durchgängigem Materialwechsel: Grundschicht mit Tinte, Überarbeitung mit Stift) – unterscheiden, so kann man in der Siglierung auch solche Schichten durch Ergänzungen noch kenntlich machen:

1,1 H^1, 2 H^2, 3 H^3, 4 T^1 usw.

Im Abschnitt *Zeugnisse* (Dokumente) werden geboten: Belege der Arbeit des Autors von eigener Hand, z.B. Eintragungen im Tagebuch oder Briefe, auch Briefe und Zeugnisse anderer, z.B. Freunde, Verleger usw. In der Regel strebt die historisch-kritische Ausgabe also keine Dokumentation aller erreichbaren Zeugnisse späterer Rezeption an.

Die Quellen können referiert oder durch Abdruck (zumindest) teilweise dokumentiert werden.

Die Entstehungsgeschichte referiert zusammenfassend unter Berücksichtigung der Quellen, Zeugnisse und Varianten über die Textgenese.

Für die Gestaltung der Variantenapparate haben sich in neueren Editionen einige Konventionen herausgebildet, deren wichtigste im folgenden angeführt werden:

Man unterscheidet zwischen Binnen- und Außenvarianz. *Binnenvarianten* sind solche, die innerhalb eines Überlieferungsträgers anzutreffen sind, wenn also z.B. Text gestrichen oder ergänzt oder ein Ausdruck durch einen anderen ersetzt worden ist. *Außenvarianten* sind dagegen die Varianten, durch die sich ein Überlieferungsträger von einem anderen unterscheidet. Von Außenvarianz kann man also immer nur im Verhältnis von mindestens zwei Überlieferungsträgern sprechen.

Meist bezieht sich der Variantenapparat auf den Textteil der Ausgabe. Ein Lemma (griech. für 'Aufgegriffenes') greift den Bezugstext auf. Die schließende Kastenklammer trennt als Lemmazeichen den Bezugstext aus dem Textteil von einer oder mehrerer dem Lemmazeichen folgenden Varianten. Statt des Lemmazeichens kann dem Bezugstext ein Herausgebertext wie „aus …, danach gestrichen …, danach eingefügt …" usw. folgen. Ein Variantenapparat wird dann als *positiver Apparat* bezeichnet, wenn er den Bezugstext ausdrücklich mitteilt. Im *negativen Apparat* wird dagegen lediglich die Stelle der Varianz, meist durch Zeilenzähler, ohne Zitat des Bezugstextes markiert und der variante Text mitgeteilt, im Vertrauen darauf, daß der Leser die gemeinte Textersetzung wahrnimmt, wenn etwa nur ein Substantiv an der varianten Stelle steht und durch ein anderes ersetzt worden ist.

Im Apparat werden ferner *diakritische Zeichen* eingesetzt, deren oft abweichende Definitionen in den Editionsprinzipien mitgeteilt werden, z. B.: eckige Klammern für Autortilgung, kursive eckige Klammern für erwogene Tilgung, Spitzklammern für Textergänzung durch den Editor, Unterpungierung für zweifelhafte Lesungen, ein x für einen unleserlichen Buchstaben usw.

Bei geringer Nähe zum edierten Text und starker Binnenvarianz wird der ganze Überlieferungsträger nicht in einem lemmatisierten, sondern in einem *integralen Apparat* unter Benutzung der Stufensymbole dargestellt. Man liest also nur in einem Überlieferungsträger, der Bezugstext entfällt.

Varianz muß nicht immer vollständig, sondern kann auch summarisch beschrieben werden. Wenn ein Autor z. B. in seinen handschriftlichen Entwürfen grundsätzlich keine Interpunktion setzt, sondern dies erst in einer als Druck- oder Typiervorlage dienenden Reinschrift nachholt oder gar durch Typisten oder Setzer nachholen läßt, ist es Ballast, jedes in der Handschrift fehlende Satzzeichen als einzelne Außenvarianz anzuführen.

Seit der bahnbrechenden, von Friedrich Beißner besorgten *Stuttgarter Hölderlin-Ausgabe* hat sich für die Darstellung der chronologischen Staffelung von Variationsvorgängen eine Stufensymbolik durchgesetzt.

(1)	*(2)*	*(3)*
(a)	*(b)*	*(c)*
(aa)	*(bb)*	*(cc)*

Es gilt die Leseregel: Eine *(2)* hebt alles auf, was hinter *(1)* steht, ein *(b)* den gesamten Text hinter *(a)* usf. Bei Bedarf kann die hier beispielhaft gewählte Dreifachstufung beliebig erweitert werden. Im Variantenapparat bezeichnet ein Grenzzeichen das Ende eines varianten Textbereichs. Manche Editionen unterscheiden zwischen *Sofort-* und *Spätkorrektur* oder auch noch einer *Baldkorrektur.* Das sind relative Begriffe, die eigentliche Sofortkorrektur läßt sich allerdings erkennen, weil die Korrektur im laufenden Schreibfluß passiert, also nicht über oder unter der Zeile, oft auch nur als unvollständiger Schreibansatz mit dem Beginn eines sofort verworfenen Wortes erscheint.

Für die Wiedergabe der Varianz ist zunächst der graphische *Befund* an der varianten Stelle zu ermitteln. Die Darstellung mit Stufensymbolik vermittelt aber nicht den Befund, sondern seine Deutung, der immer ein Stück Interpretation zugrunde liegt. Nirgendwo in der Philologie ist die Omnipräsenz des hermeneutischen Zirkels so spürbar wie beim Edieren. Zweite, dritte usw. Stufen können über oder unter der Zeile stehen, Nachträge können sich über oder unter der Zeile oder am rechten oder linken Rand finden usw. Reihenfolge und Zuordnung können unsicher sein. Daher hat Hans Zeller in der Kritischen Ausgabe der Werke Conrad Ferdinand Meyers (1825–1898) Zeichen für die *Positionsangaben* eingeführt. Das bringt einen Zuwachs an Information, theoretisch auch an Nachprüfbarkeit der Deutung des Editors. Das ideale Ziel ist, das Erscheinungsbild der Handschrift zu vermitteln.

Da das aber auch mit solchen Positionsangaben nur bis zu einem gewissen Grade gelingt, haben sich einige neuere Ausgaben, z. B. die sogenannte Frankfurter Hölderlin-Ausgabe zur photographischen Reproduktion der Handschriften entschlossen, der eine gedruckte Umschrift als Lesehilfe beigegeben ist. In den hitzigen, bis in die Zeitungen hineinreichenden Debatten über dieses editorische Verfahren wird häufig übersehen, daß damit nur die Transkription der Handschrift nachprüfbarer, der Schritt vom Befund zur Deutung jedoch keineswegs objektiver geworden ist. Erst die Deutung des Befunds aber macht aus einem graphischen Erscheinungsbild einen Text. Dieser Kern der editorischen Arbeit wird hier vom Editor auf den Benutzer verlagert. Da die Deutung als interpretatives Verfahren jedoch nicht im graphischen Befund selbst gründet, sondern in der Vertrautheit mit anderen Überlieferungsträgern, dem gesamten Werk des Autors, Zeugnissen, der Kenntnis des Umfelds u. v. a. m., ist die Deutungskompetenz des Benutzers in der Regel geringer als die des Editors.

Ein weiteres Problem, das in diesem Zusammenhang in den Blick rückt, ist die pragmatische Frage, wann eine hohe Kompliziertheit der Edition in Unübersichtlichkeit umschlägt. Als hochspezialisierte Tätigkeit steht das Edieren immer auch in der Gefahr, in höchster Feinziselierung zum Selbstzweck zu werden. Eine Edition, die nur noch der Editor lesen kann, verfehlt jedoch den Zweck der Textvermittlung.

Da die historisch-kritische Edition die Textgenese vermitteln will, zielt sie auf eine möglichst genaue Chronologie. Absolute Daten können sich aus Datierungen auf den Überlieferungsträgern selbst ergeben oder aus Zeugnissen. Da die meisten Arbeitsmaterialien eines Autors jedoch nicht absolut datierbar sind, ist die zu ermittelnde relative Chronologie von um so größerer Bedeutung. Man muß bei der relativen Chronologie auseinanderhalten: diejenige der *Varianz an einer Textstelle*, die als *Stufung* bezeichnet wird; diejenige innerhalb eines Überlieferungsträgers, die *Schicht* oder *Phase* genannt wird; diejenige zwischen zwei in der Textgenese entstandenen Überlieferungsträgern, die zueinander im Verhältnis von *Entwurf* (auch *Vorstufe* genannt) und

Ausführung stehen. Gelingt es, über diese jeweils *isolierten* Bereiche hinaus eine lückenlose Gesamtchronologie der Textgenese zu ermitteln, ist man zu *Stadien* der Arbeit gelangt. *Fassungen* dagegen sind verschiedene Texte oder Textteile eines Werks, die den Charakter der Ausführung aufweisen.

Um die relative Chronologie zu bestimmen, sind einige hermeneutische Prinzipien unabdingbar. (Wer sie nicht akzeptieren mag, propagiert einen editorischen Agnostizismus.) Zu solchen Prinzipien gehört z. B. die Vorstellung vom *idealen Wachstum* eines Textes, daß also eine abstrakte Notiz gegenüber der ausgeführten, z. B. dialogisierten, Textpartie früher sein muß.

Nach allgemeiner Überzeugung ist es Aufgabe der historisch-kritischen Ausgabe, die Genese eines Textes von der Notiz mit dem ersten Einfall bis zum Abschluß des Werks aufzuzeigen. Das klingt einfach, impliziert jedoch zahlreiche textologische Fragen. Etwa: Was heißt 'Abschluß' bei einem nachgelassenen Werk'? Mit welchen Textbegriff arbeitet diese 'allgemeine Überzeugung'? Ist der Text das 'abgeschlossene Werk', zu dem alles andere nur Vorstufe ist? Tritt an die Stelle des Werks – eine in der französischen *Critique génétique* propagierte Auffassung – die produktionsästhetische Dynamik einer Textentwicklung? Kommt diese dann aber – so könnte man rezeptionsästhetisch fragen – überhaupt beim Autor zu einem Ende oder schließt sie die Wirkung eines Textes bei seinen Lesern ein?

Für manche Verwirrung sorgen die Begriffe *Autorintention* und *Autorisation* bzw. *Autorisierung*. Der Editor ermittelt immer die Intention des Autors, etwa wenn er einen handschriftlichen Befund deutet oder voneinander abweichende Fassungen ermittelt. Da die Intentionen des Autors zu verschiedenen Zeiten verschiedene sein können, wie die Existenz verschiedner Fassungen von historisch gleicher Authentizität belegt, muß der Editor sie auseinanderhalten: daher das Kontaminationsverbot. Der produktionsästhetischen Kategorie der Autorintention steht die überlieferungsgeschichtliche der Autorisation gegenüber. Als autorisiert werden solche Überlieferungsträger bezeichnet, für die eine Beteiligung des Autors gesichert ist, z.B. Typoskripte bzw. Drucke, deren Korrekturen der Autor selbst gelesen hat.

Sogenannte *Preßvarianten*, während des Druckes vorgenommene Änderungen, und *Kartons*, in das Buch nach Abschluß des Druckes auf Stegen eingeklebte Ersatz- oder Zusatzblätter, gehen in der Regel auf den Autor zurück. Dagegen ist eine Beteiligung des Autors bei den sogenannten *Doppeldrucken* ausgeschlossen. Das sind Nachdrucke der Originalausgaben, die vom Verleger meist ohne Wissen des Autors zusätzlich hergestellt werden. Sie kommen in Deutschland im 18. Jahrhundert gehäuft vor; teils versucht der Originalverleger, mit ihnen dem Raubdruck zuvorzukommen, teils bloß die Erträge zu Lasten des Autors zu erhöhen. Mit den abweichenden Drucken durch Änderungen während der technischen Herstellung einer Ausgabe befaßt sich, Erfahrungen der Shakespeare-Forschung aufnehmend, die *Analytische Druckforschung*.

Einen Grenzfall stellt die Billigung eines Drucks durch den Autor ohne aktive Beteiligung dar. Dafür findet sich zuweilen der unpräzise Ausdruck 'passive Autorisation'. Von Autorisation zu reden, hat in diesem Kontext jedoch keinen Sinn. Oft wird als autorisiert aber auch eine 'letztwillige Fassung' bezeichnet, d.h. die späteste erkennbare Autorintention. Dieser Sprachgebrauch wird der je eigenen Historizität früher veröffentlichter, also autorisierter Fassungen nicht gerecht.

8.4 Lese-, Studien- und andere Ausgaben

Für die wissenschaftliche Arbeit zu einem Autor ist nach Möglichkeit immer eine kritische Ausgabe heranzuziehen. Kritische Ausgaben gibt es freilich nur für eine Minderheit von Autoren, die nach allgemeiner Überzeugung zum 'Kanon' (vgl. S. 70) gehören. Dann muß man nach Studienausgaben zitieren oder anderen geeigneten Ausgaben. Das können dem Original nahekommende sein, wie z. B. die inzwischen in großer Zahl existierenden *Nachdrucke* (*Reprints*), die ein Exemplar eines alten Drucks photomechanisch reproduzieren. Das größte Corpus solcher Reprints stellt die von der Kulturstiftung der Länder geförderte Mikrofiche-Edition *Bibliothek der deutschen Literatur* dar, die etwa 15 000 Werke von 2500 Autoren umfaßt.

Für die extensive und kursorische Lektüre, die der bloßen Erweiterung der Textkenntnis dient, sind dagegen Lese- oder Studienausgaben vollauf hinreichend. *Leseausgaben* bieten die blanken Werktexte, allenfalls ergänzt um ein Vor- oder Nachwort. Wenn sie kein Nachwort enthalten, kommen sie also daher wie belletristische Neuerscheinungen. Leseausgaben modernisieren oft die Orthographie oder kürzen den Text gar. Zuverlässig sind dagegen die *Studienausgaben*. Sie bieten oft einen vom Herausgeber revidierten Text, zumindest teilen sie mit, welcher Textvorlage sie folgen (diese Information ist besonders wichtig, wenn sie sich z. B. nicht dem Text einer kritischen Ausgabe anschließen) und begründen diese Entscheidung ebenso wie Auswahl und Anordnung der abgedruckten Texte. Während kritische Ausgaben meist dem erhaltenen Gesamtwerk eines Autors gelten, treffen Studienausgaben in der Regel eine Auswahl aus dem Gesamtœuvre, bieten aber das einzelne ausgewählte Werk vollständig. Zuweilen enthalten sie sogar ausgewählte Varianten. Auf jeden Fall gehört zur Studienausgabe ein mehr oder minder umfangreicher Kommentar mit Angaben zur Entstehung des Werks, Worterklärungenn und einer Bibliographie; dazu kann der Abdruck von Briefen des Autors und an ihn gerichteter Briefe sowie weiterer Dokumente zur Entstehung, aber auch zur Wirkungsgeschichte, kommen. Zu den Studienausgaben gehören die sehr aufwendigen Editionen in der umfassenden *Bibliothek Deutscher Klassiker* des Deutschen Klassiker-Verlags, die Klassikerausgaben des *Hanser-Verlags*, aber auch sehr viele der wohlfeilen Ausgaben des *Reclam-Verlags* u. a. m.

Als Hilfsmittel hat die Datenverarbeitung in die Editorik längst Einzug gehalten. Seit kurzem aber hat sie in Verbindung mit opto-elektronischen CD-ROM-Produkten zu Editionen in der Form der elektronischen Publikation geführt. So hat der englische Verlag Chadwyck-Healey die gesamte Weimarer Goethe-Ausgabe inzwischen auf CD-ROM in einer recherchefähigen Datenbankversion herausgebracht. Die Texte sind bei der Digitalisierung, um die Fehlerrate zu minimieren, zweimal unabhängig voneinander erfaßt und dann automatisch kollationiert worden. Der Bielefelder Aisthesis-Verlag hat zur multimedialen Beschäftigung mit Arno Schmidt auf einer CD-ROM vereinigt: etwa 600 Abbildungen, 130 Textdokumente mit Selbst- und Fremdzeugnissen, 22 Tondokumente und zwei Videosequenzen zum Leben Schmidts. Verlage wie Reclam, Systhema und X libris bieten CD-ROM-Produkte mit klassischen Texten. Am Beispiel des Musil-Nachlasses erproben Friedbert Aspetsberger, Karl Eibl und Adolf Frisé den Einsatz elektronischer Verfahren für eine kritische Edition.

Literatur

Bibliothek der deutschen Literatur. Bibliographie und Register. Mikrofiche-Gesamtausgabe nach Angaben des Taschengoedeke. Eine Edition der Kulturstiftung der Länder im K.G. Saur Verlag. Bearb. unter Leitung von Axel Frey. München, New Providence usw. 1995.

Boghardt, Martin: Analytische Druckforschung. Ein methodischer Beitrag zu Buchkunde und Textkritik. Hamburg 1977.

Erbse, Hartmut: Textkritik. In: Lexikon der Alten Welt. Zürich und München 1965, Sp. 3021–3023.

Frühwald, Wolfgang, Hans-Joachim Mähl, und Walter Müller-Seidel (Hrsg.): Probleme der Brief-Edition. Bonn-Bad Godesberg 1977.

Frühwald, Wolfgang, Walter Müller-Seidel, und Herbert Kraft (Hrsg.): Probleme der Kommentierung. Bonn-Bad Godesberg [2]1987.

Handbuch der Editionen. Deutschsprachige Schriftsteller: Ausgang des 15. Jahrhunderts bis zur Gegenwart. Bearb. von Waltraud Hagen ... München ²1981.

Hay, Louis (éd.): La naissance du texte. Paris 1989.

Hay, Louis (éd.): De la lettre au livre. Sémiotique du manuscrit littéraire. Paris 1989.

Kanzog, Klaus: Einführung in die Editionsphilologie der neueren deutschen Literatur. Berlin 1991.

Kraft, Herbert: Editionsphilologie. Darmstadt 1990.

Martens, Gunter, und Hans Zeller (Hrsg.): Texte und Varianten. Probleme ihrer Edition und Interpretation. München 1971.

Martens, Gunter, und Winfried Woesler (Hrsg.): Edition als Wissenschaft. Festschrift Hans Zeller. Tübingen 1991.

Oellers, Norbert, und Hartmut Steinecke (Hrsg.): Editionsprobleme der Literaturwissenschaft. Berlin 1986 (Zeitschrift für deutsche Philologie 105. Sonderh.).

Scheibe, Siegfried, und Christel Laufer: Zu Werk und Text. Beiträge zur Textologie. Berlin 1991.

Zeitschrift: Editio. [Jahrbuch.].

9. Epik

9.1 Erzähltheorie (Traditionelle Narrativik) und Strukturelemente epischer Texte

Der Ausdruck *Epik* bezeichnet alle Texte, die erzählerischer Natur sind und sich von den Gebrauchsformen der Alltagserzählungen durch ihren fiktionalen Charakter und durch eine, wenn auch schwer zu beschreibende, ästhetische Gestaltung unterscheiden. Zur Epik gehören im einzelnen sehr unterschiedliche und nicht immer leicht gegeneinander abzugrenzende Arten von Texten – Arten von Texten werden oft wenig schön auch als Textsorten bezeichnet –, nämlich Romane, Novellen, Kurzgeschichten, Anekdoten, Parabeln, Fabeln und andere Prosatexte, aber auch poetische Erzählungen, z. B. Versepen (Versromane), Versnovellen, auch Balladen – wenn man an ihnen das Erzählerische stärker betont als das Gedichthafte –, ferner Märchen, Legenden und Sagen, deren Erforschung sich die sogenannte Literarische Volkskunde widmet.

Ihre unterscheidenden Merkmale werden hier jedoch zugunsten der Ausbreitung des textanalytischen Werkzeugs vernachlässigt. Das gilt z. B. auch für die Typologie des Romans oder die Theorie der Novelle, in der gerade die seit Paul Heyse geläufige Vorstellung, eine jede Novelle sei durch ein Dingsymbol in Art des von Heyse gewählten Falken-Beispiels aus Boccaccios Decamerone gekennzeichnet, wieder in Streit geraten ist. Für Orientierungshilfe kann hier nur auf die Literaturangaben verwiesen werden.

Die verschiedenen Sprachen gewidmeten philologischen Disziplinen haben sich der Theorie erzählerischer Texte mit großer Intensität zugewandt, vielfach auch in der Analyse epischer Texte solche Fragen aufgeworfen, die sich auf literarische Texte überhaupt beziehen. Wenn man von literarischen Texten überhaupt handelt, treibt man natürlich keine Einzelphilologie, sondern allgemeine Literaturwissenschaft, zu deren Aufgaben auch die allgemeine Theorie des Erzählens gehört. Will sie nicht den Bezug zur Wirklichkeit der Texte aufs Spiel setzen, ist freilich auch die allgemeine Literaturwissenschaft bei ihrer Suche nach Regeln und Gesetzen, die von individuellen Texten abstrahieren, darauf angewiesen, mit der Analyse tatsächlich vorhandener Texte einzusetzen und ihre Ergebnisse wiederum an solchen Texten zu überprüfen. Zu deren Wesensmerkmalen gehört es aber nun einmal, daß sie in bestimmten Sprachen geschrieben sind.

Als Bezeichnung der Theorie des Erzählens begegnet im modernen Fachschrifttum immer häufiger der Ausdruck *Narrativik*. Damit setzt sich die moderne Erzähltheorie einerseits gegen das traditionelle Verständnis der Theorie des Erzählens als einer Theorie der Erzählkunst ab, die also eigentlich eine Poetik (eine 'Lehre des Machens') gewesen ist, andererseits knüpft sie mit der neuen Benennung an die Terminologie französischer und anglo-amerikanischer Forschung an (vgl. z.B. Ausdrücke wie *sémiotique narrative* und *narratology*).

Die traditionelle Analyse von Erzähltexten hat den *Bauformen* epischer Texte besondere Aufmerksamkeit geschenkt, präziser gesagt: den *Elementen* und *Strukturen* von Erzähltexten, die in der jeweiligen Kombination die individuelle *Tektonik* eines epischen Textes bestimmen. Diese Analyse von Strukturen darf man jedoch nicht mit derjenigen des aus der Semiotik entwickelten *Strukturalismus* (vgl. S. 38 und S. 94) verwechseln.

Den Blick auf Strukturen der Erzählung und die Elemente solcher Strukturen hat zuerst die Klassische Philologie gerichtet. So hat die Homer-Philologie. nachdem Goethes Zeitgenosse Friedrich August Wolf (1759–1824) – irrtümlich, wie man heute weiß – die homerischen Epen *Ilias* und *Odyssee* zu einer Addition von einzelnen Heldenliedern mehrerer verschiedener Autoren erklärt hatte, durch die Analyse ihrer Strukturen die Einheit der Komposition beider Epen aufgezeigt und aus ihr auf die Existenz eines Autors geschlossen, zumindest des jeweiligen Werks. An der *Aeneis* des römischen Dichters Publius Vergilius Maro (70–19 v. Chr.) hat man zeigen können, daß ihr Aufbau die beiden homerischen Epen spiegelbildlich verschränkt: Die inhaltlich später, nämlich nach der Zerstörung Trojas, situierte Erzählung von der lange verzögerten Heimkehr des Troja-Kämpfers Odysseus ist das Vorbild für die Irrfahrten des Helden Aeneas bis zur Ankunft in Latium, von denen die erste Hälfte der *Aeneis* handelt, während die von den Kämpfen um das noch unzerstörte Troja erzählende *Ilias* dem römischen Dichter für die zweite Hälfte das Muster geliefert hat.

Seit der ältesten abendländischen Epik gehören *Vorausweisungen (Vorgriffe)* und *Rückwendungen (Rückgriffe)* zu den Strukturelementen der Erzählung. Auch der früher übliche Brauch, nicht einen *Titel als Autortext*, sondern eine *Inhaltsankündigung als Erzählertext* zu integrieren („Den Zorn singe, Göttin, des Peleus-Sohns Achilleus", das ist der erste Vers und der Titel der *Ilias*), gehört zu den Vorgriffen.

Vorausweisungen und Rückgriffe erzeugen durch Verklammerung die geschlossene Zeitstruktur eines Erzählwerks. Eine in die Erzählung eingeschaltete Rückwendung trägt beispielsweise ein Stück der Handlungsexposition, z. B. die Jugendgeschichte einer Figur, dort nach, wo die entsprechende Kenntnis zum Verständnis erforderlich ist. In diesem Fall nennt man sie eine *aufbauende* Rückwendung. Die Auflösung zu Ende der meisten Detektivromane kommt nicht ohne rekapitulierende, die Beobachtungen im Blick auf das Ergebnis zusammenfassende, in diesem Fall als *auflösende* bezeichnete, Rückwendung aus. Vorausdeutungen konstituieren erzähltechnisch Zukunft. Sie gehören zu den Elementen, mit denen Erzählphasen gebildet werden. Man unterscheidet *zukunftsgewisse* und *zukunftsungewisse* Vorausdeutungen.

Im Erzähltext handelnde Personen sind eben als *Figuren* bezeichnet worden. In der Fachliteratur werden sie oft auch umgangssprachlich Personen oder Gestalten genannt. Der Ausdruck Figur, den die strukturalistische Narrativik konsequent bevorzugt, hat den Vorteil größerer Allgemeinheit, weil damit menschliche und nicht-menschliche Handlungsträger, z. B. Götter im Mythos oder Tiere in Fabeln, unter demselben Begriff der Handlungsträger subsumiert werden.

Was die Darbietung der Ereignisfolge, den *sukzessiven Aufbau*, betrifft, kann das Geschehen im einfachsten Falle in geradlinigem Verlauf vom Anfang zum Ende *einsträngig* erzählt sein. In linearer Folge wird eine große Zahl von Begebenheiten *seriell* erzählt, bei denen eine oder mehrere Hauptfiguren konstant bleiben, aber in den aufeinander folgenden *Episoden* (Szenen) mit vielen anderen Figuren konfrontiert werden; so verfahren z. B. die Abenteuer-, Ritter- und Schelmenromane. Verschiedene Begebenheiten können aber auch *verschachtelt* erzählt sein. Verschachtelungen können als bloße, d. h. freilich nicht: unmotivierte, womöglich sehr umfangreiche *Einlagen* eines epischen Textes in den umgebenden Text vorkommen, wie die rückblendenden Erzählungen, in denen Odysseus – in der Haupthandlung an die Zwischenstation des Phäakenhofes gelangt – seine Abenteuer erzählt. Sie begegnen aber auch gehäuft als fortwährende *retardierende Abschweifungen*, wie etwa im *Grünen Heinrich* von Gottfried Keller (1819–1890) keine Gelegenheit ausgelassen wird, erzählerisch 'vom Hölzchen auf's Stöckchen' zu gelangen. Verschachtelungen können ein- oder mehrstufig sein. In den *Tausendundein Nächten* ist häufig eine zweite 'Schachtel' in eine zuvor schon geöffnete erste eingefügt.

Einen Grenzfall der Verschachtelung stellt die *Rahmenerzählung* dar, wie sie beispielsweise Giovanni Boccaccios *Decamerone*, die *Tausendundein Nächte* oder Gottfried Kellers Novellensammlungen *Die Leute von Seldwyla* und *Zürcher Novellen* zusammenhält. Der Ausdruck 'Rahmenerzählung' ist unglücklich gewählt, da die meisten erzählerischen Rahmen nicht nur, wie eben ein Rahmen, das Ganze einfassen, sondern sich zwischendurch immer wieder bemerkbar machen; *Tausendundeine Nacht* oder das *Decamerone* sind schlagende Beispiele dafür. Es handelt sich also genau genommen um eine *Außenerzählung*, die eine *Binnenerzählung* umgreift, oder besser noch um eine *Hintergrund-* oder *Horizonterzählung*. Vor dem Hintergrund der Florentiner Pestepidemie, von der die Rahmenerzählung handelt, werden die Erzählungen des *Decamerone* geschildert, sie bildet die immer erneut ins Gedächtnis gerufene Begrenzung, und Horizont heißt nichts anderes als 'Begrenzung'. Wie die erzählende Königin in den *Tausendundein Nächten* mit jedem neu heraufkommenden Tag, nachdem sie mit ihrem nächtlichen Erzählen dem drohenden Tod ein weiteres Mal entgangen ist, erzählerisch in Erscheinung tritt; wie mit jedem neuen Tag im *Decamerone* eine andere Person der Horizonterzählung den Vorsitz übernimmt – darin spiegelt sich eine uralte Magie der Termine, von der sich in solchen Horizonterzählungen aus Traditionen volkstümlichen Erzählens noch Relikte erhalten haben.

Werden mehrere Handlungsabläufe als unabgeschlossene gegenwärtig gehalten, liegt *mehrsträngiges* Erzählen vor. Es kann sich dabei um ein eher einfaches Parallelisieren handeln oder um eine hierarchische Abstufung in eine Haupthandlung und eine diese reflektierend, kontrastierend usw. begleitende Nebenhandlung oder um eine vollständige *Verschlingung* aller Handlungsstränge ineinander, wie Heimito von Doderer (1896–1966) sie in den großen Wiener Gesellschaftsromanen *Strudlhofstiege* und *Dämonen* verwirklicht hat.

Was erzählt wird, ist in Raum und Zeit situiert. Raum und Zeit werden im epischen Text jedoch nicht abgebildet, sondern in erzählspezifischer Weise konstituiert. Der Raum kann ausführlich, bis hin zu symbolisch eingesetzten Details oder zu wirklichkeitsgetreuem Lokalkolorit beschrieben sein. Voll des Lokalkolorits sind z. B. Theodor Fontanes (1819–1898) *Stechlin* oder Thomas Manns (1875–1955) *Bekenntnisse des Hochstaplers Felix Krull*, besonders in dem in Lissabon spielenden Teil der Handlung. Manche Autoren konstruieren städtische Räume nach Stadtplänen, Reisebeschreibungen oder Reiseaufzeichnungen. Auch dafür finden sich bei Fontane zahlreiche Beispiele; der französische Romanautor Stendhal (1783–1842) ist bei der *Kartause von Parma* so verfahren.

Der Raum kann aber auch nur durch wenige andeutende Hinweise evoziert werden. Er kann als Umgebung vom Erzähler aufgebaut sein, ehe die Figuren der Erzählung in ihm erscheinen, oder die Figuren bringen ihn durch Sprechen und Handeln erzählerisch selbst hervor. Außen- wie Innenraum wird so erzeugt, indem eine Figur einen Gang durch eine Stadt macht oder sich von einem Möbelstück zu einem anderen begibt. Der Ort der Handlung wechselt, z.B. durch Reisen eines Protagonisten. Die 'Welthaltigkeit' epischer Texte wird gerade dadurch erreicht, daß Personen 'unterwegs' sind und dadurch die Schauplätze vermehrt werden. Das trifft seit der *Odyssee* in den großen Erzähltexten aller Epochen und Sprachen zu, im griechischen Liebesroman *Aithiopika* des Heliodor (3.Jh. n.Chr.) und im römischen Abenteuerroman *Der goldene Esel* des Apuleius (2.Jh. n.Chr.); in mittelalterlichen Versromanen, etwa Wolframs von Eschenbach (1170–1220) *Parzival* oder Gottfrieds von Straßburg (um 1200) *Tristan*, im *Simplicissimus* des Barockdichters Hans Jakob Christoffel von Grimmelshausen (um 1622–1676), im neuzeitlichen Bildungsroman, z.B. in *Wilhelm Meisters Lehrjahren* Goethes, in Gottfried Kellers *Grünem Heinrich* oder Hugo von Hofmannsthals (1874–1929) *Andreas*, und ebenso im Roman der Gegenwart, etwa in Herbert Rosendorfers (*1934) *Ein Liebhaber ungerader Zahlen*. Ein Ortswechsel kann aber auch in abruptem Neueinsatz erfolgen, wie beim Kameraschwenk im Film. In Typologien des Romans findet sich die Einteilung in *Geschehnis- oder Raumromane*, je nach der Bedeutung, die dem Raum zukommt.

Fragen nach der Gestaltung zeitlicher Abläufe und Bezüge gehören teils zu den einfachsten, teils zu den schwierigsten der Analyse von epischen Texten. Auf den ersten Blick leuchtet die Unterscheidung von *erzählter Zeit* und *Erzählzeit* ein. Sie zielt auf das Verhältnis zwischen der 'realen' Dauer der erzählten Begebenheiten und der Dauer des Erzählvorgangs. Es sind drei Verhältnisse denkbar: 1. Die Erzählzeit ist wesentlich kürzer als die erzählte Zeit; der epische Text weist in diesem Falle eine *Zeitraffung* auf. Zeitraffendes Erzählen kennzeichnet den erzählenden Bericht. 2. Erzählzeit und erzählte Zeit stimmen überein. Es handelt sich um *zeitdeckendes* oder *synchrones* Erzählen, das z.B. den Dialog im epischen Text charakterisiert. 3. Die Erzählzeit ist wesentlich länger als die erzählte Zeit. Es liegt eine *Zeitdehnung* vor, wie sie in der erzählerischen Gestaltung von Bewußtseinsabläufen begegnet. Die Raffung kommt in verschiedenen Formen vor: Die sprunghaft-sukzessive Raffung ist gekennzeichnet durch die Folge von Begebenheiten, zwischen denen alles nicht Erzählte ausgespart ist; die iterativ-durative Raffung durch zusammenfassende Formulierungen der Wiederholung („Wenn er gegangen war, pflegte die Mutter zu den Kindern in dunkler Weise von den Enttäuschungen zu reden ...“; das Beispiel stammt aus

Arthur Schnitzlers [1862–1931] *Therese*). Auch die Intensität der Raffung kann ganz verschieden sein: In der *Odyssee* werden in der ersten Hälfte zehn Jahre Hintergrund erzählt für sechs Tage Handlung auf Ithaka in der zweiten Hälfte. Selten weist ein epischer Text nur eine der drei skizzierten Möglichkeiten des erzählerischen Umgangs mit der Zeit auf. Ihre im Verlauf des Textes wechselnde Anwendung ist die Regel. Mit diesem Schema gar nicht zu erfassen ist die Unterbrechung der erzählten Zeit, wie sie durch Beschreibungen in epischen Texten erzeugt wird, während derer die erzählte Zeit stillsteht.

Das hier zur Strukturierung von erzählter Zeit Ausgeführte wird zuweilen auch unter Begriffen wie Erzählgeschwindigkeit oder Erzähltempo abgehandelt. Diese Begriffe sind für die Analyse aller Texte, die durch Lesen rezipiert werden, kaum brauchbar. Sie haben eine Funktion eher in der Analyse mündlich vorgetragener Texte. Auch die schriftlich fixierten griechischen Epen waren ursprünglich für den mündlichen Vortrag gedacht. Für sie hat man zeigen können, daß in einem kunstvollen Spiel mit der Referenz auf die Wirklichkeit der Zuhörer die Sonne in ihnen immer dann untergeht, wenn der Rhapsode bei seinem mehrere Tage dauernden mündlichen Vortrag ein Tagespensum erfüllt hat.

Seit man erzählt, zitiert man auch. Wem das nicht sofort einleuchtet, der kann sich mit einem Blick in eine Bibelausgabe mit ihren zahlreichen Hinweisen auf Parallelstellen davon überzeugen. Man unterscheidet *textinterne* und *textexterne Zitate*. Das textinterne Zitat hat werkimmanente Strukturfunktionen. (Hier trifft der Ausdruck, der in der Literaturwissenschaft nur in der unsinnigen Verbindung „werkimmanente Interpretation“ vorkommt, einmal genau zu.) So wiederholt das große poetische Epos formelhaft identische Verse für vergleichbare Sachverhalte und Situationen: „Und sie erhoben die Hände zum lecker bereiteten Mahle“ – so werden regelmäßig die nicht eben seltenen Tafelfreuden homerischer Helden eingeführt. Solche formelhaften Verse entlasten als mehrfach verwendbare Versatzstücke natürlich auch den Rhapsoden beim mündlichen Vortrag eines großen Epos; für den Zuhörer haben sie die Funktion von Wiedererkennungseffekten.

Das textexterne Zitat reicht von der wörtlichen Wiedergabe bis zur Anspielung. Das Zitat als werkübergreifende Beziehung auf einen anderen Text scheint zunächst nur ein Beleg dafür, daß Literatur immer aus Literatur kommt. Aber die Funktion des Zitats erschöpft sich nicht in solchen eher stofflichen Bezügen; es gehört vielmehr auch zu den wesentlichen Strukturelementen zahlreicher Texte. Zum strukturierenden Hauptelement macht Wilhelm Raabe (1831–1910) das literarische

Zitat in seinem Alterswerk *Hastenbeck*; durch Zitate entsteht eine Gruppierung der Kapitel zu fünf Gruppen. Aus wechselnden Goethe-Zitaten ist in Thomas Manns Roman *Lotte in Weimar* die durchgehende Leitmotivik konstruiert. Mit zahlreichen Paratexten von Fußnoten stattet Laurence Sterne (1712–1768) seinen Roman *Leben und Meinungen des Herrn Tristram Shandy* aus und markiert damit ausdrücklich immer wieder *Digression* (Abschweifung) und Assoziation als die Bauprinzipien des Romans. Zugleich erinnert er an die Differenz zwischen Autor und Ich-Erzähler, wobei letzterer allein für die Erzählung seiner Geburt mehrere hundert Seiten braucht. Durch Fußnoten oder auch im Text selbst mit Quellennachweis 'verankerte' Zitate unterbrechen in Jean Pauls Romanen allenthalben den Lesefluß. In den formal auf zwei auch im Schriftbild getrennte Ebenen aufgespaltenen Roman *Kaff auch Mare Crisium* mit zwei Handlungen integriert Arno Schmidt (1914–1979) in komplizierter Montage auch noch eine amerikanisierte Version des *Nibelungenliedes* und eine russifizierte des seinerseits schon als Übersetzung daherkommenden Romanzenzyklus *Der Cid* von Johann Gottfried Herder (1744–1803).

Bei der Analyse von epischen Texten bedient man sich heute neben den bisher erörterten Kategorien vor allem der folgenden, die ebenfalls noch der traditionellen Erzähltheorie zuzurechnen sind: Erzählform, Erzählverhalten, Erzählhaltung, Erzählperspektive, Erzählerstandort, Darbietungsweise. J. Petersen hat jüngst den Versuch unternommen, aus ihren Kombinationsmöglichkeiten verschiedene Erzählysteme abzuleiten.

Unter *Erzählform* wird die Erscheinungsform des Erzählers verstanden. Die meisten epischen Texte sind der Er-Form und der Ich-Form zuzurechnen. Entsprechend werden auch die Ausdrücke Er-Erzähler und Ich-Erzähler gebraucht. Auf eine Kontroverse um die Verwendung dieser Bezeichnungen sei wenigstens hingewiesen, auch um anzudeuten, wie wenig selbstverständlich vieles als solches Angenommene in der Wissenschaft wirklich ist: So hat Klaus Weimar (Enzyklopädie der Literaturwissenschaft. Tübingen ²1993, S. 146) scharfsinnig darauf hingewiesen, daß die Unterscheidung zwischen Ich- und Er-Erzähler in den unterschiedlichen Weisen gründet, in denen der Erzähler von sich selbst redet, per Ich und den zugehörigen Pronomina in der Ich-Erzählung, während er von Dritten per Er redet – wie in der Er-Erzählung. Wenn man mit der Kontrastierung aber die Weise benennen wolle, wie der Erzähler im Text in Erscheinung tritt, entweder als Ich oder gar nicht, dann könne man sinnvoll nur von Ich-Erzähler-Erzählung und von Null-Erzähler-Erzählung sprechen.

Das *Erzählverhalten* bezieht sich auf die Frage, ob und aus welcher Sichtweise sich der Erzähler mit Kommentaren, Reflexionen, Meinungen, Urteilen usw. bemerkbar macht, in die Erzählung einmischt. Ist solche Einmischung anzutreffen, in der sich die Sichtweise des Erzählers kundtut, liegt *auktoriales Erzählverhalten* vor. Wird dagegen aus der Sicht einer Figur erzählt, wie z.B. des Josef K. in Franz Kafkas (1883–1924) *Prozeß*, liegt *personales Erzählverhalten* vor. (Man merkt an diesem Terminus, wie inkonsistent manches in der Erzähltheorie noch ist: Wenn es gute Gründe geben mag, von Figuren statt von Personen zu sprechen [vgl. S. 87], müßte man sich konsequent auch entschließen, das personale Erzählverhalten als *figurales* zu bezeichnen.) Eine dritte Weise des Erzählverhaltens wird als *neutral* bezeichnet, bei dem der Erzähler weder eine eigene noch eine figurale Sichtweise erkennen läßt: Dialogpartien in Erzähltexten, die durch keine *Inquit*-Formel („sagte X., sagte X. ängstlich, entgegnete X." usw.) verbunden sind, sind typische Beispiele dafür. Otto Ludwig hat dafür den Begriff des szenischen Erzählens geprägt, da die Wechselrede der Figuren ohne zwischengeschalteten Erzählertext dem Dialog in den Szenen eines Dramas gleicht. In der Realität ist der individuelle epische Text zumeist durch wechselnde Wahl des Erzählverhaltens bestimmt.

Unter *Erzählhaltung* wird die wertende Einstellung verstanden, mit der sich der Erzähler einmischt, die Erzählung sozusagen eintönt. Läßt sich überhaupt keine wertende Einstellung des Erzählers erkennen, ist auch die Erzählhaltung neutral. Wo solche Einstellungen anzutreffen sind, können sie z.B. zustimmend oder distanziert sein. Die Distanz kann sich wiederum selbst in verschiedene Formen kleiden, z.B. Ironie, Kritik, Parodie usw.

Mit dem Ausdruck *Erzählperspektive* werden die unterschiedlichen Möglichkeiten des Erzählverfahrens bezeichnet, Figuren nur aus der *Außensicht* oder auch aus der *Innensicht* darzustellen.

Der Terminus *Erzählerstandort* (der englische Fachausdruck 'point of view' darf nicht zur Verwechslung mit den Sichtweisen im Sinne des Erzählverhaltens oder mit den Perspektiven führen) meint den Standort des Erzählers im Verhältnis zu den Figuren und Ereignissen in räumlichem und zeitlichem Sinne. Der Erzähler kann aus weiter Überschau (sogenannter 'olympischer Position' beobachten oder nahe an den erzählten Figuren und Ereignissen sein. Ein Beispiel für die zuletzt genannte Möglichkeit bietet Hermann Brochs (1886–1951) Roman *Der Tod des Vergil*; denn da „fallen erzählendes und erlebendes Ich meistens zusammen" (J. Petersen: Erzählsysteme, S. 67).

Erzählsysteme ergeben sich daraus, daß die skizzierten Elemente in verschiedenen Kombinationen vorkommen oder nicht vorkommen können. So lassen sich z. B. alle Erzählformen mit allen Varianten des Erzählverhaltens kombinieren oder die Außenperspektive mit allen Erzählformen. Nicht kombinierbar sind dagegen etwa Innenperspektive und Ich-Erzählform.

Zur *Darbietung* im Medium der Sprache stehen verschiedene Textformen zur Auswahl: der über weite Strecken grundlegende Bericht, die Beschreibung, der Kommentar, der Dialog, der innere Monolog, die erlebte Rede u. a. m. Welche dieser Formen in der tatsächlichen Darbietung bevorzugt wird, wie sie miteinander verbunden werden – das bestimmt zusammen mit der sprachlichen Form des Textes den Stil epischer Texte. Mit Fragen nach dem Stil – einer Epoche, eines Autors, eines Werks – befaßt sich die Stilistik (vgl. S. 66 f.), als Strukturelemente gehören sie aber auch zur Narrativik.

Der *innere Monolog* und die *erlebte Rede* sind charakteristisch für die moderne Erzählkunst, deren gesteigertes psychologisches Interesse sich nicht primär darauf richtet, Handlungsverläufe wiederzugeben als vielmehr die Gedanken, Eindrücke, Assoziationen der Figuren. Ihr Vorkommen ist also ein Indiz für einen Zeitstil. Beide Techniken können nur in personalem Erzählverhalten vorkommen. Die zuerst in Alexander Puschkins (1799–1837) Romanfragment *Der Mohr Peters des Großen* anzutreffende Technik des *inneren Monologs* bedient sich gleichsam eines Transformationsmechanismus: Der innere Monolog entsteht, wenn die *Inquit*-Formel („er sagte, dachte er" usw.) eines kommentierenden Erzählers fortgelassen wird und sich die epische Figur direkt in der *Ich-Form* äußert. Zu den bekanntesten Beispielen in der deutschen Literatur gehören zwei Erzählungen Schnitzlers, nämlich *Leutnant Gustl* (Sie beginnt so: „Wie lange wird denn das noch dauern? Ich muß auf die Uhr schauen ... schickt sich wahrscheinlich nicht in einem so ernsten Konzert.") und *Fräulein Else*, sowie Thomas Manns *Lotte in Weimar.* Des inneren Monologs bedient sich die – von James Joyce (1882–1941) im *Ulysses* perfektionierte – Erzähltechnik des *stream of consciousness*, um die Chaotisierung des Bewußtseins darzustellen, dem Wahrnehmungen, Empfindungen, Entschlüsse usw. ins Amorphe entgleiten.

Die *erlebte Rede* unterscheidet sich vom inneren Monolog durch Tempus und grammatische Person. Sie steht im Präteritum und in der dritten Person, so daß ein Er-Erzähler noch zu sprechen scheint, obgleich es sich um transformierte Figurenrede handelt. Mit dem inneren Monolog hat die erlebte Rede gemein, daß ihr die Inquit-Formel zum Gedankenreferat fehlt. Als Beispiel diene eine kurze Stelle aus Th.

Manns Erzählung *Schwere Stunde*: „Wie laut sein Gewissen schrie! Er hatte gesündigt, sich versündigt gegen sich selbst in all den Jahren, gegen das zarte Instrument seines Körpers. Die Ausschweifungen des Jugendmutes, die durchwachten Nächte, die Tage in tabakrauchiger Stubenluft, übergeistig und des Leibes uneingedenk, die Rauschmittel, mit denen er sich zur Arbeit gestachelt – das rächte, rächte sich jetzt! Und rächte es sich, so wollte er den Göttern trotzen, die Schuld schickten und dann Strafe verhängten. Er hatte gelebt, wie er leben mußte, er hatte nicht Zeit gehabt, weise, nicht Zeit bedächtig zu sein."

Je komplizierter die Gestaltung eines epischen Textes ist, um so weniger greifen die herkömmlichen Kategorien der Analyse. Der experimentelle französische *nouveau roman*, der die Erzählliteratur vieler Sprachen nach dem Zweiten Weltkrieg beeinflußt hat, sperrt sich den gewohnten Analysemodellen, indem er die Kohärenz von Ereignissen, die Kausalität von Handlungen, die Referenz von Angaben zu Raum und Zeit, ja das Schreiben selbst in Frage stellt. Mit der Unterscheidung von Oberflächen- und Tiefenstruktur, wie sie der Strukturalismus vornimmt, kommt man freilich solchem Spiel mit Gegenrealitäten auch nicht bei. Herbert Rosendorfers *Ruinenbaumeister*, ein dialoggesättigter und an mäandernden Handlungen überreicher Gegenwartsroman, verschränkt surrealistisch mehrere Jahrhunderte zu erzählter Zeit. Auch die moderne Montagetechnik – erste Ansätze dazu finden sich bereits in *Wilhelm Meisters Wanderjahren*, und auch Eduard Mörike (1804–1875) macht davon im *Maler Nolten* reichen Gebrauch –, die ganz unterschiedliche Arten von Texten, z. B. dramatische, essayistische, aphoristische, zum Erzähltext montiert und sie etwa noch, so Rosendorfer, mit Musiknoten kollagiert, verlangt zur Analyse zunächst einmal erweiterte Formen der Deskription.

9.2 Strukturalistische Narrativik

Die vom Strukturalismus geprägte jüngere Narrativik versucht, viele Ansätze der herkömmlichen Analyse von epischen Texten präziser zu fassen. Zum Teil wird manches tatsächlich schärfer gesehen, zum Teil handelt es sich aber auch nur um eine wissenschaftstypische Transformation aus einer Metasprache in eine andere. Im folgenden werden Beispiele angeführt, die dem Leser den künftigen Umgang mit entsprechender Fachliteratur erleichtern sollen.

Die strukturalistische Narrativik bezeichnet die Träger von Handlungen in epischen Texten durchweg als Figuren, nicht als Personen, und hebt damit den kategorialen Unterschied zwischen in der Realität existierenden Personen und den fiktionalen in epischen Texten hervor. Die Gesamtheit der handelnden Figuren wird als *Konfiguration* bezeichnet, ein Ausdruck, der in der Dramenanalyse schon lange vor dem Strukturalismus im Gebrauch gewesen ist. In der Sache werden Untersuchungen, die sich dieser Terminologie nicht fügen und die Konfiguration mit dem Wort *Personenkonstellation* bezeichnen, nicht entwertet, wenn man freilich auch zugeben muß, daß die katachretische Metapher als solche womöglich weniger für eine fachliche Metasprache taugt.

Wo die traditionelle Erzähltheorie bei der Analyse des sukzessiven Aufbaus epischer Texte Phase und Episoden unterscheidet, hebt die strukturalistische Narrativik die beiden gemeinsame Funktion der Gliederung mit dem Begriff der *Erzählsequenz* hervor. Daß Erzählsequenzen als Einheiten nur wahrgenommen werden, wenn Anfang und Ende markiert sind, ist oben zu den Phasen und Episoden schon ausgeführt. Was die Sequenz als kleinere Einheit mit der größeren des ganzen Textes verbindet, sind – in strukturalistischer Terminologie – die *Rekurrenzen* (Wiederholungen). Solche Rekurrenzen können z. B. erzeugt werden durch die Beibehaltung derselben handelnden Figuren, wenn der Ort der Handlung wechselt, oder durch Beibehaltung des Ortes, wenn die handelnden Figuren wechseln. Es können aber auch beliebige andere Signifikanten (vgl. S. 38) rekurrent sein, z. B. dingliche Symbole.

Ein Kernbegriff der strukturalistischen Textanalyse ist die *Isotopie*. Damit ist nichts weiter gemeint als die Rekurrenz von *Semen*. Als Sem wird die kleinste inhaltliche Einheit eines Lexems bezeichnet, z. B. /weiblich/ für 'Schwester', /männlich/ für 'Bruder'.

Zu den Grundlagen strukturalistischer Textanalyse gehört die Unterscheidung von *Mikro- und Makrostrukturen* eines Textes und von *Oberflächen- und Tiefenebene*. Bei der Unterscheidung von Mikro- und Makrostrukturen wird der Text horizontal segmentiert. Unter Mikrostrukturen werden die Ordnungsmuster auf der Ebene des Satzes verstanden, die eine kohärente Aussage gewährleisten, indem sie die Bedingungen der Kohärenz einzelner Syntagmata festlegen, z. B. in metaphorischer Rede als semantisch stimmig erweisen, was in literaler nicht stimmig ist. Unter Makrostrukturen werden alle satzübergreifenden Ordnungsmuster verstanden, aus denen die Kohärenz des gesamten Textes resultiert, also z. B. die Figuren. Die Unterscheidung von Tiefen- und Oberflächenstruktur betrifft die Makrostruktur, und zwar deren vertikale Schichtung. Die Tiefenstrukturen umfassen die syntaktischen und semantischen Beziehungen zwischen den Semen. In den Oberflächenstrukturen werden die Seme zu den semantischen Isotopien der Figuren kombiniert.

In der Praxis finden sich vergleichsweise wenige Beispiele für vollständig durchgeführte strukturalistische Textanalysen, vor allem nicht zu großen Texten. Das aufwendige Ergebnis besteht in einer Reduktion des Textes auf Formeln und Symbole, die seine ästhetische Individualität oft bis zur Unkenntlichkeit verstellen.

Literatur

Adler, Hans (Hrsg.): Der deutsche soziale Roman des 18. und 19. Jahrhunderts. Darmstadt 1990.

Aust, Hugo: Der historische Roman. Stuttgart, Weimar 1994.

Aust, Hugo: Novelle. 2., überarb. und erg. Aufl. Stuttgart, Weimar 1995.

Bauer, Matthias: Der Schelmenroman. Stuttgart 1994.

Brettschneider, Werner: Die moderne deutsche Parabel. Entwicklung und Bedeutung. Berlin 1971.

Dithmar, Reinhard: Die Fabel. Geschichte, Struktur, Didaktik. Paderborn [7]1988.

Ehlich, Konrad (Hrsg.): Erzählen im Alltag. Frankfurt a. M. 1980.

Emmel, Hildegard: Geschichte des deutschen Romans. Bd. 1–3. Bern, München 1972–1978.

Erné, Nino: Kunst der Novelle. Paderborn [2]1995. [Höchst anregende und belehrende Plauderei eines Schriftstellers.]

Grothe, Heinz: Anekdote. Stuttgart [2]1984.

Hamburger, Käte: Die Logik der Dichtung. Stuttgart [4]1994.

Hillebrand, Bruno: Theorie des Romans. Erzählstrategien der Neuzeit. 3., erw. Aufl. Frankfurt a. M. 1996.

Jolles, André: Einfache Formen. Legende, Sage, Mythe, Rätsel, Spruch, Kasus, Memorabile, Märchen, Witz. Tübingen [6]1982 [zuerst 1930].

Kahrmann, Cordula, Gunter Reiß, und Manfred Schluchter: Erzähltextanalyse. Eine Einführung mit Studien- und Übungstexten. 3. Aufl. der überarb. Neuausg. (1986). Weinheim 1993.

Keller, Otto, und Heinz Hafner: Arbeitsbuch zur Textanalyse. München [3]1995.

Klotz, Volker: Das europäische Kunstmärchen. Stuttgart 1985.

Koopmann, Helmut (Hrsg.): Handbuch des deutschen Romans. Düsseldorf 1983.

Lämmert, Eberhard: Bauformen des Erzählens. Stuttgart [8]1993. [Zuerst 1955; alle späteren Auflagen sind unverändert.]

Leibfried, Erwin: Fabel. Stuttgart [4]1982.

Lüthi, Max: Märchen. Hrsg. von Heinz Rölleke. Stuttgart [8]1990.

Lukács, Georg: Die Theorie des Romans. Berlin 1920 u. ö.

Marx, Leonie: Die deutsche Kurzgeschichte. 2., überarb. und erw. Aufl. Stuttgart; Weimar 1997.

Meyer, Hermann: Das Zitat in der Erzählkunst. 2., durchges. Aufl. Stuttgart 1967.

Nusser, Peter: Der Kriminalroman. 2., überarb. und erw. Aufl. Stuttgart 1992.
Petersen, Jürgen H.: Erzählsysteme. Eine Poetik epischer Texte. Stuttgart, Weimar 1993.
Schadewaldt, Wolfgang: Der Aufbau der Ilias. Strukturen und Konzeptionen. Frankfurt a. M. 1975.
Schlaffer, Hannelore: Poetik der Novelle. Stuttgart, Weimar 1993.
Selbmann, Rolf: Der deutsche Bildungsroman. 2., überarb. und erw. Aufl. Stuttgart 1994.
Stanzel, Franz K.: Theorie des Erzählens. 6., [gegenüber der 4. durchges.] unveränd. Aufl. Göttingen 1995.
Stanzel, Franz K.: Typische Formen des Romans. Göttingen [12]1993.
Steinecke, Hartmut: Roman und Romankritik in Deutschland. Bd. 1.2. Stuttgart 1975–1976.
Tarot, Rolf: Narratio viva. Tübingen 1993.
Vogt, Jochen: Aspekte erzählender Prosa. Eine Einführung in Erzähltechnik und Romantheorie. 7., neu bearb. und erw. Aufl. Opladen 1990.
Weinrich, Harald: Tempus. Besprochene und erzählte Welt. Stuttgart [4]1985.

10. Drama

10.1 Allgemeines und Dramentheorie

Das Drama (griech., ‘Handlung’) ist nach moderner Auffassung eine der drei großen „natürlichen“ (Goethe) literarischen Gattungen; in der *Poetik* des Aristoteles (384–322 v. Chr.) die zweite neben dem Epos. Sein griechischer Ursprung liegt im Dionysos-Kult, in dem maskentragende Tänzer von Musik begleitete Szenen aufgeführt haben. Am *Chor* des griechischen Dramas ist dieser Ursprung noch besonders gut zu erkennen. Der Chor trägt seinen Namen von dem Wort für ‘Tanzplatz’. Im ausgebildeten griechischen Drama des fünften vorchristlichen Jahrhunderts, das uns in den Tragödien von Aischylos, Sophokles und Euripdes sowie den Komödien des Aristophanes greifbar ist, hat sich der Chor längst zum reflektierenden Begleiter der Handlung, teilweise sogar zum Mitspieler gewandelt. Die Chorlieder trennen die einzelnen Teile des Dramas voneinander.

In neuzeitlicher Dramatik ist diese Funktion des Chors nur noch in den *Reyen* anzutreffen, den chorischen Aktschlüssen des barocken Trauerspiels, etwa bei Andreas Gryphius (1616–1664) und Daniel Casper von Lohenstein (1635–1683), dem wichtigsten Vertreter der sogenannten zweiten schlesischen Dichterschule. Sie verband Elemente der antiken und der zeitgenössichen holländischen, italienischen und spanischen Literatur zu einem spezifischen gelehrten Kunstdrama (vgl. z. B. Lohensteins *Cleoptra* und *Sophonisbe*). Von Begleitung der Handlung ist wenig übriggeblieben; chorische Trennung der Akte findet sich noch in der Oper, die Ende des 16. Jahrhunderts in Florenz bewußt in der Absicht entwickelt wurde, die antike Tragödie zu erneuern. Für denselben Zweck wurden aber auch ganz andere Techniken entwickelt, etwa die lustigen Zwischenstücke mit Tanz, die in die großen barocken Haupt- und Staatsaktionen eingelegt wurden, oder die Balletteinlagen zwischen den Akten der Molièreschen Komödien. Ästhetisch, nicht technisch motiviert war dagegen das Eperiment, das Friedrich Schiller (1759–1805) in der *Braut von Messina* mit dem Chor vornahm, um eine Durchbrechung der Illusion zu bewirken.

Im Drama wird Handlung nicht erzählt, sondern unmittelbar dargestellt. (Auch der vielzitierte aristotelische Ausdruck *Mimesis* ist besser mit 'Darstellung' als mit 'Nachahmung' wiederzugeben.) Die Darstellung geschieht in der Sprache der Personen der Handlung, die bei Aristoteles Charaktere heißen, in der Literaturwissenschaft heute als Figuren bezeichnet werden. Die Figurenrede zerfällt in Dialoge und Monologe. Bei schnellem Wortwechsel kann die sprechende Figur im versifizierten Text von Zeile zu Zeile wechseln. Man bezeichnet solch 'Rededuell' als *Stichomythie* (griech., 'Zeilenrede'). Verteilt sich gar der Text einer Zeile auf mehrere Sprecher, nennt man das *Antilabé* (griech., 'Einwand'). In der Aufführung unterstützen Mimik und Gestik der Schauspieler die sprachliche Darstellung der Handlung. Direkte Aktion wird vor allem durch die Regieanweisungen – es sind sogenannte 'Paratexte' im Gegensatz zum Text der Figuren – vorgeschrieben.

Die aristotelische Poetik, von den italienischen Humanisten mit der *Poetik* des römischen Dichters Horaz verbunden, wurde in den romanischen Literaturen zum verbindlichen Regelwerk. Die französischen Dramatiker Pierre Corneille (1606–1684) und Jean Baptiste Racine (1639–1699) hielten sich ebenso streng daran, wie in Deutschland Johann Christoph Gottsched (1700–1766). Die englische Literatur stellte sich nicht unter dieses Regelwerk; daraus erklärt sich z.B. die 'offene' Form der Dramen von Christopher Marlowe (1564–1593) und William Shakespeare (1564–1616).

Von Aristoteles stammt die bis ins 18. Jahrhundert befolgte Regel der *drei Einheiten* von Raum, Zeit und Handlung, die in der griechischen Aufführungspraxis unter freiem Himmel und bei unveränderter Kulisse begründet ist. Von der Fessel der drei Einheiten entledigten sich in Deutschland erst die dramatischen Autoren des Sturm und Drang unter dem Einfluß der Shakespeare-Rezeption.

Den aristotelischen Vorschriften entspricht die *geschlossene Form* des klassischen Dramas. Damit ist gemeint, daß im Drama ein zusammenhängender Ausschnitt aus dem mythischen oder historischen Stoff dargestellt wird. Die geschlossene Form des Dramas weist klare, auf wenige Figuren konzentrierte Handlungsführung auf, die dem Prinzip der *Personenkette* folgt, d.h. daß bei Szenenwechsel eine Figur aus der vorigen Szene auch in der nachfolgenden anwesend bleibt. Bei der *offenen Form* des Dramas sind die Einheiten aufgehoben, Zeit- und Ortssprünge sind möglich, die Zahl der Figuren kann – etwa in Massenszenen – sehr groß sein. Was die Handlungsführung angeht, wird das Ganze durch eine Auswahl markanter Stationen (*Stationendrama*) repräsentiert; der Zusammenhang wird durch die Identität der Figuren erzeugt. Der offenen Form bedient sich auch das moderne dokumentarische Theater, ebenso das absurde Theater, dessen Leugnung von Sinnhaftigkeit die zerbrechende Form entspricht.

Eine Sonderform des offenen Dramas bildet das von Bertolt Brecht (1898–1956) entwickelte *epische Theater.* In lehrhafter Absicht setzt Brecht Instrumente der *Verfremdung* ein, die die Unmittelbarkeit der szenischen Darstellung auf der Bühne durch einen Erzähler oder Erzählerersatz (z. B. in Form von Spruchbändern) unterbrechen, mit zeitlich zurückliegenden Ereignissen verknüpfen und deuten. Ebenfalls in lehrhafter Absicht bedient er sich auch des Chors.

Aber auch das geschlossene Drama kommt nicht ohne erzählende Anteile aus. So können etwa in der Exposition die Figuren erzählen, was vor dem Beginn der Dramenhandlung liegt. Außerhalb des Ortes und vor der Zeit der dargestellten Handlung liegende Ereignisse werden, seit es Dramen gibt, durch den *Botenbericht* der Darstellung erzählerisch hinzugefügt. Das älteste Beispiel findet sich in den *Persern* (472 v. Chr.) des Aischylos, wo ein Bote dem persischen Hof von der Niederlage der Perser gegen die Griechen berichtet. Auch der Brief oder der telefonische Anruf können im Drama funktional wie ein Botenbericht eingesetzt sein. Der dargestellten Handlung gleichzeitige, aber außerhalb des Ortes der Darstellung stattfindende Ereignisse können in einer sogenannten *Teichoskopie* (griech., 'Mauerschau') erzählt werden. Der Ausdruck ist von der berühmten Stelle im dritten Gesang der *Ilias* abgeleitet, da Helena mit Priamos von der Mauer Trojas aus das Heer der Griechen beobachtet. Dieser Kunstgriff, mit dem zwei Handlungen durch die Beobachtung der einen vom Schauplatz der anderen aus verbunden werden, ist den antiken Dramatikern so unentbehrlich wie den neueren: Schilderungen von Schlachten bei Shakespeare, bei Schiller (z. B. in der *Jungfrau von Orleans*) usw. belegen das ebenso wie abgewandelte Formen, in denen eine Mauerschau als Blick aus dem Fenster oder als telefonischer Anruf gestaltet ist. Auch das sogenannte 'Spiel im Spiel' – als Beispiele seien William Shakespeares (1564–1616) *Hamlet*-Drama und das dokumentarische Stück von Peter Weiss (1916–1982) *Die Verfolgung und Ermordung Jean Paul Marats dargestellt durch die Schauspielgruppe des Hospizes zu Charenton unter Anleitung des Herrn de Sade* erwähnt – ist ein Erzählelement im Drama; die Einlagetechnik setzt das Spiel im Spiel formal in Analogie zur Binnenerzählung innerhalb eines Rahmens.

In der aristotelischen *Poetik* ist die sogenannte Ständeklausel vorgeschrieben. Sie besagt, daß in der Tragödie nur hohe Gestalten, Heroen des Mythos bzw. Könige aus der Geschichte, vorkommen dürfen. Dagegen ist die Komödie den Vertretern einfacher Stände, etwa den Handwerkern, vorbehalten. Martin Opitz (1597–1639) hat diese Ständeklausel in seiner *Deutschen Poeterey* (1624), einer Poetik, die noch Lehre zur Anfertigung literarischer Texte sein will, unter ausdrücklicher Berufung auf Aristoteles erneuert. Opitz selbst hat die aristotelischen Vorschriften aus der humanistischen Tradition italienischer Poetiken übernommen, die sie mit den Regeln der horazischen Poetik verbunden hatten. Freilich schreibt Aristoteles für die Vertreter des hohen Standes gerade keine moralische Vollkommenheit vor, sondern einen Charakter von mittlerer Güte. Die Ständeklausel blieb bis weit ins 18. Jahrhundert gültig. Erst das *Bürgerliche Trauerspiel*, dessen bekanntestes Beispiel Lessings *Emilia Galotti* ist, hat diese Regel durchbrochen, ja den Konflikt, der sich aus der Zugehörigkeit zu verschiedenen Ständen ergibt, geradezu als Sujet entdeckt. Georg Büchner (1813–1837) hat dann im *Woyzeck* auch den 'vierten Stand' auf die Bühne gebracht. Das naturalistische Drama, z.B. eines Gerhart Hauptmann (1862–1946), bevorzugt die kleinen Leute als Figuren der Handlung.

Das Drama gliedert sich in mehrere Teile. Im griechischen Drama heißen sie Episodien, in der lateinischen Terminologie, die sich bis heute erhalten hat, werden sie als *Akte* ('Handlungen') bezeichnet. Das Synonym *Aufzug* für 'Akt' leitet sich von dem im 18. Jahrhundert eingeführten Brauch her, die Bühne mit einem Vorhang zu schließen. Die Akte selbst zerfallen in *Szenen*. In dem Erscheinen bzw. Wiedererscheinen einer nicht anwesenden Figur gibt sich der Szenenwechsel zu erkennen; daher kommt der Ausdruck *Auftritt* als Synonym für 'Szene'.

Die Zahl der Episodien in der griechischen Tragödie ist nicht genau festgelegt. Die römischen Tragödien sind in der Regel fünfaktig. Horaz hat die Einteilung in fünf Akte in seiner Poetik festgeschrieben. Durch die Tragödien Senecas (um 4 v. Chr.–65 n. Chr.), der im Barockzeitalter nicht nur als Dichter hochgeachtet wurde, sondern auch als Vermittler stoischen Gedankenguts, ist die Fünfaktigkeit für lange Zeit auch im deutschen Drama verbindlich geworden. Ihre Theorie hat Gustav Freytag (1816–1895) in seinem Werk *Die Technik des Dramas* (1863) nachgeliefert. Die fünf Akte seiner 'Pyramide' entsprechen fünf dramaturgischen Schritten des Konfliktverlaufs: 1. Exposition des Konflikts, 2. Steigerung, 3. Höhepunkt, 4. Verzögerung (Retardation) – etwa durch Hinzutreten einer neuen Person, 5. Lösung (Katastrophe oder glücklicher Ausgang). Man kann dem Schema ansehen, daß es lediglich eine Zerdehnung der dreiteiligen Bauform aus Exposition, Höhepunkt und Lösung darstellt. Sehr häufig sind Dramen daher auch nur dreiaktig. Der Höhepunkt als die Stelle des Umschlags wird mit dem aristotelischen Ausdruck auch als *Peripetie* bezeichnet. Ausgelöst wird die Peripetie häufig durch eine *Anagnorisis* (griech., 'Wiedererkennung'): So löst die unverhoffte Begegnung Elektras mit ihrem für tot gehaltenen Bruder Orest in der sophokleischen *Elektra* den Mordplan aus.

In der Literatur des Fin de siècle – etwa bei Hugo von Hofmannsthal (1874–1929) oder Arthur Schnitzler (1862–1931) – sind Einakter beliebt, bei denen es sich allerdings häufig um sogenannte lyrische Dramen handelt. Bei ihnen kommt es mehr auf die Vermittlung von Stimmung bzw. Stimmungsumschlägen als auf die Darstellung von Handlung an, zumal die Charaktere der Helden dieser Einakter oft geradezu durch eine Handlungsmüdigkeit gehemmt sind.

Nach der gewählten Zeitperspektive – der Blick ist entweder nach vorn oder rückwärts gerichtet – lassen sich die Dramen in Zieldramen und analytische Dramen einteilen. Beim *Zieldrama*, das auch als *Konflikt-* oder *Ereignisdrama* bezeichnet wird, steuert die Handlung auf ein Ziel, die tragische oder komische Lösung des Konflikts zu. Der Weg zur Lösung ist der Inhalt des Dramas. Im *analytischen* Drama wird ein Ereignis, das zeitlich vor der Handlung des Dramas liegt, in dessen Verlauf aufgeklärt. Das älteste Beispiel bietet die Tragödie *König Ödipus* des Sophokles, deren Aufbau trotz anderer Gattungszugehörigkeit bis ins Detail Kleists *Zerbrochener Krug* folgt. Als weitere Beispiele aus der neueren dramatischen Literatur seien angeführt: Schillers *Die Braut von Messina*, Henrik Ibsens (1828–1906) *Gespenster* und *Die Ermittlung* von Peter Weiss (1916–1982). Aus einsichtigen Gründen enthält das analytische Drama häufig Verhöre oder Gerichtsverhandlungen.

10.2 Tragödie

Mehr als jede andere literarische Form ist die Tragödie (griech., 'Bocksgesang', nach dem Fell der Verkleideten) seit Aristoteles Gegenstand literaturtheoretischer Erörterung geworden. Vor allem hat die aristotelische Definition der Tragödie durch 'produktive Mißverständnisse' in der Neuzeit die Produktionsästhetik nachhaltig beeinflußt. Aristoteles erklärt, die Tragödie sei die Darstellung einer guten und in sich geschlossenen Handlung von bestimmter Größe, in anziehend geformter Sprache, und zwar durch handelnde Darsteller selbst, und sie rufe *eleos* und *phobos* hervor und bewirke eine Reinigung (*katharsis*) von solchen Affekten. Die griechischen Wörter *eleos* und *phobos* sind nach unserem heutigen Kenntnisstand mit „Jammer“ und „Schauder“ zu übersetzen, der Begriff der Reinigung bedeutet eine medizinische Purgierung. So läßt sich die aristotelische Tragödiendefinition auf die

Formel bringen: die Tragödie bewirke den Abbau von Affektstau, indem sie Gelegenheit bietet zu „Tränen und nassen Taschentüchern" (W. Schadewaldt). Das ist die treffende wirkästhetische Beschreibung dessen, was der Besucher einer Tragödie im Theater erlebt und was sich analog auf niedrigem Niveau als Reiz des Gaffens beim Unglück anderer wiederfindet.

Schon die italienischen Humanisten haben den Aspekt der Reinigung ins Moralische verschoben und der Tragödie die Aufgabe einer sittlichen Besserung zugeschrieben. Ihnen folgte die französische Tragödientheorie, die nicht Beseitigung übermäßiger Affekte, sondern deren Läuterung anstrebte. Im gleichen Sinne verstand Gottsched die Tragödie als Vorschule zur Tugendhaftigkeit.

Eine ganz neue Wendung erfuhr die Tragödiendebatte durch Lessing, der die aristotelischen Begriffe *eleos*, *phobos* und *katharsis* neu übersetzte, und zwar als „Mitleid", „Furcht" und „Läuterung". So konnte er sie in den philanthropischen Kontext der Aufklärung rücken und die Tragödie als eine Veranstaltung definieren, die Furcht als das auf sich selbst bezogene Mitleid und Mitgefühl mit anderen bewirke, dazu diese beiden noch läutere. Aus solcher der Tragödie zugeschriebenen Wirkung rechtfertigte er das Bürgerliche Trauerspiel. Schon der Theaterpraktiker und -leiter Goethe befand, er kehre aus dem Theater um nichts gebessert heim.

Das Bürgerliche Trauerspiel verkam im 19. Jahrhundert zum bürgerlichen Rührstück; als Beispiel sei auf die Dramen August von Kotzebues (1761–1819) hingewiesen. Beliebt wurden Geschichtstragödien, etwa Christian Dietrich Grabbes (1801–1836) *Napoleon oder die hundert Tage*, und als triviale Variante die Schicksalstragödie. Von ihr hoben sich Stücke wie Kleists (1777–1811) *Familie Schroffenstein* oder Franz Grillparzers (1791–1872) *Ahnfrau* durch die Einbeziehung des Subjekts als Ursprung des Tragischen ebenso ab wie etwa Friedrich Hebbels (1813–1863) Drama *Herodes und Mariamne*, in dem individueller Anspruch und sittliche Forderung tragisch zusammenstoßen. Das 20. Jahrhundert hat die Tragödie – darin an barocke Traditionen anknüpfend – politischen Themen geöffnet, so Hofmannsthal (1874–1929) im *Turm*, so Heiner Müller (1929–1995) in seinen Antikendramen *Philoktet* und *Ödipus, Tyrann*.

10.3 Komödie

Als Komödie wird ein Drama bezeichnet, dessen Handlung und Gehalt komische Elemente aufweisen und das im Gegensatz zur Tragödie einen guten Ausgang nimmt. Man kann Komödien nach den bestimmenden Figuren oder der Struktur der Handlung unterteilen in Typen-, Charakter-, Situations- oder Intrigenkomödien. Nach der jeweils vorherrschenden Art von Komik lassen sich satirische, groteske und humoristische Komödien unterscheiden.

Die griechischen Komödien des Aristophanes, die ältesten noch erhaltenen, waren politische Dramen par excellence, deren Spott in der athenischen Polis zeitgenössische Politiker kritisierte. Mit dem Niedergang der Polis-Kultur in der hellenistischen Welt seit dem vierten vorchristlichen Jahrhundert ist die Politik für lange Zeit als Thema der Komödie suspendiert. In der deutschen Literatur kehrt erst im Vormärz die Politik wieder in die Komödie ein, in der Literatur des 20. Jahrhunderts gehört sie – verwiesen sei nur auf Friedrich Dürrenmatt (1921–1990) – zu den bevorzugten Themen der Komödie.

Von der Politik wechselte die Komödie zu Themen aus dem Privaten, allen voran zur Liebesthematik, nachdem der griechische Dichter Menander (342/41–291/90 v. Chr.) die theaterwirksame Erfindung des verhinderten Liebespaares getan hatte. Stiftung einer Ehe ist ein häufiger Ausgang der Komödie – man denke etwa an Hofmannsthals *Schwierigen*, wo noch die moderne Thematik der Sprache mit dem traditionellen Schema der Ehestiftung verbunden ist. Ein anderes häufiges Thema der Komödie ist das Geld: Der Typus des habgierigen Geizhalses ist seit Menander und dem Römer Plautus (250(?)–184 v. Chr.) über Molières (1622–1673) *L'avare* bis zu Carl Sternheims (1878–1942) *Kassette* in zahllosen Variationen Gegenstand der Komödie geworden. Am Typus des Geizigen läßt sich die Absicht satirischen Verlachens erkennen, das zu den wichtigsten Intentionen der Komödie zählt. Den moralisch-pädagogischen Interessen der bürgerlichen Aufklärung kam die Verlachkomödie besonders entgegen, glaubte man doch, durch Bloßstellung des Trägers schlechter Eigenschaften bei den Zuschauern eine moralische Besserung zu bewirken.

Zur Figurenkonstellation der Komödie gehört auch die Kontrastierung des hohen und niedrigen Paares. Dabei waren die Figuren der Bedienten ihren Herren überlegen. Die Figaro-Gestalt liefert das Beispiel, wieviel politischer Zündstoff in solcher Zeichnung der Diener stecken konnte.

Groteske Komik, wie sie – etwa in derber Sexualität – den Schwank oder die Pickelhering-Szenen der englischen Komödianten prägt, verbindet sich in Shakespeares – gelegentlich auf Plautus zurückgreifenden – Komödien mit der intellektuellen Aufhebung der Grenzen von Schein und Wahrheit durch Melancholie und Narrenweisheit.

Einen besonders einflußreichen Zweig der der europäischen Komödie bildet die italienische *Commedia dell'arte*. Zunächst karnevaleskes Stegreifspiel verschiedener Masken, die den Text nach sogenannten Canevas auf Standardsituationen extemporierten, wirkte sie durch wandernde Schauspielertruppen nachgerade katalysatorisch auf die französische Komödie und das Wiener Volkstheater des 17. und 18. Jahrhunderts. Auch die Typen der Commedia – Arlecchino, Colombina, Brighella usw. – wurden in jeweiligen Varianten adaptiert. Noch die hochliterarisierte Komödie Molières, Carlo Goldonis (1707–1793) und Johann Nestroys (1801–1862) verrät allenthalben den Einfluß der Commedia dell'arte.

Mischformen stellen das rührende oder weinerliche Lustspiel im 18. Jahrhundert dar, das die französische *comédie larmoyante* nachahmt – das prominenteste Beispiel sind Christian Fürchtegott Gellerts (1715–1769) *Zärtliche Schwestern* – sowie die im 19. Jahrhundert durch Hebbel, in unseren Tagen durch Dürrenmatt und Max Frisch (1911–1991) gepflegte Tragikomödie, in deren neueren Beispielen Tragisches als Groteske und Travestie ins Komische umbricht.

10.4 Audiovisuelle Formen

Andere dramatische Formen, die im Rahmen dieser Einführung nicht behandelt werden können, sind z. B. Geistliche Spiele, Fastnachtspiele, das Kabarett. Das gilt auch für die jüngeren dramatischen Formen, die aus der Verbindung von Literatur und audiovisuellen Medien hervorgegangen sind, wie Hörspiel, Film und Fernsehspiel. Ihre spezifische Ästhetik und Technik angemessen darzustellen, würde den Rahmen dieser Einführung sprengen: Allein für den Film wäre etwa zu zeigen, wie das neue Medium, das die Schriftsteller zunächst als Angriff auf die Literatur empfanden, von Autoren wie G. Hauptmann, Hofmannsthal, Brecht und H. Mann früh in Literaturverfilmungen adaptiert wurde; wie sich die Literaten die fortschreitende Beweglichkeit der Kamera und die neuen Verfahren bei Schnitt und Montage für eine eigenständige dramatische und erzählende Form zunutze machten und wie schließlich aus der Rückwirkung des Films auf die Literatur selbst wiederum neue dramatisch-erzählerische Mischformen (z. B. photoroman, roman cine) entstanden. Für solche Fragen muß hier auf das Literaturverzeichnis verwiesen werden.

Literatur

Aristoteles: Poetik. Griechisch/deutsch. Übers. und hrsg. von Manfred Fuhrmann. Stuttgart 1982.

Asmuth, Bernhard: Einführung in die Dramenanalyse. 5., aktualis. Aufl. Stuttgart, Weimar 1997.

Bock, Hans-Michael (Hrsg.): Cinegraph. Lexikon zum deutschsprachigen Film. München [Loseblatt-Ausg.]

Braak, Ivo: Gattungsgeschichte deutschsprachiger Dichtung in Stichworten. T. 1: Dramatik. Bd. 1.2. 2., durchges. Aufl. Zug 1981.

Brauneck, Manfred; Gérard Scheilin (Hrsg.): Theaterlexikon. Begriffe und Epochen, Bühnen und Ensembles. 3., vollst. überarb. und erw. Neuausg. Reinbek bei Hamburg 1992.

Brauneck, Manfred: Die Welt der Bühne. Geschichte des europäischen Theaters. Stuttgart; Weimar. Bd. 1: Antike, Mittelalter, Humanismus und Renaissance. 1993; Bd. 2: Zwischen Renaissance und Aufklärung, 18. Jahrhundert, Von der Romantik bis zum Beginn des Realismus. 1996; Bd. 3: Vom Beginn der Moderne bis zur Gegenwart. Für 1998 angekündigt. [Standardwerk.]

Budzinski, Klaus; Reinhard Hippen: Metzler Kabarett-Lexikon. Stuttgart; Weimar 1996.

Catholy, Eckehard: Das deutsche Lustspiel vom Mittelalter bis zum Ende der Barockzeit. Stuttgart, Berlin usw. 1968.

Cowen, Roy C.: Das deutsche Drama im 19. Jahrhundert. Stuttgart 1988.

Döhl, Reinhard: Das Neue Hörspiel. Darmstadt 1988.

Fischer-Lichte, Erika: Kurze Geschichte des deutschen Theaters. Tübingen 1993.

Greve, Ludwig u. a. (Bearb.): Hätte ich das Kino! Die Schriftsteller und der Stummfilm. Stuttgart 1976.

Guthke, Karl S.: Das deutsche bürgerliche Trauerspiel. 5., erw. und überarb. Aufl. Stuttgart 1994.

Hickethier, Knut: Das Fernsehspiel der Bundesrepublik Deutschland. Stuttgart 1980.

Hickethier, Knut: Film- und Fernsehanalyse. Stuttgart, Weimar 1993.

Hinck, Walter (Hrsg.): Handbuch des deutschen Dramas. Düsseldorf 1980.

Hinck, Walter: Das deutsche Lustspiel des 17. und 18. Jahrhunderts und die italienische Komödie. Commedia dell'arte und Théâtre Italien. Stuttgart 1965.

Hoefert, Sigfrid (Hrsg.): Gerhart Hauptmann und der Film. Mit unveröffentlichten Filmentwürfen des Dichters. Berlin 1996.

Hurst, Matthias: Erzählsituationen in Literatur und Film. Ein Modell zur vergleichenden Analyse von literarischen Texten und filmischen Adaptionen. Tübingen 1996.

Kafitz, Dieter: Grundzüge einer Geschichte des deutschen Dramas von Lessing bis zum Naturalismus. Weinheim ²1989.

Kanzog, Klaus: Einführung in die Filmphilologie. München 1991.

Kindermann, Heinz: Theatergeschichte Europas. Bd. 1–10. Salzburg 1957–1976.

Kirschner, Jürgen: Fischer Handbuch Theater, Film, Funk und Fernsehen. Frankfurt a. M. 1997.

Klotz, Volker: Bürgerliches Lachtheater. Komödie, Posse, Schwank, Operette. Stuttgart 1980.

Klotz, Volker: Geschlossene und offene Form im Drama. München [7]1975.

Kosch, Wilhelm; Ingrid Bigler-Marschall (ab Bd. 3): Deutsches Theater-Lexikon. Biographisches und bibliographisches Handbuch. Bd. 1–3. [Geplant: 4 Bde.] Klagenfurt; Bern 1953 ff.

Leonhard, Joachim-Felix (Hrsg.): Programmgeschichte des Hörfunks in der Weimarer Republik. Bd. 1.2. München 1997.

Paech, Joachim: Literatur und Film. 2., überarb. Aufl. Stuttgart, Weimar 1997.

Pfister, Manfred: Das Drama. Theorie und Analyse. München [7]1992.

Sucher, Bernd C. (Hrsg.): Theaterlexikon. Autoren, Regisseure, Schauspieler, Dramaturgen, Bühnenbildner, Kritiker. München 1995.

Benno von Wiese: Die deutsche Tragödie von Lessing bis Hebbel. Hamburg [6]1964.

Würffel, Stefan Bodo: Das deutsche Hörspiel. Stuttgart 1978.

Zeitschriften: Maske und Kothurn. Internationale Beiträge zur Theaterwisseenschaft. – Theater heute.

11. Lyrik

11.1 Allgemeines und Lyriktheorie

Das griechische Wort *Lyrik* ('zur Leier' [Gesungenes]) läßt erkennen, daß die so bezeichneten Texte gesungen worden sind. In der Antike wurde der Ausdruck Lyrik daher nicht als Oberbegriff für zahlreiche lyrische Formen verwandt, sondern nur für die Lieder von neun kanonisierten alten Lyrikern, zu denen u. a. Sappho und Alkaios (beide um 600 v. Chr.) gehören. Der größte Teil der heute als Lyrik geltenden Formen wurde lediglich mit je eigenen Namen (z. B. Hymnus, Elegie) benannt oder nach der Veranlassung, so etwa die Preislieder Pindars (um 520–nach 446 v. Chr.) auf Sieger sportlicher Wettkämpfe. Die großen Poetiken der Antike, nämlich die *Poetik* des Aristoteles (384–322 v. Chr.) und die *Ars poetica* des Quintus Horatius Flaccus (65–8 v. Chr.) handeln nur von der epischen und der dramatischen Gattung, nicht aber von der lyrischen. Durch die Humanisten zur Norm erhoben, wirkten beide Poetiken auch darin auf die Frühe Neuzeit ein, daß diese – von zaghaften Ansätzen abgesehen – bis weit ins 18. Jahrhundert hinein die Lyrik als Gattung theoretisch nicht thematisierte. „Lyrische Poesie" war Dichtung mit Musik; der Name *tragédie lyrique* für die große französische Oper zeigt genau diesen Wortgebrauch.

Die theoretische Vernachlässigung der Lyrik änderte sich erst durch die Schrift *Les beaux-arts réduits à un même principe* von Charles Batteux (1713–1718). Zunächst führt er – ganz im Sinne von Aristoteles und Horaz – das Wohlgefallen an der Schönheit der Kunst auf deren Einfachheit und Harmonie in der Nachahmung der Natur zurück, zu der es des vernunftgeleiteten Kunstverstands bedürfe. Neu war jedoch der Gedanke Batteux', der von Aristoteles für Epik und Dramatik in Anspruch genommenen Nachahmung (griech. *mimesis*) von Handlungen die Nachahmung von Empfindungen (franz. *sentiments*) entgegenzustellen und dies als Aufgabe einer eigenen Gattung zu reklamieren. In der raschen Rezeption Batteux' in Deutschland – etwa durch Gotthold Ephraim Lessing (1729–1781), Moses Mendelssohn (1729–1786), Heinrich Wilhelm von Gerstenberg (1737–1823) – wurde Lyrik, auch unter dem Eindruck der zeitgenössischen Psychologie, bald als Ausdruck des Individuums bzw. seiner Empfindungen definiert. An diesem Prozeß hatte auch Johann Gottfried Herder (1744–1803) mit theoretischen und historischen Arbeiten, u.a. zu Sappho und Alkaios, wesentlichen Anteil. Die Lyrik wurde als dritte Hauptgattung neben Epik und Dramatik anerkannt, als eine von drei „Naturformen" (Goethe) der Dichtung.

Während Friedrich Schiller (1759–1805) noch gegen eine zu starke Betonung der Subjektivität opponierte, sahen Romantik und Subjektphilosophie des Deutschen Idealismus in der Lyrik das Subjekt sich selbst aussprechen. Diese Auffassung pointierte Georg Wilhelm Friedrich Hegel (1770–1831) in den *Vorlesungen über die Ästhetik*.

Anders als etwa Goethe oder Schiller nahmen gerade herausragende Lyriker des 19. Jahrhunderts, wie Theodor Storm (1817–1888) oder Conrad Ferdinand Meyer (1825–1898), an solchen lyriktheoretischen Fragen kaum Anteil. Gegen Ende des Jahrhunderts spiegelte aber die Fin-de-Siècle-Lyrik wie kaum eine andere literarische Gattung die allgemeinen Sprach-, Erkenntnis- und Ich-Krisen, wie sie Friedrich Nietzsche (1844–1900), Fritz Mauthner (1849–1923) oder Ernst Mach (1838–1916) formuliert hatten. Die deutsche Lyrik der Jahrhundertwende formiert sich u.a. in der Auseinandersetzung mit Ästhetik und Werk Charles Baudelaires (1821–1867). Hatte sich die Lyrik der Jahrhundertwende noch an die traditionellen Formen gehalten, sprengte der Expressionismus diese mit radikalerer Subjektivität in Metaphorik, Versstruktur usw. Die expressionistische Lyrik stellt gegen die Erfahrung des Sinnlosen der Geschichte den hermetisch abgegrenzten Kosmos der Sprache. Nachgerade zur einzigen Form des Überlebens im Angesicht der Lebensvernichtung der Shoa wird die Suche nach sprachlicher Wahrheit im Werk Paul Celans (1920–1970).

Der oft sehr persönlich klingende Ton in der Lyrik verleitet dazu, den Verfasser eines Gedichts mit dem Sprecher des Textes unzulässig zu identifizieren. Die Lyriktheorie hat zur klaren Differenzierung zwischen dem Sprecher des Textes als poetischer Funktion und dem Autor als historischer Person für den ersteren den Begriff des lyrischen Ich entwickelt. Diese Unterscheidung entspricht der von Erzähler und Autor in der Narrativik.

11.2 Gedichte als strukturierte Texte

Unter Lyrik werden solche Texte verstanden, die man, wenn sie als einzelne vorkommen, Gedichte zu nennen pflegt. Einen weiteren Begriffsinhalt hat das abgeleitete Wort ‘lyrisch’, das als literaturwissenschaftlicher Terminus vorkommt („lyrisches Drama“) oder ohne Bezug zur Literatur, etwa in der Wendung „lyrische Stimmung“. Lyrik ist charakterisiert durch das Kennzeichen der Poetizität. Sie ist Poesie, d. h. ein Text, der zahlreiche Abweichungen unterschiedlicher Art von den Regeln der Alltagssprache aufweist. Solche Abweichungen können eine ungewohnte Anordnung der Wörter sein, also eine syntaktische Anomalie, oder eine Wortneuschöpfung (‘Neologismus’), also ein ‘Verstoß’ gegen vertraute semantische Regeln, oder ein erkennbarer Rhythmus u. v. a. m. Nicht jede der zahlreichen denkbaren Abweichungen kommt in jedem Gedicht vor; und jedes einzelne Gedicht gewinnt seine Individualität durch auswählende Kombination der verschiedenen Möglichkeiten. Eine häufige Abweichung, vor allem in älterer Lyrik, stellt der Reim dar. Ehe man aus der Beobachtung solcher Abweichungen auf ein Gedicht schließen kann, muß noch eine weitere Voraussetzung erfüllt sein: Es muß Anlaß zu der Vermutung bestehen, das alles sei nicht zufällig so zusammengekommen, sondern aus Absicht.

Nahezu immer aber wird die Vermutung, es handele sich um ein Gedicht, bestätigt, wenn man an einem geschriebenen Text beobachtet, daß die Zeilen im Schriftbild nicht bis zum Rande reichen. Freilich, auch hier sind gleich eine Einschränkung und eine Präzisierung geboten. Die Einschränkung: Es gibt Gedichte, besonders von expressionistischen Lyrikern, deren Zeilen so lang sind, daß sie am Papierrand in der Handschrift oder im Druck umbrochen werden müssen, und wenn man das sogenannte *Prosagedicht* zur Lyrik rechnet, entfällt das vordergründige Kriterium natürlich ganz. Die Präzisierung: Unaufgefüllte Zeilen, gar noch von wechselnder Länge, lassen den Leser nur dann auf ein Gedicht schließen, wenn er das Gelesene einem Kontext zurechnet, der nicht durch zweckorientierte Gebrauchstexte gebildet wird; in einem Lehrbuch wie diesem kommen der besseren Übersicht halber unaufgefüllte Zeilen in Aufzählungen vor, deren Kontext sogleich davor bewahrt, sie als Gedichte zu verstehen.

Die unausgefüllte Zeile als Kennzeichen des Gedichts heißt *Vers*. Den Vers als solchen nimmt man aber erst wahr, wenn sich das Bild der unausgefüllten Zeile wiederholt. Zum Vers (lat. *versus*, ‘gewendet’ wie beim Hin- und Herziehen des Pflugs) wird eine Zeile erst im Kontext einer größeren Einheit, bei der sich der versifizierte Text über wenigstens zwei Zeilen erstreckt. Erst dann ist es im eigentlichen Sinne des Wortes *Struktur* (‘Bau’) möglich, Bauelemente und ihre Verbindungen als Merkmale der Versstruktur eines Textes wahrzunehmen.

„Das Jahr geht um“ – als Zeile kann dies die Bemerkung eines beliebigen Menschen am Silvesterabend sein oder der Anfang einer Rede, mit der sich jemand aus einem für ein Jahr übernommenen Amt in einem Vereinsvorstand verabschiedet. Ganz anders aber hört oder liest man dieselbe Zeile, wenn ihr z. B. die hier wiedergegebenen folgen:

Das Jahr geht um,
Der Faden rollt sich sausend ab,
Ein Stündchen noch, das letzte heut,
Und stäubend rieselt in sein Grab,
Was einstens war lebendge Zeit.
Ich harre stumm.

Infolge der Zusammenfügung mit den anderen Zeilen – in Annette von Droste-Hülshoffs (1797–1848) Gedicht *Am letzten Tage des Jahres* – verändert sich die Wahrnehmung auch der einen Zeile. Man erkennt z. B. als formale Bauelemente der höheren Struktur in dem Gedicht die Verklammerungen durch die Reime oder den Gegensatz zwischen der Kürze des ersten und letzten Verses im Vergleich zu den Versen 2 bis 5. Aber auch inhaltlich nimmt man die erste Zeile anders wahr: Das semantische Feld weitet sich: Todesahnung verbindet sich nunmehr als Bedeutung mit dem Kalenderdatum des Jahreswechsels.

Zu den formalen Verbindungen, durch die aus einzelnen Zeilen ein größeres Ganzes wird, gehört auch der sogenannte *Zeilensprung*, meist französisch *Enjambement* ('Beineinschlagen') genannt, der zwei Verse zu einer Sinneinheit zusammenfügt, indem Teile eines Satzes über das Zeilen-/Versende auf die nächste Zeile / in den nächsten Vers 'überlaufen', wie etwa in dem Gedicht *Sommernachts über Land* von Oskar Loerke (1884–1941):

Die Nähe voll bitter steigender
Schluchzer wird ungewiß.
Der Himmel steht wie ein schweigender
Berg der Kümmernis.

Das Enjambement bewirkt vor allem, daß die Verse nicht isoliert bleiben, sondern bewegt ineinanderfließen.

Eine Sonderform der Gedichte stellt die Visuelle Poesie dar, die keineswegs eine Erfindung der Konkreten Poesie unserer Tage ist. Ernst Jandl (geb. 1925) ordnet Gedichttexte durch Ausbrechen von Buchstaben zu Lesebildern, Christian Morgenstern (1871–1914) hat in *Fisches Nachtgesang* keinen einzigen Buchstaben, sondern nur Zeichen metrischer Notation verwendet, und Barockpoeten haben die Zeilen eines Gedichtes, das vom Trinken handelt, im Druck so als Figurengedicht angeordnet, daß sie das Bild eines Pokals ergeben.

11.3 Verslehre (Metrik)

Die metrischen Formen gehören neben der Bildlichkeit der Sprache und spezifischen Aussagefunktionen zu den wichtigen Strukturelementen der traditionellen Lyrik, bestimmen aber auch noch viele 'moderne' Gedichte.

Die Metrik der deutschen Literatur der Neuzeit wurde stark beeinflußt von der bis weit ins 17. Jahrhundert wirksam gebliebenen Wende der Humanisten, die sich in ihren Poetiken neben den Vorbildern der römischen Literatur verstärkt an solchen der griechischen orientierten. Poetik und Literatur wiederholten diese Ausrichtung in Deutschland während des 18. Jahrhunderts noch einmal, nachdem Johann Joachim Winckelmann (1717–1768) die Griechenbegeisterung ausgelöst hatte. Spuren davon finden sich z. B. in den Gedichten Klopstocks, Goethes und Hölderlins u. a., die in ihrer Lyrik griechische Formen nachahmten.

Unsere Metrik ist also von Begriffen und Mustern der griechischen Metrik geprägt, obgleich sie der Struktur der deutschen Sprache vielfach fremd sind. Die Lehre von den konstitutiven Elementen der Versstruktur wird als *Prosodie* bezeichnet. Die Metrik der griechischen Literatur war *quantitierend*. Der sprachliche Verlauf gedichteter Texte folgte dabei bestimmten Regeln über den Wechsel von langen und kurzen Silben. In den romanischen Sprachen gilt das silbenzählende Versprinzip, d. h. ein Vers wird ausschließlich durch die Anzahl der Silben bestimmt. Der deutsche Vers dagegen wird durch den *Akzent* (auch *Iktus*, lat., 'Stoß') bestimmt. Der iktische Vers entsteht aus der geregelten Wiederkehr von durch Betonung hervorgehobenen Silben. Dabei werden die betonten Stellen als *Hebungen*, die unbetonten als *Senkungen* bezeichnet.

Im folgenden können nur die wichtigsten Grundbegriffe der Metrik erläutert werden. Dem Anfänger sei nachdrücklich empfohlen, den Einstieg in die Metrik über Wolfgang Kaysers *Kleine deutsche Versschule* zu suchen, aus der auch etliche Beispiele stammen, die im folgenden aufgeführt werden.

11.3.1 Die einzelne Verszeile

Verse unterscheiden sich zunächst durch die Anzahl der Hebungen je Zeile:

zweihebig:

Feiger Gedanken
Bängliches Schwanken

dreihebig:

Komm, lieber Mai, und mache

fünfhebig:

Der Morgen kam. Es scheuchten seine Schritte
Den leisen Schlaf, der mich gelind umfing

Zweitens unterscheiden sie sich durch die Anzahl der Senkungen zwischen den Hebungen und darin, ob sie mit einer Hebung oder einer Senkung beginnen oder nicht:

Man vergleiche die Vierheber

1. Zum Kampf der Wagen und Gesänge
2. Windet zum Kranze die goldenen Ähren

Die erste Zeile hat, wie man mit einem musikalischen Terminus sagt, einen *Auftakt.*

Eine völlig unregelmäßige Füllung zwischen den Hebungen kennzeichnet den *Knittelvers*, mit dem Goethes *Faust I* beginnt:

Habe nun, ach! Philosophie
Juristerei und Medizin
Und leider auch Theologie
Durchaus studiert, mit heißem Bemühn.

Aber auch die sogenannten *freien Rhythmen* weisen völlige Freiheit der Füllungen auf.

Die *Volksliedzeile* hat drei oder vier Hebungen, hat aber die freie Wahl zwischen einsilbigen und zweisilbigen Senkungen:

Ich hört ein Sichelein rauschen

Da drob'n auf dem Berge, da wehet der Wind

Ein *Hexameter* ist z. B. durch folgende Bedingungen definiert: Sechs Hebungen, kein Auftakt, nach den ersten fünf Hebungen ein oder zwei Senkungen, nach der sechsten Hebung nur eine Senkung, nach der dritten Hebung oder bei ihr folgenden zwei Senkungen, nach deren erster eine *Zäsur* (lat., 'Einschnitt'):

Hab ich den Markt und die Straßen | doch nie so einsam gesehen!

Entfällt die Senkung nach der dritten und sechsten Hebung, wird aus dem Hexameter ein *Pentameter.* Als Beispiel Schillers bekanntes Distichon:

Im Hexameter steigt des Springquells flüssige Säule,
Im Pentameter drauf fällt sie melodisch herab.

Durch regelmäßigen Wechsel von Hebung und Senkung sind die jambischen (*Jambus*, lat. 'Bein') und trochäischen (*Trochäus*, griech., 'Läufer') Zeilen gekennzeichnet. Der Jambus beginnt mit einer Senkung, der Trochäus mit einer Hebung. Es gibt vier-, fünf-, sechshebige jambische und trochäische Zeilen. Der Jambus kann mit einem Abtakt enden:

Zum Kampf der Wagen und Gesänge (jambischer Vierheber)

Schreiend stürzt sie auf ihn nieder (trochäischer Vierheber)

Da er dem Betonungswechsel der gesprochenen Alltagssprache besonders nahekommt, ist der jambische Vers auch der bevorzugte Vers des Dramas. Der fünfhebige ungereimte Jambus des Dramas heißt *Blankvers*:

Er ist es! Nathan! – Gott sei ewig Dank,
Daß ihr doch endlich einmal wiederkommt.

Wo es, wie beim Jambus oder Trochäus eine feste Einheit aus Hebung und Senkung gibt, die sich im Vers wiederholt, nennt man diese kleinste feste Einheit auch Versfuß.

In Barock und Aufklärung war der (nach seinem Vorkommen in französischen Alexander-Romanen sogenannte) *Alexandriner* sehr beliebt. Es handelt sich um einen sechshebigen jambischen Vers mit einem Einschnitt nach der dritten Hebung. Der Vers zerfällt in zwei Teile, er eignet sich daher für zweigliedrige Aussagen:

Was itzund prächtig blüht, soll bald zertreten werden

11.3.2 Die Strophe

Bis zum 18. Jahrhundert bestanden Strophen (griech., wiederkehrende 'Wendung') oft aus acht, zehn oder mehr Zeilen. In der neueren Lyrik haben kürzere Strophen die Überhand.

So besteht die *Volksliedstrophe* aus vier Volksliedzeilen, die durch das Reimschema a b a b verbunden sind.

Die sogenannte *Chevy-Chase-Strophe* (benannt nach dem Beginn einer englischen Ballade), die im 18. Jahrhundert aus England übernommen wurde, unterscheidet sich von der Volksliedstrophe dadurch, daß die erste und dritte Zeile vier, die zweite und vierte drei Hebungen aufweist. Außerdem enden alle Zeilen auf einer betonten Silbe. (In der Metrik heißt der Versausgang auf einer betonten Silbe 'männlich', auf einer unbetonten 'weiblich'.) Die Chevy-Chase-Strophe kommt in vielen Balladen vor:

Graf Douglas, presse den Helm ins Haar,
  Gürt um dein lichtblau Schwert
Schnall an dein schärfstes Sporenpaar
  Und sattle dein schnellstes Pferd!

Eine in der deutschen Sprache nicht leicht zu gestaltende Strophenform, die durch einen durchlaufenden Reim gekennzeichnet ist, stellt die aus der italienischen Lyrik übernommene *Terzine* dar. Alle Strophen sind dreizeilig, die letzte Zeile ist abgesetzt. Das Reimschema lautet: aba bcb cdc ded ... f. Aus der jüngeren deutschen Literatur sind am bekanntesten wohl Hofmannsthals *Terzinen über Vergänglichkeit*.

Der Terzine verwandt und ebenfalls aus Italien übernommen ist das *Ritornell*. Im Ritornell reimen sich die erste und dritte Zeile einer Strophe, die mittlere bleibt ohne Reim:

Dunkle Zypressen –
Die Welt ist gar zu lustig;
Es wird doch alles vergessen.

Auch die achtzeilige *Stanze* (*Oktave*) ist eine aus der italienischen Literatur übernommene Strophenform. Ihr Reimschema lautet: abababcc. Als Beispiel schlage man Goethes *Epilog zu Schillers Glocke* nach.

Zahlreiche Strophenformen sind den griechischen nachgebildet. Dazu gehört das oben schon erwähnte *Distichon* ('Zweizeiler'). Die wiederholte Aneinanderreihung von Distichen ergibt die Form der *Elegie*. Wer ein Beispiel sucht, greife zu Goethes *Römischen Elegien*.

Aus der Griechenbegeisterung des 18. Jahrhunderts rührt die Vorliebe für antike Maße, in denen Friedrich Gottlieb Klopstock (1724–1813) und Friedrich Hölderlin (1770–1843) ihre Oden verfaßt haben. Sie werden nach griechischen Lyrikern, z. B. Sappho oder Alkaios, als sapphische bzw. alkäische Ode bezeichnet.

11.3.3 Gedichtformen

Wo in der deutschen Lyrik verbindliche Strukturen oberhalb der Ebene der Strophe vorkommen, handelt es sich durchweg um Adaptionen von Vorbildern aus anderen Literaturen. Am wichtigsten sind das von den Romantikern geschätzte, aus dem italienischen Singspiel stammende *Madrigal*, eine geschlossene Gruppe von bis zu zwanzig

Versen, die sich durch große Freiheit wechselnder Metren in den einzelnen Verszeilen, Freiheit der Reimordnung und die Zulässigkeit von Waisen, d.h. reimlosen Zeilen auszeichnet. Aus Persien übernahm die Romantik das arabische *Ghasel* ('Gespinst'), das aus Verspaaren besteht, aber nach dem ersten Verspaar in allen geraden Zeilen nur einen durchgängigen Reim zuläßt, nämlich den des ersten Reimpaars. Am geläufigsten geworden ist das im 16. Jahrhundert aus Italien übernommene *Sonett*, dessen Pflege allerdings im 18. Jahrhundert unterbrochen war. Es besteht aus 14 Zeilen, zwei Quartetten und zwei Terzetten, die dem Reimschema a b b a a b b a c d c d c d folgen.

11.3.4 Der Reim

Der Reim kann den Anfang von Wörtern verbinden (Stabreim, Alliteration), kommt – selten – als Binnenreim auch im Innern des Wortkörpers vor und ist ganz überwiegend Endreim. Nach der Stellung unterscheidet man:

Paarreim: a a b b c c ...
Kreuzreim: a b a b c d c d
Umarmender Reim: a b b a c d d c
Schweifreim: a a b c c b

Vom *reinen Reim* unterscheidet man den *unreinen*, der sich an den Beispielen leicht erkennen läßt: Tür – vier; Rächer – Köcher; davon – Ton. Ein bloßer Vokalanklang (Tier – still) wird als *Assonanz* bezeichnet.

Eine Sonderform des anlautenden Reims ist der Schüttelreim, der meist erheiternden Inhalt transportiert. Das folgende Beispiel hätte Ernst Sander (1898–1976) im Dritten Reich allerdings fast ums Leben gebracht:

Man wird mich lange noch den großen Schüttler heißen,
wenn alle längst auf Hitler sch...

Literatur

Adler, Jeremy, und Ulrich Ernst: Visuelle Poesie von der Antike bis zur Moderne. Weinheim 1987.

Albertsen, Leif Ludwig: Neuere deutsche Metrik. Bern, Frankfurt a.M. usw. 1984.

Asmuth, Bernhard: Aspekte der Lyrik. Mit einer Einführung in die Verslehre. 7., erg. Aufl. Opladen 1984.

Behrmann, Alfred: Einführung in den neueren deutschen Vers. Von Luther bis zur Gegenwart. Stuttgart 1989.

Braak, Ivo: Gattungsgeschichte deutschsprachiger Dichtung in Stichworten. T. 2: Lyrik. Bd. 1–4. Zug 1978–1994.

Breuer, Dieter: Deutsche Metrik und Versgeschichte. München [3]1994.

Burdorf, Dieter: Einführung in die Gedichtanalyse. Stuttgart, Weimar [2]1997.

Feldt, Michael: Lyrik als Erlebnislyrik. Zur Geschichte eines Literatur- und Mentalitätstypus zwischen 1600 und 1900. Heidelberg 1990.

Frank, Horst J.: Wie interpretiere ich ein Gedicht? Tübingen [2]1993.

Freund, Winfried: Deutsche Lyrik. Interpretation vom Barock bis zur Gegenwart. München [2]1994.

Friedrich, Hugo: Die Struktur der modernen Lyrik. Von der Mitte des 19. bis zur Mitte des 20. Jahrhunderts. Erw. Neuausg. Reinbek 1985.

Fülleborn, Ulrich: Das deutsche Prosagedicht. Zu Theorie und Geschichte einer Gattung. München 1970.

Grimm, Gunter E. (Hrsg.): Deutsche Balladen. Stuttgart 1988.

Grimm, Reinhold (Hrsg.): Zur Lyrik-Diskussion. Darmstadt [3]1987.

Häntzschel, Günter: Lyrik und Lyrik-Markt in der zweiten Hälfte des 19. Jahrhunderts. In: Internationales Archiv für Sozialgeschichte der deutschen Literatur 7 (1982), S. 199–246.

Hinderer, Walter (Hrsg.): Geschichte der deutschen Lyrik vom Mittelalter bis zur Gegenwart. Stuttgart 1983.

Hinderer, Walter (Hrsg.): Geschichte der politischen Lyrik in Deutschland. Stuttgart 1978.

Kaiser, Gerhard: Geschichte der deutschen Lyrik von Goethe bis zur Gegenwart. Ein Grundriß in Interpretationen. [Neuausg.] Bd. 1–3. Frankfurt a. M. 1996.

Kayser, Wolfgang: Geschichte des deutschen Verses. Tübingen [4]1991.

Kayser, Wolfgang: Kleine deutsche Versschule. Tübingen und Basel [25]1995. [Zuerst 1946.]

Kemper, Hans-Georg: Deutsche Lyrik der frühen Neuzeit. Bd. 1–3. 5. [Geplant: 6 Bde.] Tübingen 1987 ff.

Killy, Walther: Elemente der Lyrik. München [2]1972.

Kircher, Hartmut (Hrsg.): Deutsche Sonette. Stuttgart 1979.

Knörrich, Otto: Lexikon lyrischer Formen. Stuttgart 1992.

Knörrich, Otto: Lyrische Texte. Strukturanalyse und historische Interpretation. München 1985.

Korte, Hermann: Geschichte der deutschsprachigen Lyrik seit 1945. Stuttgart 1989.

Kranz, Gisbert: Das Bildgedicht in Europa. Paderborn 1973.

Lamping, Dieter: Moderne Lyrik. Eine Einführung. Göttingen 1991.

Lamping, Dieter: Das lyrische Gedicht. Definitionen zu Theorie und Geschichte der Gattung. Göttingen 1989.

Martens, Wolfgang: Lyrik kommerziell. Das Kartell lyrischer Autoren 1902–1933. München 1975.

Meid, Volker, u. a. (Hrsg.): Gedichte und Interpretationen. Bd. 1–6. Stuttgart 1982–1983.

Pestalozzi, Karl: Die Entstehung des lyrischen Ich. Berlin 1970.
Reich-Ranicki, Marcel (Hrsg.): Frankfurter Anthologie. Gedichte und Interpretationen. Bd. 1 ff. Frankfurt a. M. 1976 ff.
Segebrecht, Wulf (Hrsg.): Fundbuch der Gedichtinterpretationen. Paderborn 1997.
Segebrecht, Wulf: Das Gelegenheitsgedicht. Ein Beitrag zur Geschichte und Poetik der deutschen Lyrik. Stuttgart 1977.
Sorg, Bernhard: Das lyrische Ich. Untersuchungen zu deutschen Gedichten von Gryphius bis Benn. Tübingen 1984.
Storz, Gerhard: Der Vers in der neueren deutschen Dichtung. Stuttgart 1970.
Todorow, Almut: Gedankenlyrik. Die Entstehung eines Gattungsbegriffs im 19. Jahrhundert. Stuttgart 1980.
Verweyen, Theodor, und Gunther Witting (Hrsg.): Deutsche Lyrik-Parodien aus drei Jahrhunderten. Stuttgart 1983.
Völker, Ludwig (Hrsg.): Lyriktheorie. Texte vom Barock bis zur Gegenwart. Stuttgart 1990.
Wagenknecht, Christian: Deutsche Metrik. Eine historische Einführung. 3., durchges. Aufl. München 1993.
Weißert, Gottfried: Ballade. 2., überarb. Aufl. Stuttgart 1993.

12. Buch

12.1 Die Form des neuzeitlichen Buches

In der griechischen und römischen Antike hatte das Buch ursprünglich die Form der Rolle aus Papyrus oder Pergament. Diese Rollengestalt hat sich bis heute in der Tora-Rolle erhalten. In bibliographischen Termini, wie lat. *volumen*, engl. *volume* (abgekürzt *vol.*), wird zur Bezeichnung des Bandes ein Wort gebraucht, das eigentlich 'Rolle' bedeutet. Etwa 6 bis 20 Meter lang waren die um einen Stab gewickelten Rollen. Die Etymologie des deutschen Wortes 'Buch' geht auf die Verwendung des Buchenholztäfelchens als Beschreibstoff zurück, geradeso wie die entsprechenden griechischen und lateinischen Ausdrücke *biblos* und *liber* auf den Beschreibstoff Bast deuten.

In der Spätantike verdrängte der *Codex* mit mehreren ineinandergelegten Lagen aus Papyrus und später überwiegend aus Pergament, zunächst im christlichen Schrifttum, die Rollenform. Die Lagen wurden zu einem Buchblock zusammengeheftet. Dieser erhielt einen Einband aus Pergament oder Holz. So entstand die Urgestalt unseres heutigen Buches. Im Mittelalter setzte sich eine Zählung der Lagen durch *Kustoden* oder *Reklamanten*, im Spätmittelalter auch der Blätter (*Foliierung*) und Seiten (*Paginierung*) durch. Die Einbände herausragender Codices wurden mit metallenen Beschlägen und Schließen versehen. Der Codex wandelte sich von einer ursprünglich quadratischen zur rechteckigen Form. Viele typologische Einzelheiten der Handschriften blieben in den frühen Drucken zunächst noch erhalten. Seit etwa 1520 wurden die bibliographischen Daten eines Buches auf dem Titelblatt zusammengefaßt, und die Paginierung wurde zur Regel.

Ein allen Regeln der Buchgestaltung entsprechendes Buch besteht aus Vorspann (Titelei), Textteil (Hauptteil) und bei wissenschaftlichen Werken gegebenenfalls noch aus Anhängen mit Bibliographie, Register usw. Die *Titelei* setzt sich zusammen aus dem Vortitel (Schmutztitel) mit Verfassernamen und Kurztitel, der Rückseite des Schmutztitels (sie ist meist leer, ist aber auch – so vorhanden – der Platz für ein Frontispiz oder die Anführung eines Serientitels o. ä.), dem Haupttitel mit den wichtigsten bibliographischen Angaben, der Rückseite des Haupttitels mit weiteren bibliographischen Angaben (Impressum, Copyright-Vermerk, International Standard Book Number = ISBN), gegegebenfalls Widmung, Vorwort und Inhaltsverzeichnis. Einzelne der hier angeführten Elemente werden in modernen Büchern häufig auch ans Ende gestellt.

Bei der Beschreibung des Buchformats hat die seit einigen Jahren übliche Nennung der Rückenhöhe in Zentimetern die jahrhundertealte Formatangabe nach der Falzung des Papierbogens ersetzt: 2° Folioformat (das Format der großen „Folianten“); 4° Quartformat; 8° Oktavformat (das geläufigste Buchformat); 16° Sedezformat (z.B. das Format der kleinen Almanache und Taschenbücher des 18. Jahrhunderts).

Gegen Ende des 15. Jahrhunderts wurden genauere bibliographische Daten zur Kennzeichnung eines gedruckten Buches geläufig. Sie hatten zunächst ihren Platz am Ende des Buches, im sogenannten *Kolophon*, wie in den Handschriften mit dem *Explicit*-Vermerk abschließend der Werktitel mitgeteilt wurde. Allmählich wanderten aber diese Angaben von dort auf ein eigenes *Titelblatt* am Anfang des Buches. Bis gegen Ende des 18. Jahrhunderts waren die Titelblätter in der Regel, barocken Traditionen folgend, völlig ausgefüllt. Neben Verfasser, Titel und Verlag wurden viele Zusatzinformationen geliefert, wie Ämter und Würden des Verfassers, Vorredner, Herausgeber, Privilegien usw. Ausführliche Alternativtitel, Untertitel und weitere Erläuterungen, manchmal in Form ganzer Sätze, vermittelten eine werbewirksame, mitunter exakte Vorstellung von der zu erwartenden Lektüre. Kein Platz blieb leer: Neben den großen Typen der Auszeichnungsschriften und den vielen Zierinitialen waren die häufigen raumfüllenden Kupfer, die die Titelzeilen in einen Verfasser-Teil und einen Verlags-Teil trennten, gemäß der Tradition des illustrierten Titelblatts oft mit einem zentralen Motiv des Buches teils als Medaillon, teils als Bordüre gestaltet. Öfters kam es vor, daß nicht der Verfasser, sondern der – bekanntere – Herausgeber auf dem Titelblatt stand, z.B. Christoph Martin Wieland (1733–1813) bei Sophie von La Roches (1731–1807) *Geschichte des Fräulein von Sternheim*. Viele Werke erschienen anonym ohne Angabe des Verfassers oder nur mit dem Hinweis auf andere Werke des nicht genannten Autors („vom Verfasser der ...“). Romantik, Biedermeier und Vormärz brachten eine Auflockerung der Typographie: Die Titelblätter wurden flächiger gegliedert, nüchterner. Man schränkte die Informationen für den Käufer bzw. Leser ein, charakteristische andere Typen in Fraktur und Antiqua wurden verwendet, Leerflächen tauchten auf; die Zahl der Illustrationen nahm ab, schließlich kamen sie ganz aus der Mode[kam]. Die Anonymität hörte fast ganz auf, bis in den 30er Jahren des 19. Jahrhunderts wegen der Zensurpolitik wieder Bücher ohne Verfasserangaben erschienen. Neben der Teilanonymität („*Gedichte* der Annette Elisabeth v. D... H...“) benutzte man auch wieder Verweisungen auf früher erschienene Veröffentlichungen zur Kennzeichnung des Verfassers ohne Angabe des Namens. In der zweiten Hälfte des 19. Jahrhunderts kehrten üppigere Gestaltungen mit reichen Dekorationen zurück: Schmuck-Initialen, Verlagssignets als Titelblatt-Schmuck usw. Vor allem aber setzte sich eine titelblattgeschichtliche Neuerung durch: den Verfasser an die erste und den Sachtitel an die zweite Stelle zu setzen. Um die Jahrhundertwende gab es, besonders im Jugendstil, noch 'stilisierte' Titelblätter, etwa bei den Werken Richard Dehmels (1863–1920). Dagegen waren die Titelblätter expressionistischer und dadaistischer Bücher eher sachlich-informativ gehalten. Seit etwa 1900 wurde der Schutzumschlag eingeführt, der die Aufmerksamkeit des potentiellen Käufers erregen sollte. Das Titelblatt, dem der Umschlag, meist farbig und öfters graphisch anspruchsvoll, an plakativem Effekt überlegen ist, konnte sich fortan eher zurückhaltend als der Ort präziser bibliographischer Daten geben. Nach dem Zweiten Weltkrieg begann auf dem deutschen Buchmarkt die Zeit der Taschenbücher und der Broschuren, deren werbewirksame graphische Einbände die Geschichte der Schutzumschläge fortsetzten und erweiterten, z.B. in Celestino Piattis vieljähriger Arbeit für den Deutschen Taschenbuch-Verlag (dtv). Damit verstärkten sich die Tendenzen zur Reduktion der Titelblätter. So zeigt sich etwa immer häufiger eine Verknappung des Impressums: Erscheinungsort und / oder -jahr werden nur noch auf der Rückseite des Titelblatts plaziert. Die Titelzeile wird typographisch nicht mehr eigens hervorgehoben, sondern das ganze Titelblatt aus derselben Schrift abgesetzt.

Der *Satzspiegel* des Textteils eines Buches umfaßt Überschriften, Text und gegebenenfalls Fußnoten. Außerhalb des Satzspiegels stehen Marginalien, Zeilenzähler bei Editionen und die Bogennorm (= Bogennummer) und Bogensignatur (= Kurztitel), die der Buchbinder zum Zusammentragen der Druckbogen zum Buchblock benötigt. Der lebende, d.h. fortlaufend wechselnde, oder tote, d.h. über alle Seiten gleichlautende, Kolumnentitel und die Paginierung können in den Spiegel eingeschlossen sein oder außerhalb stehen. Grundeinheit für die typographische Gestaltung ist die Buch-Doppelseite. Die Plazierung des Textes auf der Seite hat die sogenannten Stege, die Freiflächen an den Rändern, zu beachten. Der Bundsteg soll kleiner als der Seitensteg, der Kopfsteg kleiner als der Fußsteg sein. Schon die mittelalterlichen Schreiber berücksichtigten bei der Plazierung des Textes die ästhetische Wirkung des Goldenen Schnitts.

Typographische Grundentscheidungen betreffen Schrift, Schriftgröße, Wort- und Zeilenabstand, Block- oder Flattersatz. Die verschiedenen Schriftarten lassen sich in die gebrochenen, Fraktur und Schwabacher, auf der einen und Renaissance-Schriften, darunter die Antiqua mit Ausprägungen wie Bodoni, Garamond, Bembo, Helvetica u.v.a m., auf der anderen Seite einteilen. Im deutschen Buchdruck ist von Beginn an bis ins 20. Jahrhundert gebrochene Schrift, zumeist Fraktur, für deutsche Texte und Renaissance-Schrift, zumeist Antiqua, für fremdsprachige benutzt worden. Gegen die Fraktur haben die nationalsozialistischen Ideologen, in bornierter Unkenntnis der historischen Herkunft, mit dauerhaftem Erfolg opponiert.

Im einzelnen werden die verschiedenen Schriftarten nach einem System klassifiziert, das ihre Entstehung und bestimmte Charakteristika (Duktus, Schrifthöhe, Serifen usw.) berücksichtigt. Die Schriftgröße (der Schriftgrad) wird nach typographischen Punkten (1 p = 0,376 mm) von 4 p (Diamant) bis 96 p (8 Cicero) unterteilt. An die Stelle der traditionellen Größenbezeichnungen treten inzwischen gelegentlich Angaben in Millimetern. Die Schriftgrade tragen Namen. Die häufigsten Schriftgrade in Büchern, daher „Brotschriften" genannt, sind 8 p (Petit), 9 p (Borgis), 10 p (Korpus) und 12 p (Cicero).

Die typographische Kontrolle erstreckt sich auf die Einhaltung typographischer Regeln: z. B. Einzug zu Beginn eines Absatzes (meist ein Geviert [Schriftgröße plus Durchschuß]), Vermeidung von „Hurenkindern" (letzte Zeile eines Absatzes als erste Zeile auf der Buchseite) und „Schusterjungen" (erste Zeile eines Absatzes als letzte Zeile einer Seite) usw.

12.2 Satzverfahren

Beim *Bleisatz* werden sogenannte Metallmatrizen zu Einzellettern oder Zeilen ausgegossen. Die erhaben druckenden Teile tragen die Schrift spiegelverkehrt. Die ursprüngliche Form des Bleisatzes ist der Handsatz. Der Bleisatz ist Bestandteil der aufeinander abgestimmten Erfindungen Gutenbergs. Der Setzer holt die einzelnen Bleilettern und den Ausschluß für die nicht druckenden Zwischenräume aus dem Setzkasten und fügt sie im Winkelhaken zu Zeilen zusammen. Nach dem Druck legt er Lettern und Ausschluß wieder ab. Der aufwendige Handsatz – in der Stunde können etwa 1600 Zeichen gesetzt werden – wird heute fast nur noch für Akzidenzdrucksachen verwendet.

Lange Zeit war der maschinelle Bleisatz das wichtigste Satzverfahren. Er begegnete in zwei Ausprägungen, nämlich als Zeilenguß (Linotype) und Einzeltypenguß (Monotype). 1886 erfand Ottmar Mergenthaler die Zeilensetzmaschine, 1897 Tolbert Lanston die Einzeltypensetzmaschine. Bei der Zeilensetzmaschine wurden mit einer Tastatur Buchstabenmatrizen und Ausschluß aus einem Magazin geholt, zu Zeilen zusammengefügt und als ganze Zeilen ausgegossen. Satzkorrekturen waren aufwendig, da immer die ganze Zeile neu gegossen werden mußte. Durch den Einsatz von Lochstreifen zur Steuerung des Satzes wurde das Verfahren weiterentwickelt. Infolge der Trennung der beiden ursprünglich verbundenen Vorgänge der Texterfassung (Lochstreifenstanzung) und des Gießens konnte die Leistungsfähigkeit von ca. 6000 auf ca. 10 000 Zeichen in der Stunde gesteigert werden. Auch beim Einzeltypengußverfahren wurde die Texterfassung auf Lochstreifen als eigener Vorgang vom Gießen getrennt. Der Lochstreifen steuerte einen Matrizenrahmen (Gießrahmen) mit bis zu 272 auswechselbaren Matrizen mit den einzelnen Zeichen. Gegossen wurde jedes Zeichen einzeln, so daß spätere Korrekturen zeichenweise erfolgen konnten. Die Leistung stimmte mit derjenigen im Linotype-Verfahren überein. Das Monotype-Verfahren wurde für sogenannten gemischten Satz (z. B. mit verschiedenen Schriftarten) bevorzugt, das Linotype-Verfahren für sogenannten glatten Satz.

Vom Bleisatz druckte man entweder direkt in der Hochdruckmaschine oder indirekt auf dem Umweg über Drucke auf Barytpapier, die zur Herstellung der eigentlichen Druckvorlagen für andere als das Hochdruckverfahren verfilmt wurden. Der Bleisatz ist inzwischen aus wirtschaftlichen Gründen vollständig durch den Fotosatz abgelöst worden.

Der *Fotosatz,* der nach dem Zweiten Weltkrieg einen raschen Aufschwung erfahren hat, vermeidet das raumaufwendige Lagern des Satzmaterials und bietet mannigfaltige Möglichkeiten, die Satzarbeiten durch Programme zu rationalisieren, Schriften zu variieren und Korrekturen auszuführen. Er beruht auf dem Prinzip, die zu setzenden Zeichen auf Fotopapier (für die Korrektur) oder auf Film (für die Herstellung der Druckvorlagen) zu belichten und unmittelbar anschließend zu entwickeln. Der Fotosatz kann manuell ausgeführt werden, etwa für Titelsatz oder Akzidenzdrucksachen. Seine wesentliche Anwendung erfolgt jedoch unter Einsatz eines Satzrechners. Zur Peripherie des Satzrechners gehören umfassende Texteingabegeräte, die u. a. das Einlesen von OCR-B-Schrift (Scanning), von Disketten, Magnetbändern usw. erlauben. Am Satzrechner werden Korrekturen und Gestaltung (bis hin zur Integration von Text und Bild beim Layout) durchgeführt. Für die

Belichtungseinheit sind drei technische Varianten im Gebrauch: Beim Filmsatz wird ein negativer Schriftbildträger (Matrize) auf Film oder Glas so vor der Blitzlampe positioniert, daß das gewünschte Zeichen belichtet wird. Die Setzleistung des Filmsatzes liegt bei 300000 Zeichen in der Stunde. Beim digitalen Lichtsatz dagegen werden die Zeichen mittels Kathodenstrahlbelichtung entweder wie beim zeilenweisen Aufbau des Fernsehbildes als Linien oder Punkte (Digiset) oder in Vektoraufzeichnung (Umrißgestaltung mit anschließender Auffüllung) aufgebaut. Im Lichtsatz können ca. 1 Mio. Zeichen in der Stunde gesetzt werden. Jüngste Entwicklungen von Laserbelichtern schließlich bieten eine ähnliche Setzleistung, jedoch höhere Qualität der Zeichen und verbessern die Integration von Text und Bild.

Nur für kurze Zeit hatte der *Schreibsatz (Composersatz)* Bedeutung, etwa von 1970 bis 1990. Bei ihm schrieb man mit speziellen Schreibmaschinen auf anschließend zu verfilmendes Barytpapier oder gleich auf eine Folie, die als Druckvorlage für den Offsetdruck verwendet wurde.

12.3 Druckverfahren

Von einigen Sonderformen, wie z. B. dem Durchdruckverfahren des Siebdrucks, abgesehen, gibt es drei Hauptverfahren: Hochdruck, Tiefdruck und Flachdruck.

Nach dem druckgraphischen Blockdruck (z. B. für Holzschnitte) stellt der *Buchdruck* die älteste Form des Hochdrucks dar. Der *Hochdruck* ist dadurch gekennzeichnet, daß die druckenden Stellen der Druckform höher liegen als die nichtdruckenden. Der Buchdruck ist ein direktes Druckverfahren. Er wurde zwischen 1440 und 1450 von Johannes Gutenberg aus Mainz zusammen mit dem Bleisatz erfunden, der mit metallenen beweglichen Lettern und Blindmaterial (Ausschluß) für Zwischenräume arbeitet. Er ist das speziell auf den Buchdruck zugeschnittene Verfahren der Schriftherstellung bis zur Erfindung des Fotosatzes gewesen, so daß für alle anderen Druckverfahren immer erst ein Bleisatz hergestellt werden mußte. Zu dem von Gutenberg erfundenen System, dessen technische und ästhetische Vollkommenheit sich etwa in der 42zeiligen Bibel spiegelt, gehört ferner das Gießinstrument mit der Gießform für den Guß der Lettern; Gutenberg benutzte eine Legierung aus Blei, Antimon und Zinn. Vor dem Guß mußten die Schrift entworfen, die Stempel geschnitten und die Matrizen hergestellt werden. Für das Setzen wurde eine ganze Reihe von Hilfsmitteln benötigt: der Setzkasten mit Fächern, in denen die Lettern nach der Häufigkeit ihrer

Verwendung abgelegt sind, der Winkelhaken zum Zusammenfügen der Lettern, das Schiff, der Schließrahmen und das Blindmaterial.

Für den eigentlichen Druck bediente Gutenberg sich einer hölzernen Tiegelpresse, für die er Anregungen bei Kelterpressen der Winzer und Pressen der Buchbinder und Tuchmacher gefunden haben dürfte. Die Druckfarbe bestand aus Ruß und Leinölfirnis. Die Arbeit in der Offizin verteilte sich auf den Satz, das Einlegen und Schließen für den Druck und – dazu wurde eine zweite Person benötigt – das Einfärben mit dem Druckballen, schließlich Trocknen und Ordnen der bedruckten Lagen. Alle Lagen waren zweimal zu bedrucken, auf der Vorder- und Rückseite (Schön- und Widerdruck).

Die Tiegeldruckpresse mit Spindel, Büchse und Tiegel blieb bis zum 19. Jahrhundert im Prinzip unverändert. Nur ein Wechsel des Materials setzte sich durch, nachdem Anfang des 17. Jahrhunderts bei der sogenannten Blaeu-Presse Tiegel und Spindel erstmals aus Metall gefertigt worden waren. Um 1800 baute Charles Stanhope die erste ganz aus Metall bestehende Presse, deren Bengel ein Drucker allein bedienen konnte.

1810 ersetzte Friedrich Koenig die manuelle Bedienung der Presse durch ein Schwungrad, das manuell oder maschinell angetrieben werden konnte, leitete die technischen Verbesserungen des Drucks durch Druckmaschinen ein, die u. a. zur vertikalen statt horizontalen Anordnung des Tiegeldrucksystems und zur sogenannten Klapptiegeldruckmaschine führten, unter denen im 20. Jahrhundert der *Heidelberger Drucktiegel* herausragte. 1812 gelang Koenig eine andere bahnbrechende Neuerung: das Zylinder-Flachform-Druckprinzip der Zylinderdruckmaschine, bei dem das Papier zum Druck zwischen den drehbaren Gegendruckzylinder und die horizontal darunterliegende bewegte Druckform geführt wurde. Nach diesem Prinzip, für das sich der Name *Schnellpresse* einbürgerte, wurden Zeitungen und Bücher gedruckt, seit 1814 schon die *Times*. 1816 erweiterte Koenig die Schnellpresse zur *Schön- und Widerdruckmaschine*, die Vorder- und Rückseite des Bogens in einem Arbeitsgang bedruckte. 1838 wurde die Handgußmaschine erfunden. Eine Diversifikation der vielen bei Gutenberg in einer Hand liegenden Tätigkeiten bestimmte seither die Technik der Buchherstellung: Schriftgießereien (etwa die berühmte Stempel AG), Setzereien, Druckfarbenhersteller und Druckmaschinenproduzenten wurden zu eigenen Firmen.

Einen Eindruck von der Wechselwirkung zwischen Literatur und Drucktechnik gibt das Schaffen des französischen Romanciers Honoré de Balzac (1799–1850). Ohne die schriftstellerische Begabung als die entscheidende Voraussetzung damit in Frage zu stellen: der gigantische Umfang seines Oeuvre rührt auch daher, daß der beständig von Geldnöten bedrängte Autor sein nächtliches Schreiben dem vermehrten Bedarf beschleunigter Druckverfahren anpaßte.

Die Bemühungen zahlreicher Konstrukteure im 19. Jahrhundert, noch weit leistungsfähigere Druckmaschinen zu entwickeln, führten schließlich zum *Rotationsdruck*, der nach dem Prinzip Zylinder gegen Zylinder arbeitet. Um ihn für den Buchdruck einzusetzen, bedurfte es jedoch erst noch der Überwindung der Diskrepanz von runder Zylinderoberfläche und flacher Druckform durch die Erfindung der für die Stereotypie entwickelten Pappmatrize, die sich um den Zylinder legen läßt. Bei der Stereotypie wird vor dem eigentlichen Druckvorgang von der Druckplatte (*Autotypie*) ein Duplikat als Abdruck in eine Maternpappe erstellt. Die negative Mater wird dann im Gießinstrument mit Stereometall (Weichblei) ausgegossen. Die Mater kann im Gießinstrument gebogen werden, so daß für den Rotationsdruck geeignete gerundete Druckplatten entstehen.

Als *Tiefdruck* werden Druckverfahren bezeichnet, bei denen die druckenden Stellen der Druckform tiefer liegen als die nichtdrukkenden. Tiefdruck eignet sich für die Wiedergabe von Halbtönen und photographischen Vorlagen. Manuelle Ausführungen des Tiefdrucks stellen die Illustrationsverfahren Kupferstich und Radierung dar. Um 1890 wurde der industrielle Tiefdruck, der nach einem Siebdruckgerät benannte Rakeltiefdruck, erfunden, bei dem von einem Kupferzylinder gedruckt wird. Dünnflüssige Farbe wird in durch Ätzung unterschiedlich vertiefte Näpfe des Druckzylinders gedrückt, überflüssige Farbe wird mit dem Rakelmesser abgestreift. Die Halbtöne werden – anders als beim Hoch- und Flachdruck, der mit verschieden großen Rasterpunkten arbeitet – durch die unterschiedliche Farbabgabe aus den Näpfchen erzielt. Gedruckt wird auf besonders saugfähiges Papier. Das Ergebnis ist ein satter Farbauftrag.

Das heute mit Abstand wichtigste Druckverfahren ist der *Offsetdruck*. Es handelt sich um ein zu Anfang des Jahrhunderts in Amerika entwickeltes indirektes chemisches Flachdruckverfahren, das auf der Abstoßung von Wasser und Fett beruht und im Prinzip auf die von Aloys Senefelder (1771–1834) erfundene Lithographie zurückgeht. Druckende und nichtdruckende Teile der Druckplatte liegen etwa auf derselben Ebene. Die druckenden Teile nehmen – nach entsprechender Präparierung – die fetthaltige Farbe an und stoßen Wasser ab. Die Offsetmaschine besteht aus mehreren Zylindern sowie der Farbwalze und der Feuchtwalze. Die Offsetplatte mit dem seitenrichtigen Bild wird auf den Plattenzylinder gespannt und über Farb- und Feuchtwalze geführt. Die aufgenommene Farbe wird nicht direkt auf das Papier gedruckt, sondern auf einem Gummizylinder abgesetzt, der sie auf das über den Druckzylinder laufende Papier überträgt. Im Offsetdruck kann auch Mehrfarbendruck erfolgen. Man unterscheidet Bogenoffsetmaschinen mit einer Stundenleistung von etwa 10000 Drucken und Rollenoffsetmaschinen nach dem Rotationsverfahren, die gegen 25000 Drucke in der Stunde erlauben. Der Offsetdruck wird für Zeitungen und Bücher verwendet. Nach dem Zweiten Weltkrieg revolutionierte diese Technik den Buchdruck in Deutschland, als Rowohlt sie für die Massenproduktion (*rororo = Rowohlts Rotationsromane*) einsetzte.

Für Einbandüberzüge oder Kunststoffbuchdecken wird der *Siebdruck* verwendet, bei dem es sich um ein Durchdruckverfahren handelt, das in Ostasien für den Textildruck erfunden wurde. Die Farbe wird auf ein Sieb aufgetragen und mit einer Gummirakel verteilt und auf den Bedruckstoff gedrückt. Auch dieses Verfahren wird heute maschinell betrieben.

12.4 Papier

Bis ins 19. Jahrhundert wurde das – etwa 100 n. Chr. in China erfundene und von den Arabern ins Abendland eingeführte – Papier mit großem Aufwand in den Papiermühlen handgeschöpft, und zwar überwiegend aus Hadern, also textilen Abfallmaterialien wie Hanf oder Flachs. Die sogenannten Wasserzeichen, die sich auf dem Sieb beim Schöpfprozeß abgedrückt haben, geben wichtige Aufschlüsse über die Provenienz der frühen Buchproduktion. Mit der Einführung von Holzschliff als Rohstoff schuf Friedrich Gottlob Keller 1841 die Voraussetzungen der industriellen Papierfertigung, durch die große Auflagen möglich wurden. Das im Holzschliff enthaltene Lignin läßt allerdings das Papier unter Lichteinwirkung vergilben. Daher stellt man hochwertige holzfreie Papiere nur aus Zellstoff her.

Die Lebensdauer des Papiers ist auf Grund der chemischen Prozesse der industriellen Fertigung stark reduziert. Das zur Leimung verwendete Alaun wird unter Einwirkung von Feuchte zersetzt. Dabei bildet sich u. a. Schwefelsäure. Das Papier verliert seine Festigkeit und wird bröselig. Da trotzdem eine Haltbarkeit von etwa 70 Jahren gewährleistet ist, betrifft das Problem weniger den privaten Buchkäufer als Archive und Bibliotheken, für die weltweit aufwendige Verfahren der Massenentsäuerung entwickelt worden sind; freilich kann man ungewollte Nebenwirkungen solcher Erhaltungsmaßnahmen nicht ausschließen.

In der gesamten Geschichte der Texte ist von ihnen immer nur die Auswahl erhalten gelieben, die auf die jeweils aktuellen Medien konvertiert worden ist: von Papyrus auf Pergament, von Pergament auf Papier, von der handschriftlichen in die gedruckte Form. Der eben erst begonnene Prozeß der Digitalisierung von großen Textmassen der Überlieferung ist auch mit einer Auswahl verbunden, die zugleich neue Traditionen schaffen und andere abbrechen wird.

Um ihre Haltbarkeit zu erhöhen, werden neue Bücher bereits zum großen Teil auf säurefreiem Papier gedruckt. Papier wird heute in Papiermaschinen hergestellt, die aus Stoffzentrale, Siebpartie, Pressenpartie, Trockenpartie, Glättwerk usw. bestehen. Die Fasern des Papiers ordnen sich beim Durchlauf nach der Strömung des Papierbreis auf dem Sieb. In der Laufrichtung weist das Papier größere Festigkeit auf, so daß bei der Verarbeitung für Druck und Bindung die Laufrichtung beachtet werden muß. Die Laufrichtung muß parallel zum Bund verlaufen, damit sich die Blätter später nicht wellen. Die Papiergewichte werden nach g/qm unterschieden. Dünndruckpapier (Bibeldruckpapier) wiegt bis 60 g/qm, übliches Werkdruckpapier 60–120 g/qm.

12.5 Buchbinderei

Unter den papierverarbeitenden Berufen hat die Buchbinderei eine lange Tradition. Im Mittelalter wurde sie in Klöstern und an Höfen ausgeübt. Nach der Erfindung des Buchdrucks entwickelte sie sich zu einem eigenen Gewerbe, das seit dem 16. Jahrhundert in Zünften organisiert war. Bis ins 19. Jahrhundert war die Buchbinderei reine Handwerksarbeit.

Im Zuge der industriellen Massenproduktion von Büchern wurden für fast alle Arbeitsgänge Maschinen entwickelt (Falzmaschine, Zusammentragmaschine, Fadenheftmaschine, Anleimmaschine, Deckenmaschine usw.), die heute in großen Buchfertigungsstraßen integriert sind und automationsgesteuert arbeiten. Die wichtigsten Schritte bei der Herstellung des Buchblocks sind: das Zuschneiden der Rohbogen zu Falzbogen (ein solcher umfaßt meist 16 Seiten); das Falzen der Bogen, die schon vom Drucker durch sogenanntes Ausschießen so vorbereitet sind, daß die Seiten nach dem Falzen in der richtigen Reihenfolge stehen; das Ankleben der Vorsätze (Singular: *das* Vorsatz!); das Kollationieren (Zusammentragen) und das Heften, bei dem zwischen Fadenheftung (der Buchblock wird auf Gaze über Bünden geheftet) und Klebebindung (Lumbecken) unterschieden wird.

Beim Einband i. e. S. werden die Broschur und der Deckenband unterschieden. Bei der Broschur wird der Block lediglich mit einem Umschlag (Kartonumschlag, Paperback) versehen, der Umschlag ist fest mit dem Rücken des Blocks verklebt. Beim Deckenband wird der Buchblock mit Gaze und Vorsätzen an der Einbanddecke befestigt, der Rücken ist nicht mit der Decke verklebt, damit sich das Buch leicht öffnen läßt. Um die Lücke zwischen Einband und Buchblock zu schließen, wird dem Block ein *Kapitalband* angefügt. Zum Schmuck kann der Schnitt eingefärbt werden. Bei den Buchdecken sind Papp-, Leinen-, Leder- und Kunststoffbände zu unterscheiden. Bei den heute kaum noch gebräuchlichen Halbleinen- oder Halblederbänden besteht nur der Rücken, nicht die ganze Decke aus dem entsprechenden Material.

12.6 Buchillustration

Buchillustration ist der Oberbegriff für Buchmalerei und Druckgraphik. Buchmalerei bezeichnet die handgemalte Buchillustration des Mittelalters, die sich besonders auf die liturgischen Bücher (Sakramentar, Evangeliar, Evangelistar, Missale), antike Autoren, naturwissenschaftliche Lehrbücher, im späteren Mittelalter auch auf deutsche Texte, z. B. Chroniken und Minnesang (*Codex Manesse*) erstreckt. Sie begann mit der Buchmalerei der Scriptorien in den großen Klöstern der Merowingerzeit in Gallien und Oberitalien, führte über die ornamentale Kunst der sogenannten insularen Buchmalerei in Klöstern, die von irischen Mönchen, wie etwa St. Gallen, gegründet worden waren, hin zur Erneuerung der antiken Tradition figürlicher Darstellung in der karolingischen Renaissance. Feste Bildordnungen, plastische Figürlichkeit und didaktische Programmatik bestimmten die folgende romanische Buchmalerei in den reformierten Klöstern. Expressive Bildersprache zeichnete die gotische Buchmalerei aus, die bevorzugt Andachts-, vor allem Stundenbücher hervorbrachte. Ihre letzte Blüte hatte die Buchmalerei im 14. Jahrhundert am Prager Hof Karls IV. und Wenzels IV. mit einem naturalistisch-erzählerischen Stil, für den die deutschsprachige *Wenzelsbibel* das bekannteste Beispiel ist. Vereinzelt findet sich Buchmalerei noch im 16. Jahrhundert, so am Hofe Karls V. Nur im norddeutschen Raum bestand sie, vor allem in Auftragsarbeiten reicher Stadtbürger, als Aquarellmalerei in Chronikhandschriften bis über das 18. Jahrhundert hinaus fort.

Mit der Ablösung des Pergaments durch saugfähiges Papier einerseits und dem Aufkommen der Drucktechniken (zunächst des Blockdrucks, dann des Buchdrucks mit beweglichen Lettern) entstanden die Voraussetzungen für die Druckgraphik. Sie wurde zum üblichen Verfahren sowohl für die künstlerische als auch für die wissenschaftliche Illustration. Seit dem 14. Jahrhundert gibt es den *Holzschnitt*. Er gehört zu den Hochdruckverfahren. Auf eine geglättete Holzplatte trägt der Künstler, der sogenannte Reißer, spiegelbildlich die Zeichnung auf. Der Holzschneider löst die zwischen den Linien liegenden Flächen mit dem Hohleisen aus, so daß die Linien als Stege verbleiben. Die so vorbereitete Holzplatte wird mit Druckerschwärze eingefärbt, das aufgelegte Papier mit dem Falzbein oder einer Presse angedrückt. Häufig kolorierten sogenannte Briefmaler die auf dem Papier abgedrückte Zeichnung nachträglich mit der Hand. Unter Verwendung mehrerer Platten für jeweils eine Farbe wurden auch Farbdrucke hergestellt. Lucas Cranach d. Ä. (1472–1553) experimentierte als einer der ersten mit Farbdrucken.

Zu den frühesten Holzschnitten gehören die Einblattdrucke, die Szenen aus dem Neuen Testament und Heilige darstellen. Auch die Blockbücher, die Bilder und kurze Texte miteinander verbinden, beruhten auf der Technik des Holzschnitts. Weit verbreitete Blockbücher waren neben Kalendern, Weissagungen usw. vor allem die meist lateinisch geschriebenen Ausgaben der *Apokalypse*, die *Biblia pauperum* (Armenbibel) seit 1430 und die *Ars moriendi* seit 1450. Sie wurden von Laien und dem niederen Klerus gelesen, machten durch die Bilder jedoch auch dem des Lesens unkundigen Betrachter, dem Illiteraten, ihre Themen verständlich.

Viele Holzschnitte finden sich in den Inkunabeln (Wiegendrucken). Bibel, antike Autoren, Volksbücher, Romane, aber auch naturwissenschaftliche und medizinische Werke wurden, z. T. von bedeutenden Künstlern, mit Holzschnitten illustriert. Von den Zentren Augsburg, Bamberg, Lübeck, Nürnberg und Ulm verbreitete sich die neue Technik nach Frankreich und Italien sowie in die Niederlande. Der Bamberger Drucker Albert Pfister brachte 1460 den *Ackermann aus Böhmen* des Johannes von Saaz, 1461 Ulrich Boners *Edelstein* mit Holzschnitten heraus. Anton Koberger druckte 1493 in Nürnberg die *Weltchronik* Hartmann Schedels mit 1809 Holzschnitten. Albrecht Dürer schuf 73 Holzschnitte zu Sebastian Brants (1458–1521) *Narrenschiff*. Hans Burgkmair d. Ä. arbeitete an den Holzschnittillustrationen zu Kaiser Maximilians I. (1459–1519) *Theuerdank* mit, einer allegorischen Schilderung seiner Brautwerbung um Maria von Burgund. Weitere herausragende Künstler betätigten sich in dieser Illustrationstechnik, etwa Albrecht Altdorfer (um 1480–1538) und Hans Holbein d.J. (1497/98–1543). In den publizistischen Auseinandersetzungen der Reformationszeit verschärften die Holzschnitte der *Flugblätter* die Botschaften der Texte.

Gegen Ende des 16. Jahrhunderts wurde der Holzschnitt durch die feinere Technik des Kupferstichs abgelöst, erfuhr aber Renaissancen im 19. Jahrhundert und bei den Expressionisten, wie z.B. Ernst Barlach (1879–1938) und Käthe Kollwitz (1867–1945). Ernst Ludwig Kirchner (1880–1938) schuf berühmte Holzschnitte zu Georg Heyms (1887–1912) *Umbra vitae*. Unter den zeitgenössischen Künstlern bevorzugt HAP Grieshaber den Holzschnitt als Illustration.

Durch die Verwendung des härteren Hirnholzes, besonders des Buchsbaumes, in das die Zeichnung mit dem Stichel graviert wird, unterscheidet sich der *Holzstich* (*Xylographie*) vom Holzschnitt. Das festere Holz ermöglicht dem Künstler feinere Abstufungen von Hell-Dunkel-Werten. Zugleich ist der Holzstich für größere Auflagen geeignet, was seine Verbreitung in Büchern und Zeitschriften des 19. Jahrhunderts bis zur Ablösung durch die Photographie erklärt. U.a. pflegten Adolph Menzel (1815–1905) und Ludwig Richter (1803–1884) den Holzstich.

Das bevorzugte Verfahren der Buchillustration im 17. und 18. Jahrhundert war der *Kupferstich*. Beim Kupferstich handelt es sich um ein Tiefdruckverfahren. Der Stecher, der mit dem Zeichner identisch sein kann (später signierten der Künstler unten links, der Stecher unten rechts), gräbt die Zeichnung mit dem Stichel in die Kupferplatte ein. Herausgedrückte Überstände, der sogenannte Grat, werden wegpoliert. Für feinere Linien verwendet man die kalte Stahlnadel. Die Platte wird zum Druck eingefärbt und wieder abgerieben, so daß nur die in den Vertiefungen verbliebene Farbe von dem saugfähigen Papier herausgezogen wird. Die Ränder der Platte zeichnen sich auf dem Papier ab. Die Platte ermöglicht etwa 2000 Abzüge. Zunächst findet das Verfahren nur für Einzelblätter Anwendung. Kupferstiche begegnen seit dem 15. Jahrhundert. Von den frühen Künstlern sind nur Notnamen (z.B. Hausbuchmeister, Spielkartenmeister) oder Siglen (z.B. Meister E.S.) bekannt. Bedeutende Kupferstiche stammen u.a. von Martin Schongauer (1425–1491), Albrecht Dürer, Peter Paul Rubens (1577–1640). Seit dem 16. Jahrhundert verbreitete sich in Deutschland der zuvor schon in Italien und in den Niederlanden geübte Brauch, Kupferstiche für Titel, Frontispize und Illustrationen in Büchern zu verwenden. Wegen des abweichenden Druckverfahrens wurden sie zunächst nur separat eingeklebt, erst in den zahlreichen Emblem-Büchern wurden die Stiche auf den Textseiten plaziert.

Eine Sonderform des Kupferstichs ist die seit dem 17. Jahrhundert bekannte *Radierung*. Bei ihr wird die Platte mit einer säureresistenten Harzmasse, dem Ätzgrund, überzogen. Auf ihn wird mit der Ätznadel gezeichnet. Die übergossene Säure ätzt die Striche in die Platte ein. Bei der sogenannten Kaltnadelradierung entfällt der Ätzgrund; es wird unmittelbar auf die Platte gezeichnet. Die Radierung erlaubt freie Zeichnung und gleichmäßige Striche. Da vor dem Druck der Kupferstecher die Radierung meist noch überarbeitet, wird sie in der Literatur häufig auch selbst als Kupferstich bezeichnet. Mit Radierungen stattete z.B. Matthäus Merian d.Ä. (1593–1650) seine *Topographia* aus. Im 18. Jahrhundert illustrierte der berühmte Daniel Chodowiecki (1726–1801) zahlreiche Bücher und Almanache mit Radierungen und führte die Technik auf ihren Höhepunkt. Unter den Buchkünstlern des 20. Jahrhunderts wandten sich Marcus Behmer, Max Liebermann (1847–1935), Lovis Corinth (1858–1925) u.a. der Radierung zu.

Im 19. Jahrhundert gewann die 1796 von Alois Senefelder erfundene *Lithographie* (Steindruck) große Bedeutung für die massenhafte Reproduktion von Abbildungen. Sie ist eine Vorstufe des Offsetverfahrens, gehört also zum Flachdruck und beruht auf der Abstoßung von Fett und Wasser. Die Zeichnung wird mit fetthaltiger Farbe auf einen saugfähigen Kalkstein aufgetragen und mit einer Presse auf das Papier gedruckt. Eugène Delacroix (1798–1863) setzte die Lithographie 1828 zur Illustration von Goethes *Faust* ein, Liebermann schuf Lithographien zu den Werken Heinrich von Kleists (1777–1811) und Heinrich Heines (1797–1856). Ernst Barlach, Oskar Kokoschka (1886–1980), Alfred Kubin (1877–1959) illustrierten ihre eigenen literarischen Werke mit Lithographien.

Für große Auflagen wurde in der 2. Hälfte des 19. Jahrhunderts auch der ursprünglich für Banknoten und Landkarten entwickelte *Stahlstich* eingesetzt, besonders in Zeitschriften und Lexika.

Über die Buchillustration hinaus auf qualitätvolle Typographie und Einbandkunst zielten seit Ende des 19. Jahrhunderts aufkommende Bewegungen der Buchkunst in Deutschland. Der Anstoß ging von den Arbeiten der Kelmscott Press des Engländers William Morris aus und reicht von der künstlerischen Gestaltung von Zeitschriften (z.B. des *Pan*, den Otto Julius Bierbaum [1865–1910] und Julius Meier-Graefe 1895–1899 in Berlin herausbrachten, oder der von Bierbaum, Alfred Walter Heymel und Rudolf Alexander Schröder [1878–1962] herausgegebenen Zeitschrift *Die Insel*, an der u.a. Heinrich Vogeler und Emil

Rudolf Weiß mitwirkten) über die Bemühungen der Verleger Eugen Diederichs und Bruno Cassirer, die von Anton Kippenberg begründete Insel-Bücherei bis zu den Privatpressen, darunter der *Steglitzer Werkstatt*, der *Ernst-Ludwig-Presse* in Darmstadt, der von Harry Graf Kessler (1868–1937) begründeten *Cranach-Presse* in Weimar und der 1911 von Ludwig Wolde und Willy Wiegand errichteten *Bremer Presse*, die 1921 nach München verlegt wurde. Als Graphiker betätigten sich, vielfach unter dem Einfluß des Jugendstils, Emil Orlik, Emil Pretorius, Hugo Steiner-Prag, Thomas Theodor Heine, Melchior Lechter u. v. a. m. Neue Schriften entwarfen Peter Behrens und Otto Eckmann.

Nach dem Zweiten Weltkrieg führten Künstler wie Jan Tschichold, Hermann Zapf, Gotthard de Beauclair, Richard Sichowsky, Hans Peter Willberg, Otto Rohse u. a. die Buchkunst zu neuer Blüte. V. O. Stomps gründete die Eremiten-Presse. Stomps und Grieshaber lassen sich von der französischen Malerbuchtradition anregen; Günter Bruno Fuchs bringt zusammen mit Johannes Vennekamp, Ali Schindehütte u. a. die Rixdorfer Drucke heraus; Roswitha Quadflieg veröffentlicht in ihrer Raamin-Presse fast architektonisch streng konzipierte Pressendrucke.

12.7 Buchmuseen

Das älteste Buchmuseum in Deutschland ist das 1884 vom Deutschen Buchgewerbeverein begründete Deutsche Buch- und Schriftmuseum in Leipzig, das heute eine Abteilung der Deutschen Bibliothek/Deutschen Bücherei bildet. In privater Initiative ist in Leipzig im Gebäude der Offizin Haag-Drugulin vor kurzem ein vorzügliches Museum zur Geschichte der Drucktechnik eingerichtet worden. Das Gutenberg-Museum der Stadt Mainz als „Weltmuseum der Druckkunst" berücksichtigt alle Aspekte der Geschichte von Schrift, Papier, Buch, Einband, Illustration und Technik. Auf die Buch- und Schriftkunst des 20. Jahrhunderts im internationalen Rahmen, besonders auf Pressendrucke und Malerbücher, konzentriert sich das Klingspor-Museum der Stadt Offenbach. Unter den zahlreichen ausländischen Buchmuseen ragen das Plantin-Museum in Antwerpen und die Bibliotheca Bodmeriana in Cologny bei Genf heraus. Größere wissenschaftliche Bibliotheken des In- und Auslands zeigen Ausstellungen zur Geschichte des Buchwesens vor und nach Erfindung des Buchdrucks (z. B. die Herzog August Bibliothek in Wolfenbüttel, die Sächsische Landesbibliothek in Dresden, die Bibliothèque Royale in Brüssel, die Library of Congress in Washington, die Pierpont Morgan Library in New York usw.). Das

Deutsche Bucharchiv in München, hervorgegangen aus der Sammlung Ludwig Delp, widmet sich besonders den Rechtsfragen der Buchgeschichte.

Literatur (vgl. auch S. 153 f., 161)

Christ, Helmut: Satz – gestern, heute, morgen. München 1982.

Corsten, Severin, Reimar Walter Fuchs: Der Buchdruck im 15. Jahrhundert. T. 1.2. Stuttgart 1988–1993.

Corsten, Severin, Stephan Füssel, und Günther Pflug (Hrsg.): Lexikon des gesamten Buchwesens. 2., völlig neu bearb. Aufl. LGB2. Bd. 1ff. Stuttgart 1987 ff.

Estermann, Alfred, und Hans-Albrecht Koch: Deutsche Literatur in Titelblättern. München, New York usw. 1978.

Eyssen, Jürgen: Buchkunst in Deutschland. Vom Jugendstil zum Malerbuch. Hannover 1980.

Friedländer, Max Julius: Der Holzschnitt. Neu bearb. von Hans Möhle. Berlin ^{4}1970.

Funke, Fritz: Buchkunde. Leipzig, München ^{5}1992.

Fünf Jahrhunderte Buchillustration. Meisterwerke der Buchgraphik aus der Bibliothek Otto Schäfer. [Ausstellung Nürnberg.] Katalog: Eduard Isphording u. a. Nürnberg 1987.

Gebhardt, Claus W.: Geschichte der Druckverfahren. Stuttgart. T. 1: Prägedruck u. Siebdruck. 1974. T. 2: Der Buchdruck. 1975. T. 3: C. W. G., Otto M. Lilien: Tiefdruck, Lichtdruck [...] 1978.

Geck, Elisabeth: Grundzüge der Geschichte der Buchillustration. Darmstadt 1982.

Geldner, Ferdinand: Inkunabelkunde. Eine Einführung in die Welt des frühesten Buchdrucks. Wiesbaden 1978.

Halbey, Hans Adolf: Druckkunde für Germanisten, Literatur- und Geschichtswissenschaftler. Bern, Frankfurt a. M. usw. 1994.

Heidtmann, Frank: Wie das Photo ins Buch kam. Berlin 1985.

Hiller, Helmut: Wörterbuch des Buches. Frankfurt a. M. ^{5}1991.

Hirsch, Rudolf: Printing, Selling, and Reading 1450–1550. Wiesbaden ^{2}1967.

Janzin, Marion, Joachim Güntner: Das Buch vom Buch. Hannover 1996.

Kapr, Albert: Johannes Gutenberg. München 1987.

Kirchner, Joachim (Hrsg.): Lexikon des Buchwesens. Bd. 1–4. Stuttgart 1952–1956.

Klein, Heijo: Sachwörterbuch der Drucktechnik und grafischen Kunst. Köln ^{2}1976.

Die Kunst der Illustration. Deutsche Buchillustration des 19. Jahhunderts. [Ausstellung Wolfenbüttel.] Katalog: Regine Timm ... Weinheim 1986.

Kunze, Horst: Geschichte der Buchillustration. Das 15. Jahrhundert. Text- und Tafelbd. Leipzig 1975.

Lanckoronska, Maria von, und Richard Oehler: Die Buchillustration des

18. Jahrhunderts in Deutschland, Österreich und der Schweiz. Bd. 1–3. Frankfurt a. M. 1932–1934.

Lippmann, Friedrich: Der Kupferstich. 7. Aufl. Neubearb. von Fedja Anzelewsky. Berlin 1963.

Mummendey, Richard: Von Büchern und Bibliotheken. Darmstadt [6]1984.

Scheffler, Walter, und Gertrud Fiege: Buchumschläge 1900–1950. Aus der Sammlung Curt Tillmann. Marbach a. N., München 1971.

Simoneit, Manfred, Wolfgang Zeitvogel: Satzherstellung/Textverarbeitung. Frankfurt a. M. 1986.

Stiebner, Erhardt D., Heribert Zahn und Wilfried Meusburger: Drucktechnik heute. München 1985.

Tiessen, Wolfgang: Die Buchillustration in Deutschland, Österreich und der Schweiz seit 1945. Bd. 1–5. Neu Isenburg 1968–1983.

Umlauf, Konrad: Moderne Buchkunde. Wiesbaden 1997.

Von Odysseus bis Felix Krull. Gestalten der Weltliteratur in der Buchillustration des 19. und 20. Jahrhunderts. [Ausstellung Berlin, Katalog:] Klaus Popitz u. a. Berlin 1982.

Walther, Karl Klaus (Hrsg.): Lexikon der Buchkunst und Bibliophilie. Leipzig 1987.

Der Buchillustration sind mehrere Zeitschriften gewidmet, die regelmäßig auch literaturgeschichtlich bedeutsame Beiträge enthalten: Illustration 63. – Imprimatur. N. F. – Marginalien. – Philobiblon.

13. Buchhandel

13.1 Geschichte

Buchhandel vor der Erfindung des Buchdrucks war Handel mit Handschriften. Im Römischen Reich war er bereits hoch entwickelt; im frühen Mittelalter gab es dagegen keinen Buchhandel, lediglich eine Ausleihe von Handschriften aus einem Kloster an ein anderes zum Zwecke der Abschrift. In Verbindung mit den Universitäten entstand seit dem 12. Jahrhundert wieder ein Buchhandel. Die Verleiher (*stationarii*) oder Verkäufer (*librarii*) von Büchern waren Mitglieder der Universitäten. Wachsende Bildung in Laienkreisen und steigendes Interesse an volkssprachigen Texten führten im Spätmittelalter zu einer neuen Blüte des gewerblichen Buchhandels. Bei den deutschsprachigen Texten handelte es sich um geistlich orientiertes Erbauungsschrifttum, vor allem aber um unterhaltenden Lesestoff, wie etwa die *Prosaauflösungen* höfischer Versromane und andere Volksbücher. Etwa 40 'lieferbare Titel' annoncierte der Buchhändler Diebold Lauber auf einem erhaltenen Bücherzettel. Mit fünf Schreibern und sechzehn Illustratoren gehörte seine zwischen 1427 und 1467 bezeugte Werkstatt im elsässischen Hagenau zu den größten angebotsorientiert, also auf Vorrat produzierenden Betrieben.

Bedarf an Massenauflagen bestand – schon weil die Zahl der Lesekundigen sehr klein war – in der Frühzeit des Drucks zunächst nur vereinzelt, etwa bei den Ablaßbriefen 1454/55. Von der 42zeiligen Gutenberg-Bibel dürften etwa 25 Exemplare auf Pergament und 150 auf Papier hergestellt worden sein. Gängige Auflagen für Meßbücher oder klassische Autoren lagen bei etwa 300. Für juristische Werke wurden jedoch bald Auflagen um 2000 gebräuchlich. Die Zahl der Titel der insgesamt bis 1500 hergestellten Wiegendrucke (Inkunabeln) schätzt man auf etwa 30000.

An der raschen Ausbreitung des Buchdruckergewerbes waren Mitarbeiter Gutenbergs beteiligt, so Bertold Ruppel, der nach Basel zog, einem frühen Hauptort des Buchdrucks. 1464 eröffnete in Köln der Hanauer Ulrich Zell die erste Offizin. Weitere Zentren des Buchdrucks wurden noch im 15. Jahrhundert in Deutschland Straßburg, Augsburg, Nürnberg, Ulm und Lübeck, im Ausland Valencia, Krakau, Venedig und Paris.

Das im Humanismus neu erwachte Interesse an den antiken Autoren wirkte sich auf den frühen Buchdruck vor allem in der Weise aus, daß sich wissenschaftlich gebildete Drucker um sorgfältige Editionen bemühten, wie z.B. Anton Koberger in Nürnberg und Johann Amerbach in Basel, der sich von Beatus Rhenanus beraten ließ. Wie viele andere Gelehrte waren Erasmus von Rotterdam und Philipp Melanchthon nicht nur als Herausgeber, sondern auch als Korrektoren tätig. Die Inhaber der frühen Offizinen besorgten als sogenannte Druckerverleger sowohl die technische Herstellung als auch den Vertrieb selbst. Jedoch bildete sich sehr bald auch die Spezialisierung heraus, so daß Verleger – nicht selten an weit entfernten Orten – auswärts drucken ließen.

Die neue Technik trug wesentlich zum Erfolg der Massenbewegungen der Reformation und Gegenreformation bei. Ohne den Buchdruck wäre die publizistische Auseinandersetzung der in hohen Auflagen verbreiteten Flugschriften ebenso wenig möglich gewesen wie die sprachbildende Kraft der Bibelübersetzung Luthers. In wenigen Tagen waren die 4000 Exemplare von Luthers Schrift *An den christlichen Adel deutscher Nation* (1520) vergriffen. Allein vom Neuen Testament, das in Luthers Übersetzung 1522 erstmals von Lukas Cranach d.Ä. und Christian Döring verlegt und bei Melchior Lotter d.J. in 3000 Exemplaren gedruckt wurde, erschienen bis 1534 weitere 87 hochdeutsche und 19 niederdeutsche Ausgaben. Bis Ende der dreißiger Jahre dürften plausiblen Schätzungen zufolge über 100000 Exemplare von Luthers Übertragung des Neuen Testaments gedruckt worden sein. Nach Reformation und Gegenreformation brachten die seit dem 17. Jahrhundert aufkommenden Zeitungen und Zeitschriften noch einmal einen Schub in der Ausbreitung des Buchdrucks.

Der Buchvertrieb erfolgte ursprünglich durch reisende *Buchführer* (*Kolporteure*), die mit Buchhändleranzeigen auf ihr Sortiment aufmerksam machten. Die Bücher wurden ungebunden in Bogen verkauft bzw. auf der Messe Bogen gegen Bogen vertauscht. Man transportierte die Bogen in Fässern. Aus dem Buchführer wurde bald der ortsansässige *Sortimenter* (Sortimentsbuchhändler), der für Augsburg und Leipzig schon um 1500 bezeugt ist. Frankfurt a.M. als zentraler Messeplatz für alle Wirtschaftszweige beherbergte seit dem 15. Jahrhundert auch die Buchmessen im Frühjahr und Herbst (Ostern bzw. Cantate und Michaelis). Dazu wurden seit der zweiten Hälfte des 16. Jahrhunderts zunächst von einzelnen Buchhändlern, später vom Rat der Stadt Meßkataloge erstellt. Neben Frankfurt gewann Leipzig als Messeplatz an Bedeutung, im 18. Jahrhundert schließlich die Oberhand. Der letzte Frankfurter Meßkatalog erschien 1750, der letzte Leipziger 1860.

Eine wichtige Ursache für die allmähliche Verlagerung der Messeaktivitäten war die strengere Frankfurter Zensur unter der Aufsicht der kaiserlichen Bücherkommission. Die Verlagerung steht auch im Zusammenhang mit dem Rückgang der lateinischen Literatur. Anfang des 17. Jahrhunderts waren rund 60 Prozent aller Bücher in lateinischer Sprache geschrieben, ab 1692 überwogen die deutschsprachigen Veröffentlichungen, schon 1735 machten sie etwa 75 Prozent der Gesamtproduktion aus. Die theologische und religiöse Literatur, die bis 1735 einen Anteil von etwa 40 Prozent innehatte, fiel bis 1800 auf sechs Prozent; Naturwissenschaften und Philosophie stiegen bis 1800 kontinuierlich auf 40 Prozent; die Belletristik nahm von 1700 bis 1800 von drei auf 27 Prozent zu.

Aber nicht nur Sprache und Inhalte verschoben sich in der erwähnten Zeitspanne, sondern auch die Form der Druckerzeugnisse: In der Aufklärung gewannen die Zeitschriften, auch an breitere Kreise gerichtete wie die *Moralischen Wochenschriften*, einen immer größeren Anteil, bis die Zeitschrift während der Französischen Revolution zum wichtigsten Medium der politischen Publizistik wurde – wie noch einmal im Vormärz.

Im 18. Jahrhundert wurde die Leipziger Messe auch in den Streit der Verlagsbuchhändler um den Übergang vom *Tauschhandel* (*Changehandel*) zum *Barhandel* (*Nettohandel*) hineingezogen: Seit der Mitte des 16. Jahrhunderts war der Tausch Bogen gegen Bogen das übliche Abrechnungsverfahren gewesen; der Leipziger Buchhändler Philipp Erasmus Reich und seine Anhänger gaben dagegen Bücher nur gegen bar oder gegen Kredit mit Rabatt ab. Die sogenannten Reichsbuchhändler (die Buchhändler in Österreich, Süddeutschland, im Rheinland, aber auch in der Schweiz) drohten daraufhin den Rückzug von der Leipziger Messe an und entwickelten für die Abrechnung einen eigenen *Konditionshandel*, der das Recht der Rückgabe und für den Fall des Weiterverkaufs einen Rabatt von 33 1/3 Prozent vorsah. Auf diese Konditionen schwenkten schließlich alle Verleger ein.

Mit der Ausweitung des Buchdrucks verband sich wegen des fehlenden Urheberrechtsschutzes früh ein ausgedehntes Nachdruckwesen, das Autoren und Verlegern bis ins 19. Jahrhundert hinein schadete. Zwar bildete sich im Humanismus zum erstenmal ein Sinn für geistige Urheberschaft heraus, doch führte er – zumal die frühen Drucke sich weitgehend auf ältere Werke erstreckten – zu keinem wirksamen Rechtsschutz. Auch kaiserliche oder landesherrliche *Druckprivilegien* seit dem 16. Jahrhundert änderten wenig daran. Der Schaden konnte ein ideeller sein, etwa durch die Entstellung der Texte, worüber Luther, zunächst kein Gegener des Nachdrucks, zunehmend klagte, oder ein materieller durch Absatzrückgang, den schon Anton Koberger durch den Nachdruck der von ihm mit viel Aufwand hergestellten *Weltchronik* (Nürnberg 1493) von Hartmann Schedel erfuhr. Im 18. Jahrhundert empfanden freie Schriftsteller, wie Lessing oder Matthias Claudius (1740–1815), den Nachdruck als besonderes Ärgernis; einzelne, so Klopstock, versuchten sich daher – allerdings erfolglos – als Selbstverleger. Auch Adolph Freiherr Knigge (1752–1796), ständig um Geld verlegener Vielschreiber der Spätaufklärung, bekämpfte den Nachdruck publizistisch. Ein Vorläufer der 'Autorenbuchhandlung', die 1781 gegründete *Dessauer Buchhandlung der Gelehrten*, gab bereits 1785 ihren Geschäfsbetrieb wieder auf. Neben der Kapitalbeschaffung bzw. Absatzsicherung dienten die im 18. Jahrhundert geläufigen Verfahren von *Pränumeration* (Vorauszahlung) und *Subskription* (Vorbestellung) auch dem Schutz gegen Nachdruck, dem auch Zeitschriften nicht entgingen. Freilich trugen – sogar mit einem Privileg ausgestattete – Nachdrucker wie Christian Gottlieb Schmieder im markgräflich-badischen Karlsruhe oder Johann Thomas von Trattner in Wien zur Verbreitung der literarischen Bildung im 18. Jahrhundert erheblich bei. Sie waren jedoch von der Leipziger Messe ausgeschlossen und mußten ihre Bücher als Kolporteure auf Reisen über Land vertreiben. Zu den erfolgreichen Gegnern des Nachdrucks gehörten Reich, der 1773 für Sachsen ein Verkaufsverbot für Nachdrucke erwirkte, und der Berliner Friedrich Nicolai, auf dessen Betreiben das Allgemeine Landrecht von 1794 den Nachdruck in Preußen untersagte.

Rasch folgte dem Buchdruck ein ausgedehntes *Zensurwesen*. 1479 wurde die Universität Köln vom Papst mit der Aufgabe betraut, ketzerische Veröffentlichungen zu verhindern. 1501 ordnete Papst Alexander VI. an, daß jeder Druck vorab kirchlich genehmigt werden mußte. Da solche Vorzensur wirkungslos blieb, veröffentlichte Papst Paul IV. 1559 den *Index librorum prohibitorum*. Kaiser Maximilian II. ernannte einen Reichssekretär, der für Zensur und Privilegien zuständig war. Der sächsische Kurfürst errichtete für die Leipzger Buchmesse eine eigene Zensurkommission. Landesherrliche Zensurvorschriften lagen auch dem sogenannten Pflichtexemplar zugrunde, aus dessen Ablieferung die Fürstenbibliotheken wesentliche Zugänge erhielten.

Das 19. Jahrhundert brachte zahlreiche Reformen und neue rechtliche Regelungen. So nahm etwa Georg Joachim Göschens Vorschlag, bei direktem Verkehr zwischen Verleger und Kunden zu denselben Konditionen zu liefern wie an den Sortimenter, die spätere Ladenpreisbindung vorweg. Friedrich Perthes gelang 1816 mit der Schrift *Der deut-*

sche Buchhandel als Bedingung des Daseyns einer deutschen Literatur der endgültige Schlag gegen den Nachdruck. Seine Bemühungen um die nationale Organisation des buchhändlerischen Standes wurden 1825 mit der Gründung des „Börsenvereins der deutschen Buchhändler“ gekrönt. Der Weimarer Verleger Friedrich Johann Justin Bertuch und der Stuttgarter Johann Friedrich Cotta erreichten, daß die Deutsche Bundesakte vom 8. Juni 1815 die „Abfassung gleichförmiger Verfügungen über die Pressefreiheit“ ankündigte, die freilich zu der erwarteten Aufhebung der Zensur nicht führte. Die Karlsbader Beschlüsse (1819) verstärkten die Zensur vielmehr bis 1848. Auch das *Bundes-Pressgesetz* von 1854 brachte keine Lockerung, sondern durch den Konzessionszwang für Drucker, Buchhändler, Leihbibliotheken und die Kautionspflicht für Periodika sogar neue Eingriffsmöglichkeiten, die paradoxerweise an vom Buchhandel selbst geäußerte Sorgen anknüpfen konnten, der nämlich von der Gewerbefreiheit eine ungehemmte Konkurrenz befürchtete. Erst das *Reichspressgesetz* von 1874 beseitigte den Konzessionszwang, brachte Freiheit des Pressegewerbes und führte zu wesentlichem Rückgang, wenn auch nicht zu vollständiger Aufhebung der Zensur. So unterlagen Theateraufführungen auch weiterhin der Vorzensur bis zum Ende des Kaiserreiches. In München, wo Thomas Mann dem Zensurbeirat angehörte, intervenierte die Zensur z. B. wiederholt gegen die Stücke Frank Wedekinds (1864–1918). Arthur Schnitzler (1862–1931) verfügte über seinen *Reigen* mit Rücksicht auf die Zensur vorsorglich selbst ein Aufführungsverbot.

Zu den großen literarischen Verlagen wie Cotta, Göschen und Meyer gesellte sich mit wohlfeilen Ausgaben der Verlag Philipp Reclam, dessen Aktivitäten im Rausch des ‘Klassikerjahres’ 1867, als alle vor dem 9. November 1837 verstorbenen Autoren nach einer 1845 getroffenen rechtlichen Regelung ‘gemeinfrei’ und damit für alle Verleger verfügbar wurden, gar nicht beachtet worden waren. Jüngere Verlage wie Brockhaus und Meyer reagierten auf den wachsenden Käufermarkt mit neuen populären Themen, etwa Reisebeschreibungen, mit preiswerten Lexika oder den Meyerschen *Groschenbibliotheken*. Der vermehrten Nachfrage nach kurzen und unterhaltenden Texten kamen die Zeitschriften entgegen, wie Cottas *Morgenblatt für gebildete Stände* (später: *Leser*) oder *Westermanns illustrirte Monatshefte*.

Die Intensität des literarischen Lebens der Jahrhundertwende, aber auch der Zeit nach dem Ersten Weltkrieg ist ohne die großen Verlegerpersönlichkeiten nicht denkbar. Sie alle überragte Samuel Fischer, der wichtige Autoren der Moderne wie Gerhart Hauptmann, Hermann Hesse, Hugo von Hofmannsthal, Thomas Mann, Franz Werfel u. v. a., an sein Haus binden konnte, nicht zuletzt mit Hilfe der kompetenten Lektoren Moritz Heimann (1868–1925) und Oskar Loerke (1884–1941). Fischer gewann auch Peter Suhrkamp für das Verlagsgeschäft. Mit der *Neuen Rundschau* begründete Fischer eine besonders anspruchsvolle literarische Zeitschrift. Der von Anton und Katharina Kippenberg geführte *Insel-Verlag* vermittelte die Klassiker in mustergültigen Editionen, betreute aber auch zeitgenösssische Autoren, unter ihnen Rainer Maria Rilke (1875–1926). Speziell dem Expressionismus widmete sich der Verleger Kurt Wolff; gleiche Intentionen in Bildender Kunst und Literatur führten im Expressionismus zur Gründung zahlreicher kleinerer Zeitschriftenverlage. Ein Programm voller Widersprüche, das von Märchen der Weltliteratur über nordisches Sagengut bis zu lebensreformerischen und nationalkonservativen Themen reichte, verfolgte der Verleger Eugen Diederichs.

Ende der 20er Jahre wurde, zuerst von S. Fischer, das Wort von der „Bücherkrise“ in Umlauf gebracht: Man befürchtete Überproduktion, die Konkurrenz von Film und Radio, beklagte die schwindende Kauflust angesichts gestiegener Bücherpreise. Mitten in die Krise placierte Fischer, zunächst widerwillig, eine Volksausgabe von Thomas Manns *Buddenbrooks*, die in kurzer Zeit – freilich mit dem Rückenwind des gleichzeitig an Mann verliehenen Nobelpreises – an die Millionenauflage herankam, und widerlegte so seinen eigenen Pessimismus. Die ausgerufene „Bücherkrise“ erwies sich nachgerade als hilfreich, weil sie die Verlage erstmals zu umfangreichen Werbeaktivitäten für ihre Programme ermunterte. Manche Verlage richteten auch ihr literarisches Programm politisch aus: Während Wieland Herzfelde im *Malik-Verlag* sozialistische Autoren herausbrachte, schwenkte der aus Fusionen hervorgegangene Verlag *Langen-Müller* ins völkisch-nationale Fahrwasser; der Rowohlt-Verlag wiederum tat sich etwas zugute darauf, sein Programm nach dem Muster „eins rechts, eins links“ zu stricken. Die Zensur gehörte auch in der Weimarer Republik zum literarischen Leben. Die Verlage waren von ihr vor allem nach den politisch motivierten Morden der Extremisten betroffen, aber auch im Zusammenhang einer Schmutz- und Schund-Debatte.

Die Nationalsozialisten konnten sich daher nach der Machtergreifung auch einiger bereits in der Weimarer Republik entwickelter Zensurmaßnahmen bedienen, ehe sie – nach der Bücherverbrennung am 10. Mai 1933 – mit dem Reichskulturkammer-Gesetz vom 22. September 1933 die ‘Gleichschaltung’ von Autoren und Verlagen in der Reichsschrifttumskammer und die ‘Säuberung’ der Bibliotheken einleiteten. Der Börsenverein verlor seine Funktionen an den Bund Reichsdeutscher Buchhändler. Durch 'Arisierung', d. h. den Zwangsverkauf zu einem Preis weit unter Marktwert, wurden 1934 die jüdischen Eigentümer des Ullstein-Konzerns enteignet. Gottfried Bermann Fischer, der Schwiegersohn Samuel Fischers, überließ seine nicht verbotenen Autoren 1936 Peter Suhrkamp.

Die verbotenen Autoren des Fischer Verlags konnte der Exilverlag *Bermann Fischer* zunächst in Österreich, später in Stockholm fortsetzen. An den nicht verbotenen Fischer-Autoren erwarb Peter Suhrkamp 1936 die Rechte. Herzfelde führte den Malik-Verlag bis zur deutschen Okkupation 1938 im Prager Exil fort, danach in London. Mit einer Schein-'Arisierung' gelang es 1938 dem nach London emigrierten Paul von Zsolnay, zu dessen Autoren u. a. Franz Werfel gehörte, seinen Wiener Verlag bis 1939 zu erhalten. Zu den bedeutendsten Exil-Verlagen wurden die deutschen Abteilungen, die Emanuel *Querido* und Gerard *de Lange* ihren Amsterdamer Firmen angliederten. Dort erschienen, ehe die deutsche Besetzung der Niederlande 1940 die Tätigkeit beider Häuser beendete, zahlreiche Werke von Bertolt Brecht, Lion Feuchtwanger, Ödön von Horvath, Joseph Roth, Anna Seghers u. a. m.

Der Verlag *Franz Eher*, in dem 1925 Hitlers *Mein Kampf* erschienen war, wurde zum offiziellen Verlag der NSDAP. Daneben erfreute sich der Verlag Langen-Müller des parteiamtlichen Wohlwollens, wenngleich dort mit der Zeitschrift *Das innere Reich* eine dem inneren Widerstand nahestehende Zeitschrift Unterschlupf fand.

Auf den ersten Blick erscheint die Duldung einiger jüdischer Verlage – am bekanntesten war der *Schocken-Verlag* – bis 1938 paradox, erklärt sich jedoch aus devisenwirtschaftlichen Gründen, im Falle zionistischer, d. h. die Auswanderung der jüdischen Bürger propagierender, Orientierung wie bei Schocken auch aus politischem Opportunismus. Nach den Pogromen der 'Reichskristallnacht' am 9./10. November 1938 wurde der *Verlag Jüdischer Kulturbund* mit der devisenbringenden 'Abwicklung' der jüdischen Buchlager beauftragt. Aus beschlagnahmten Lagerbeständen richtete die SS im Konzentrationslager Theresienstadt eine 140 000 Bände umfassende Bibliothek ein. Sie war Bestandteil der Tarnung, die Juden und internationalen Stellen in Theresienstadt ein 'Altersghetto' vortäuschen sollte, das in Wahrheit Durchgangslager in die Vernichtungslager war.

13.2 Der moderne Buchhandel

Man unterteilt den Buchhandel grundsätzlich in *herstellenden* und *verbreitenden Buchhandel* sowie *Zwischenbuchhandel.* Der herstellende Buchhandel umfaßt die Buch- und Zeitschriftenverlage. Der verbreitende Buchhandel gliedert sich in Sortiments-, Bahnhofs-, Reise- und Versandbuchhandel, werbenden Buch- und Zeitschriftenhandel, Leihbuchhandel sowie Antiquariatsbuchhandel.

Der Buchhandel in der Bundesrepublik Deutschland ist gegenwärtig durch folgende Zahlen (nach den letzten Statistiken von 1996/97) gekennzeichnet. Es gibt mehr als 2500 Firmen des herstellenden Buchhandels (Verlage) ohne die Unternehmen, die Zeitungen und Publikumszeitschriften verlegen, mehr als 7500 Firmen des verbreitenden Buchhandels und etwa 80 Firmen aus den Bereichen Zwischenbuchhandel sowie 60 Verlagsvertreter. Dem Börsenverein des Deutschen Buchhandels gehören davon etwa 6900 Firmen an, von denen ein knappes Drittel Verlage sind. Die wichtigsten Verlags- und Buchhandelsstädte sind München, Berlin, Hamburg, Frankfurt a. M. und Stuttgart.

Die wirtschaftliche Bedeutung des Buch- und Zeitschriftenhandels ergibt sich schon aus einem Blick auf die Umsatzzahlen: Buchverlage kommen z. Z. auf einen Jahresumsatz von rund 17 Milliarden DM einschließlich der wissenschaftlichen und Fachzeitschriften. Dazu kommen Zeitungs- und Publikumszeitschriftenverlage mit etwa 45 Milliarden Umsatz. Im Verlagsbuchhandel (Firmen mit über 20 Mitarbeitern) sind etwa 2700, im Pressewesen (Zeitungen und Publikumszeitschriften) einschließlich eigener Redaktionen, Druckereien usw. etwa 280000 und im Einzelhandel mit Büchern und Fachzeitschriften etwa 30000 Personen beschäftigt.

Der Durchschnittspreis von Neuerscheinungen in Deutschland liegt derzeit bei DM 41,05. Belletristische Titel und solche der deutschen Sprach- und Literaturwissenschaft überschreiten diese Marke geringfügig. Die monatlichen Ausgaben von idealtypischen Haushalten – dabei handelt es sich um statistische Konstrukte – für Bücher, Zeitschriften und Zeitungen liegen zwischen etwa 40 und 110 DM; allein auf Bücher bezogen, liegen die Werte zwischen 5 und 58 DM. 52 Prozent der Verbraucher kaufen jährlich überhaupt Bücher, davon 42 Prozent mehr als eines. Zehn und mehr Bücher im Jahr kaufen als sogenannte Intensivkäufer etwa 13 Prozent. Die Ausgaben für Bücher liegen bei den Freizeitausgaben deutlich hinter den Positionen Urlaub, Sport, Fernsehen.

13.2.1 Der herstellende Buchhandel

Der herstellende Buchhandel bringt in Deutschland jährlich rund 70000 Titel auf den Markt, von denen sich etwa drei Viertel auf Erstauflagen und ein Viertel auf Neuauflagen erstrecken. Diese Zahl schließt auch die kleinen Warengruppen (Kartographische Erzeugnisse, Kalender usw.) ein. Im internationalen Vergleich der UNESCO-Statistik steht Deutschland damit nach Großbritannien und China mit jeweils über 90000 Titeln auf dem dritten Platz, gefolgt von den USA mit 50000 und Frankreich (45 000), Spanien (44000) und Italien (33 000).

Von den 70000 Titeln entfallen gut 14 Prozent auf die Belletristik, knapp sieben Prozent auf die Kinder- und Jugendliteratur und etwa zwei Prozent auf die deutsche Sprach- und Literaturwissenschaft. Die Schulbuchproduktion macht 4,5 Prozent aus. Jeder sechste Titel der Gesamtproduktion ist ein Taschenbuch, in der Belletristik sogar fast jeder zweite. Bei den Lizenzen für Übersetzungen aus fremden Sprachen stehen inhaltlich Belletristik und Jugendliteratur, formal das Taschenbuch an der Spitze. 75 Prozent aller Übersetzungen beziehen sich auf englischsprachige Originalveröffentlichungen, 10 Prozent auf französische; bei der Lizenzvergabe ins Ausland liegt für Belletristik das Italienische vorn.

1947 begann Ernst *Rowohlt* damit, Romane im Zeitungsrotationsdruck auf den Markt zu bringen, 1950 begannen die rororo-Taschenbücher zu erscheinen. An der Produktion von Taschenbüchern sind wichtige literarische Verlage (Fischer, Herder, Insel, Suhrkamp) und das Gemeinschaftsunternehmen Deutscher Taschenbuch Verlag (dtv) beteiligt.

Wegen der hohen Kapitalbindung im herstellenden Buchhandel verstärken sich die wirtschaftlichen Konzentrationsprozesse, z. T. auch auf internationaler Ebene. Solche Konzentrationen können branceninternen Charakter haben, wie bei der Ernst Klett AG, oder in großen Konzernorganisationen, wie z.B. der Bertelsmann-Gruppe und der Holtzbrinck-Gruppe, Verlage im Kontext mit anderen Medienunternehmen vereinen.

Die Arbeit des Verlags gliedert sich im allgemeinen in die Bereiche Lektorat, Herstellung und Vertrieb. Der Lektor ist mit der Programmplanung, der Akquisition von Manuskripten, der Beratung der Autoren und der Vorbereitung des Manuskripts für den Satz befaßt. Das Verhältnis zwischen Autor und Verlag regelt der Verlagsvertrag, für dessen Ausgestaltung der Verlegerausschuß des Börsenvereins mit dem Verband deutscher Schriftsteller (VS) für belletristische und mit dem Deutschen Hochschulverband für wissenschaftliche Werke jeweils Empfehlungen vereinbart hat. Der Verlagsvertrag regelt u. a. die Vervielfältigung und die Verbreitung des Werks, die buchnahen Nebenrechte (Vorabdruck, Übersetzung, Lizenzen) und die buchfernen Nebenrechte (Aufführung, Sendung, Vertonung, elektronische Datenträger), Honorare (entweder absatzbezogen – je nach Charakter des Werks und Auflage meist zwischen acht und 13 Prozent des Nettoladenpreises, d.i. Ladenpreis abzüglich Mehrwertsteuer – oder pauschaliert) sowie Nachdruck für Sondermärkte, Verramschung und Makulierung des nicht mehr absetzbaren Werks. Der Verlagsvertrag gründet auf dem Verlagsgesetz von 1901 und seiner Novellierung von 1972.

Das Urheberrechtsgesetz sieht eine Schutzfrist von 70 Jahren nach dem Tod des Autors vor. Der Urheberrechtsschutz entsteht kraft Gesetzes und bedarf – mit Ausnahme des Copyright-Schutzes in den USA – keiner ausdrücklichen Anmeldung. Um das Urheberrecht international wirksam werden zu lassen, wurde 1896 die sogenannte Berner Übereinkunft geschlossen, die inzwischen durch die (zuletzt 1948) Revidierte Berner Übereinkunft ersetzt und durch das Welturheberrechtsabkommen der UNESCO von 1952 ergänzt worden ist. Beiden Konventionen, die allerdings nur Schutzfristen von 50 bzw. 25 Jahren gewähren, sind über 70 Länder beigetreten (wobei sich die Schutzfrist nach jeweiligem Landesrecht richtet). Neue Entwicklungen der elektronischen Medien und der Digitalisierung machen Anpassungen des Urheberrechts erforderlich.

Nach der Vorbereitung des Manuskripts für den Satz (Kontrolle, Auszeichnung usw.) legt der Hersteller die technischen Arbeitsschritte (Texterfassung, Grafik, Druck und Bindung) in Zusammenarbeit mit den zu beauftragenden Firmen und dem Lektor fest. Nach dem Satz lesen Autor, Hauskorrektor und Lektor Korrektur, der korrigierte Satz wird umbrochen und für den weiteren Buchherstellungsprozeß verfilmt. An Programmplanung, Kalkulation, Gestaltung (z.B. für dem Umschlag) ist immer auch schon der Bereich Vertrieb (Werbung und Verkauf) beteiligt.

Bei der Kalkulation werden u. a. Kosten für Honorare, Lektorat, Herstellung, Werbung, Vertreter und Auslieferung zur Auflagenhöhe und Ladenpreis, in dem der Rabatt für den Handel eingeschlossen ist, in Beziehung gesetzt und in einer Deckungsbeitragsrechnung dem Erlös gegenübergestellt. Eine Mischkalkulation, die alle Produkte eines Verlags berücksichtigt, erlaubt es, aus dem Verkaufserlös erfolgreicher Titel auch solche mit geringen Absatzchancen zu finanzieren. Eine Subvention stellen bei wissenschaftlichen Büchern die Druckkostenzuschüsse dar, z.B. vom Autor selbst oder von Forschungsorganisationen.

In den letzten Jahren sind – überwiegend in wissenschaftlichen Verlagen – Veränderungen dadurch eingetreten, daß Autoren ihre Manuskripte in elektronisch erfaßter Form abliefern. Im sogenannten *Desktop Publishing (DTP)* setzt sich der Trend fort, möglichst viele herstellerische Arbeiten bei den Autoren oder im Verlag anzusiedeln. Andererseits sind neue Verlagsprodukte entstanden, so etwa die Editionen großer Textcorpora auf Microfiches oder die Veröffentlichungen von Büchern (z.B. Lexika) und Zeitschriften auf CD-ROM (sogenanntes elektronisches Publizieren) oder gar nur noch immateriell in Datenbanken, die über Netzwerke (Hochschul- und Wissenschaftsnetze, Internet) zugänglich sind.

Von der DDR enteignete Verlage, wie z.B. Justus Perthes (Gotha) oder Reclam (Leipzig), wurden nach der Wiedervereinigung an die alten Firmen bzw. deren Rechtsnachfolger zurückgegeben. Andere DDR-Verlage, so der *Aufbau-Verlag*, der erste nach dem Zweiten Weltkrieg von der sowjetischen Besatzung lizenzierte Verlag, werden von neuen Eigentümern weiterbetrieben.

13.2.2 Der Sortimentsbuchhandel

Der Sortimentsbuchhandel stellt das Buch als Ware den Käufern, Gelegenheits- oder Stammkunden, zur Verfügung. Der Sortimenter übt aber auch eine Beratungstätigkeit gegenüber dem Kunden aus. Größe und Zusammensetzung des Sortiments hängen unmittelbar von der Geschäftslage, der Verkaufsfläche, einer eventuellen Spezialisierung (Fachbuchhandlung) usw. ab, mittelbar von einer Vielzahl wirtschaftlicher Randbedingungen, wie z.B. der Zahl potentieller Käufer, dem Vorhandensein von Bildungseinrichtungen (Schulen, Hochschulen, Bibliotheken) oder anderen Großkunden (Verwaltung, Gerichte, Kliniken usw.). Ein mittelgroßes Sortiment führt etwa 20000 Titel. Die Sortimentsbuchhandlungen erzielen in den Monaten Oktober, November und Dezember deutlich höhere Umsätze als in den anderen Monaten, im Dezember allein ein Siebtel des Jahresumsatzes. Da der Ladenpreis wegen seiner Bindung als Wettbewerbsfaktor ausfällt, sind die Werbemaßnahmen der Buchhandlungen im wesentlichen auf Schaufensterauslage, Präsentation im Ladengeschäft, Beratung bei Kaufinteresse und Autorenlesungen beschränkt. Außer dem Verkauf aus ihrem Sortiment bietet die einzelne Buchhandlung dem Kunden die rasche Besorgung nicht vorrätiger Bücher aus dem Zwischenbuchhandel oder direkt ab Verlag. Seit Mitte der 80er Jahre sind in mehreren Städten neben den typisch mittelständischen Buchhandlungen einige Großbetriebe mit Filialorganisation entstanden.

Von den zur Zeit etwa 400 000 lieferbaren deutschsprachigen Titeln können die Sortimenter rund ein Drittel binnen 24 Stunden besorgen. Dies ist möglich durch einen leistungsfähigen Zwischenbuchhandel, der elektronische Bestellabrufdienste über Terminals bei den angeschlossenen Sortimentern und eigene Bücherwagendienste für den Transport unterhält. Der Zwischenbuchhandel gliedert sich in Großhandlungen (Grossisten) und Verlagsauslieferungen. Beide Formen finden sich heute meist in einer Firma vereinigt. Die Verlagsauslieferungen unterhalten die Lager von Verlagen und liefern in deren Namen und auf deren Rechnung an die Sortimenter aus. Die Grossisten, die auch als Barsortimente bezeichnet werden, kaufen (im Gegensatz zu bloßen Kommissionären, als welche sie z. T. jedoch auch tätig sind) in eigenem Namen und auf eigene Rechnung Bücher von den Verlagen für den Wiederverkauf an Sortimenter und Buchimporteure im Ausland. Die Barsortimente geben eigene Kataloge heraus und sigeln ihre Lagerbestände im *Verzeichnis lieferbarer Bücher (VLB)*. Bedeutende Firmen des Zwischenbuchhandels sind die Barsortimente Koehler & Volckmar (Köln), Koch, Neff & Oetinger (Stuttgart) und Lingenbrink (Hamburg), die Bertelsmann Distribution GmbH (Gütersloh), Stuttgarter Verlagskontor SVK (Stuttgart) sowie LKG Leipziger Kommissions- und Großbuchhandelsgesellschaft. Einige große Buchhandlungen (Harrassowitz, Wiesbaden; Petersen, Hamburg) haben sich auf den Export und Import von Büchern spezialisiert. Der Einfuhrumsatz beträgt rund 1,4, der Ausfuhrumsatz rund 3,2 Milliarden DM. Wichtigste Ein- und Ausfuhrländer sind die USA, die Schweiz und Österreich.

Der Sortimenter verkauft zum sogenannten festen Ladenpreis. Das Gesetz gegen Wettbewerbsbeschränkungen von 1957, das horizontale und vertikale Preisabsprachen im allgemeinen ausschließt, sieht für den Buchhandel die Ausnahmeregelung vor, daß der Verleger die Abnehmer seiner Verlagserzeugnisse rechtlich und wirtschaftlich bindet, die von ihm bestimmten Preise „bis zur Weiterveräußerung an den letzten Verbraucher" einzuhalten. Vereinbarte Nachlässe (Bibliotheksrabatt, Hörernachlaß) sind möglich. Die Konditionen legt der 1962 gegründete Verein für Verkehrsordnung im Buchhandel e.V., das sogenannte Konditionenkartell, fest, das die Verkehrsordnung des deutschen Buchhandels regelt; in der Praxis geschieht die Verpflichtung zur Preisbindung größtenteils über einen Sammelrevers. Der feste Ladenpreis im Buchhandel wurde – nach intensiven Bemühungen Adolf Kröners, des damaligen Inhabers des Cotta-Verlags – zuerst 1887/88 mit reichsweiter Geltung in der Satzung des Börsenvereins verankert. Die ordnungspolitisch an sich problematische Preisbindung wird für den Buchhandel mit kulturpolitischen Argumenten begründet: Sie erlaubt, eine große Vielfalt von Titeln auch in kleinen Auflagen zu verlegen, deren – gegenüber einem freien Marktpreis niedrigere – Preise aus der Mischkalkulation mit Massenware und Bestsellern resultieren. Die Preisbindung schafft außerdem die Voraussetzungen für eine breite Streuung der Buchhandlungen in Gestalt kleinerer Unternehmen bis in Orte mit Einwohnerzahlen zwischen 5000 und 10000. Seit kurzem gilt die Preisbindung grenzübergreifend auch für Österreich und die Schweiz. Die staatliche Rücksicht auf die kulturpolitische Bedeutung des Buchhandels spiegelt sich auch in dem reduzierten Mehrwertsteuersatz für bestimmte Verlagserzeugnisse (Bücher und Zeitschriften; aber z.B. verständlicherweise nicht für Kalender, unverständlicherweise auch nicht für Mikroformen).

13.2.3 Sonderformen des verbreitenden Buchhandels

Neben dem Einzelhandelsgeschäft gibt es mehrere Sonderformen des verbreitenden Buchhandels. Dazu gehören z.B. die Buchabteilungen in Warenhäusern. Ihr Sortiment wird meist durch einen zentralen Einkauf beschickt und konzentriert sich häufig auf gängige Titel in großer Staffelung, Reiseliteratur, Taschenbücher und Modernes Antiquariat mit Titeln, die nicht mehr der Preisbindung unterliegen.

Der sogenannte *Bahnhofsbuchhandel* nimmt rechtlich und fachlich eine Sonderstellung ein. Der Bahnhofsbuchhändler ist Pächter eines Nebenbetriebs der Deutschen Bahn AG und nicht den Ladenschlußzeiten unterworfen. Das Sortiment des Bahnhofsbuchhandels erstreckt sich auf Taschenbücher, besonders aktuelle Titel und Unterhaltungsliteratur, vor allem aber auf periodische Presseerzeugnisse, die den Schwerpunkt des Umsatzes bilden.

Der *Reise- und Versandbuchhandel* wandte sich ursprünglich bevorzugt an Kunden, die wegen ihres Wohnsitzes in kleinen Gemeinden von den Sortimentsbuchhandlungen nicht erreicht werden. Der Reisebuchhändler unterhält Büro und Lager, Werbung und Verkauf finden jedoch beim Kunden selbst statt, den der reisende Vertreter besucht. Die bestellten Bücher werden dem Kunden durch die Post zugesandt. Die Tätigkeit des zu den Kunden reisenden Buchvertreters stellt eine seit Beginn des Buchhandels übliche Vertriebsform dar. Mit dem Reisebuchhandel verbindet sich heute fast immer auch ein Versandhandel, der durch Prospekte, Zeitungsinserate oder Kataloge wirbt. Unter den Kunden des Reise- und Versandbuchhandels finden sich Angehörige aller Bildungsschichten, aber auch Firmen, Arztpraxen, Anwaltskanzleien usw. Bei den Vertriebsobjekten des Reise- und Versandhandels nehmen allgemeine und fachliche Nachschlagewerke, Klassiker und Loseblattwerke einen großen Anteil ein.

Eine weitere Sonderform des Bucheinzelhandels, die sich mit dem Reise- und Versandbuchhandel teilweise überschneidet, bildet der *werbende Buch- und Zeitschriftenhandel.* Er reicht bis ins 19. Jahrhundert zurück, als reisende Werber z.B. für *Meyers Konversationslexikon, Brehms Tierleben, Cottas Bibliothek der Weltliteratur* oder *Reclams Universalbibliothek* zahlreiche Abonnenten gewannen. (*Meyers Konversationslexikon* konnte auf diesem Weg in der dritten Auflage in fast 150000 Exemplaren abgesetzt werden.) Zwischen den Weltkriegen konzentrierte sich der werbende Buch- und Zeitschriftenhandel auf Kulturzeitschriften, Frauen- und Modejournale, vor allem aber auf sogenannte Versicherungszeitschriften, mit deren Abonnement Familien-, Unfall- und Sterbegeldversicherungen verbunden waren. Auch nach dem Zweiten Weltkrieg bildeten die Zeitschriften das Rückgrat dieser Vertriebsform, derer sich auch die Buch- und Schallplattengemeinschaften bedienten, um aus Abonnenten Mitglieder zu machen.

Die *Buchgemeinschaften* vereinen eine große Anzahl von Mitgliedern, die für einen festen Beitrag in regelmäßigen Zeitabständen ein von der Buchgemeinschaft herausgebrachtes Buch erhalten. Handelte es sich dabei früher meist um einen sogenannten Vorschlagsband oder um die Auswahl aus einem kleinen Titelangebot, sind die Mitglieder der Buchgemeinschaften heute nur zum vierteljährlichen Bezug eines beliebigen Titels aus einem in der Regel etwa 600 Titel umfassenden Programm verpflichtet. Der Grundgedanke der Vorfinanzierung durch die Mitglieder ist erhalten geblieben. Während die Buchgemeinschaften zunächst nur Lizenzausgaben in ihrem Programm hatten, treten sie inzwischen zunehmend auch mit Originaltiteln hervor, an denen sie alle Verlagsrechte innehaben. Die Anfänge der Buchgemeinschaften liegen im 19. Jahrhundert. 1829 wurde der *Verein zur Verbreitung guter katholischer Bücher* gegründet. Wissenschaftliche Editionen verbreitete der 1839 begründete *Litterarische Verein in Stuttgart.* Aus der 1876 entstandenen *Bibliothek der Unterhaltung und des Wissens* wurde der *Deutsche Bücherbund.* 1891 nahm unter dem Einfluß der Idee der Arbeiterbildung der *Verein der Bücherfreunde* seine Tätigkeit auf. Nach dem Ersten Weltkrieg wurden u. a. die mit der Gewerkschaftsbewegung verbundene *Büchergilde Gutenberg* (1924), der sozialistische *Bücherkreis* (1924), die *Deutsche Buch-Gemeinschaft* (1924), die *Evangelische Buchgemeinschaft* (1925), die *Buchgemeinde des Borromäusvereins* (1925) und *Der Deutsche Buch-Club* (1927) gegründet. Während des Nationalsozialismus wurden die Buchgemeinschaften weitgehend gleichgeschaltet.

Nach dem Zweiten Weltkrieg setzten der *Deutsche Bücherbund*, die *Büchergilde Gutenberg* und die *Deutsche Buch-Gemeinschaft* ihre Tätigkeit fort, neue traten hinzu, wie z. B. die *Herder-Buchgemeinde* und der 1950 gegründete *Lesering Das Bertelsmann Buch*. Die Buchgemeinschaften weiteten ihr Programm auf Schallplatten und andere Medien sowie auf Freizeitprogramme aus. Nicht als erster, aber besonders nachhaltig schaltete der *Bertelsmann Lesering* den vertreibenden Buchhandel ein, indem dieser die Möglichkeit zur Mitgliederwerbung erhielt. Inzwischen dienen sogenannte Club-Center den Mitgliedern als Anlaufstellen für Beratung und Erwerb. Hohe Auflagen in Verbindung mit geringeren Honorarsätzen gestatten, die Titel bis zu 40 Prozent unter dem Ladenpreis anzubieten, und lassen die Buchgemeinschaften trotz der Konkurrenz des Taschenbuchs erfolgreich arbeiten. Inzwischen ist eine starke Konzentration dieses Marktes bei der Bertelsmann AG (u. a. *Bertelsmann Lesering*, *Europäische Bildungsgemeinschaft*, *Deutsche Buchgemeinschaft*, *Deutscher Bücherbund*) eingetreten. Daneben bestehen noch die Büchergilde Gutenberg und katholische Buchgemeinden. Ein Sonderfall unter den Buchgemeinschaften ist die 1949 gegründete, als wirtschaftlicher Verein organisierte *Wissenschaftliche Buchgesellschaft* in Darmstadt. Zunächst mit Lizenausgaben und Nachdrucken vor allem eine Selbsthilfeeinrichtung der Wissenschaftler, ist sie inzwischen zu einem allgemeinen Wissenschaftsverlag mit eigenständigem Programm unter Einschluß des wissenschaftlichen Sachbuchs geworden.

Der *Leihbuchhandel* erwirbt Literatur und stellt sie seinen Kunden nicht eigentlich leihweise, sondern zur Miete bereit. Seine Ursprünge lassen sich bis ins 18. Jahrhundert zurückführen. Hervorragende gewerbliche Leihbibliotheken boten im 18. und teilweise bis Ende des 19. Jahrhunderts Literatur aus allen Wissensgebieten an. Danach verlagerte der Leihbuchhandel seine Aktivitäten immer mehr auf das Gebiet der Unterhaltungsliteratur. Er erlebte nach dem Zweiten Weltkrieg noch einmal eine wirtschaftliche Blüte, sah sich jedoch zunehmender Konkurrenz durch die öffentlichen Büchereien gegenüber, die vor allem das niedrige Niveau der im Leihbuchhandel bereitgestellten Literatur angriffen. Immerhin haben noch 1955 die Leihbuchhandlungen (Leihbüchereien) zusammen rund 20 Mio. Bände, die Öffentlichen Büchereien jedoch nur rund acht Mio. Bände bereitgehalten, und jedes Buch wurde im Leihbuchhandel etwa zwölfmal verliehen.

Der *Antiquariatsbuchhandel* handelt mit Büchern aus zweiter Hand. Seine Bezugsquellen sind private oder öffentliche Eigentümer, die sich von einzelnen Büchern oder ganzen Sammlungen trennen wollen. Der Vertrieb richtet sich an Interessenten für nicht mehr lieferbare Titel; der Antiquar unterbreitet seine Angebote entweder im Lagergeschäft oder mittels Katalog. Häufig führt er spezielle Desideratenlisten seiner potentiellen Käufer. Da sich der Antiquariatsbuchhandel auf ältere, historisch bedeutsame Literatur erstreckt, sind literaturgeschichtliche und bibliographische Kenntnisse in diesem Geschäftszweig besonders wichtig. Die Kataloge großer Auktionsfirmen, die außer älteren Büchern auch Autographen anzeigen, sind unentbehrliche literaturhistorische Quellen.

13.2.4 Der Börsenverein des Deutschen Buchhandels und andere buchhändlerische Organisationen

1825 entstand auf Betreiben des Verlegers Friedrich Perthes, des Schwiegersohns von Matthias Claudius, der *Börsenverein der Deutschen Buchhändler* als erste gesamtdeutsche Korporation. Mitglieder konnten zunächst nur Firmen, später auch Personen werden. Seinen Namen erhielt er nach der mit der Leipziger Frühjahrsmesse verbundenen Buchhändlerbörse, auf der Verleger und Buchhändler ihre Abrechnungen vornahmen. Der Verein gründete 1834 das *Börsenblatt für den Deutschen Buchhandel* und unterhielt seit 1836 in Leipzig das Haus der *Deutschen Buchhändler-Börse*. Der Börsenverein wirkte gegen Zensur, Nachdruck und aus der Massenproduktion resultierende Schleuderpreise. Er war wesentlich an der Urheberrechtsgesetzgebung und der Einführung des gebundenen Ladenpreises beteiligt. 1912 gründete er die Deutsche Bücherei in Leipzig als Archivbibliothek des deutschsprachigen Schrifttums, der die Mitglieder freiwillig ihre Neuproduktion überstellten. 1928 übernahm der Börsenverein die Trägerschaft der 1852 vom *Verein der Buchhändler zu Leipzig* errichteten Buchhändlerschule. Die Nationalsozialisten überführten den Börsenverein 1933 in die Reichsschrifttumskammer und spalteten ihn in die Sparten für Verleger und Sortimenter. Als ständische Zwangsgemeinschaft gründeteten sie 1934 den *Bund reichsdeutscher Buchhändler*, der 1936 ebenfalls der Reichsschrifttumskammer inkorporiert wurde. Nach dem Zweiten Weltkrieg wurde in der sowjetischen Besatzungszone die Arbeit des Leipziger Vereins unter dem alten Namen fortgesetzt.

In der amerikanischen und britischen Zone schlossen sich die buchhändlerischen Landesverbände 1948 zum *Börsenverein Deutscher Verleger- und Buchhändler-Verbände* zusammen, der 1955 in den *Börsenverein des Deutschen Buchhandels* (mit unmittelbarer Einzelmitgliedschaft der Firmen) umgewandelt wurde. Neben dem Börsenverein gibt es, z. T. länderübergreifende, *Landesverbände der Verleger und Buchhändler.* Börsenverein und Landesverbände streben eine enge Zusammenarbeit auf der Basis der Doppelmitgliedschaft an. Die Landesverbände sind die wirtschaftlichen Träger der Schulen des Deutschen Buchhandels und die Gesellschafter der Buchhändler-Vereinigung GmbH, die das *Börsenblatt für den Deutschen Buchhandel*, die *Deutsche Nationalbibliogaphie*, das *Verzeichnis lieferbarer Bücher (VLB)* und andere buchhändlerische Fachliteratur verlegt.

Der Börsenverein vereinigt alle Handelsstufen des Buchhandels. Der hohe Organisationsgrad des Buchhandels ermöglicht ihm eine kräftige Lobby bei politischen Entscheidungsträgern. Im Börsenverein bilden Verleger, Zwischenbuchhandel und verbreitender Buchhandel jeweils eigene Fachgruppen mit Fachausschüssen; Buchgemeinschaften, Antiquare usw. sind in eigenen Arbeitsgemeinschaften zusammengeschlossen. Oberste Organe sind die Hauptversammlung und der Vorstand (drei Verleger, drei Sortimenter, Vorsitzende der Fachausschüsse) mit dem Vorsteher an der Spitze. Die Abgeordnetenversammlung besteht aus den Mitgliedern der Fachausschüsse herstellender und verbreitender Buchhandel sowie weiteren vom Vorstand berufenen Mitgliedern. Arbeitsausschüsse widmen sich u. a. den Themen Berufsbildung, Neue Medien, Rationalisierung, Urheberrecht (besonders den Problemen, die aus neuen Medien und der europäischen und internationalen Verflechtung resultieren), Leseförderung, Buchmarktforschung. Der Börsenverein ist Mitglied der Deutschen Lesegesellschaft, Gesellschafter der Ausstellungs- und Messe-GmbH, die neben den *Buchmessen* in Leipzig (Frühjahr) und Frankfurt a. M. (Herbst) Ausstellungen bei anderen internationalen Messen und Fachkongressen betreut, des Rechenzentrums Buchhandel GmbH sowie der Buchhändler-Abrechnungsgesellschaft mbH (BAG), die der rationellen Zahlungsabwicklung zwischen den Firmen des Buchhandels dient. Beim Börsenverein liegt auch die Redaktion der ISBN (International Standard Book

Number) für die deutschen Verlage. Er veranstaltet den Vorlesewettbewerb, verleiht jährlich auf der Frankfurter Buchmesse den *Friedenspreis* des Deutschen Buchhandels und ist als ursprünglicher Mitgründer im Verwaltungsrat und Beirat der Deutschen Bibliothek vertreten. Zusammen mit der Stadt Frankfurt und anderen trägt er die *Stiftung Buchkunst*, die jährlich den Wettbewerb *Die schönsten Bücher der Bundesrepublik Deutschland* durchführt. Schließlich unterhält der Börsenverein ein Archiv und eine Bibliothek zur Geschichte des Buchwesens sowie eine Historische Kommission.

Neben dem Börsenverein existieren die Fachverbände Verband Deutscher Antiquare, Verband Deutscher Bahnhofsbuchhändler, Verband Deutscher Bühnenverleger, Vereinigung Evangelischer Buchhändler, Verband Katholischer Verleger und Buchhändler, Deutscher Musikverleger-Verband, Verband Deutscher Schulbuch-Verlage, Verband Deutscher Zeitschriftenverleger und andere mehr.

Literatur (vgl. auch S. 134 f., 161)

Altenhein, Franz: Probleme des Verlagsgeschäfts. Wiesbaden 1995.

Blana, Hubert: Die Herstellung. München, New Providence usw. ³1993.

Brammann, Klaus-Wilhelm, Joachim Merzbach, Roger Münch: Sortiments- und Verlagskunde. München, New Providence usw. ²1995.

Breuer, Dieter: Geschichte der literarischen Zensur in Deutschland. Heidelberg 1982.

Eisenstein, Elizabeth I.: Die Druckerpresse. Kulturrevolutionen im frühen Europa. Aus dem Amerikan. von Horst Friessner. Wien 1997.

Estermann, Monika, und Michael Knoche (Hrsg.): Von Göschen bis Rowohlt. Wiesbaden 1990.

Fischer, Ernst (Hrsg.): Der Buchmarkt der Goethezeit. Eine Dokumentation. Bd. 1.2. Hildesheim 1986.

Franzen, Hans: Die Preisbindung des Buchhandels. München ³1987.

Giesecke, Michael: Der Buchdruck in der frühen Neuzeit. Frankfurt a. M. 1991.

Hiller, Helmut, und Wolfgang Strauß (Hrsg.): Der deutsche Buchhandel. Hamburg ⁵1975.

Kapp, Friedrich, und (2–4:) Johann Goldfriedrich: Geschichte des deutschen Buchhandels. Bd. 1–4. Leipzig 1886–1913. Reg.-Bd. 1923. Nachdr. Aalen 1970.

Kiesel, Helmuth, und Paul Münch: Gesellschaft und Literatur im 18. Jahrhundert. Voraussetzungen und Entstehung des literarischen Markts in Deutschland. München 1977.

Martino, Alberto: Die deutsche Leihbibliothek. Wiesbaden 1990.

Meyer-Dohm, Peter, und Wolfgang Strauß (Hrsg.): Handbuch des Buchhandels. Bd. 1–4. Hamburg 1971–1975.

Mundhenke, Reinhard: Der Verlagskaufmann. Frankfurt a. M. ⁴1986.

Petersen, Klaus: Zensur in der Weimarer Republik. Stuttgart, Weimar 1995.

Röhring, Hans-Helmut: Wie ein Buch entsteht. Darmstadt [5]1992.

Schönstedt, Eduard: Der Buchverlag. Stuttgart 1991.

Unseld, Siegfried: Goethe und seine Verleger. Frankfurt a. M. 1991.

Weyrauch, Erdmann: Wolfenbütteler Bibliographie zur Geschichte des Buchwesens im deutschen Sprachgebiet, 1840–1980. München, New Providence usw. Bd. 1 ff. 1990 ff. [Retrospektive Bibliographie; geplant auf 10 Bde.]; als laufende Bibliographie schließt an: Meyer, Horst: Bibliographie der Buch- und Bibliotheksgeschichte. Bad Iburg. Bd. 1 ff. 1982 ff.

Widmann, Hans (Hrsg.): Der deutsche Buchhandel in Urkunden und Quellen. Bd. 1.2. Hamburg 1965.

Widmann, Hans: Geschichte des Buchhandels. Vom Altertum bis zur Gegenwart. T. 1: Bis zur Erfindung des Buchdrucks sowie Geschichte des deutschen Buchhandels. Wiesbaden [2]1975.

Wittmann, Reinhard: Geschichte des deutschen Buchhandels. München 1991.

Zeitschriften: Archiv für Geschichte des Buchhandels. – Börsenblatt für den Deutschen Buchhandel [nebst Beilagen:] Archiv für Soziologie und Wirtschaftsfragen des Buchhandels; Aus dem Antiquariat; Buchhandelsgeschichte. – Buchmarkt. – Buchreport. – Buch und Buchhandel in Zahlen. – Gutenberg-Jahrbuch. – Imprimatur. N. F. – Leipziger Jahrbuch zur Buchgeschichte. – Wolfenbütteler Notizen zur Buchgeschichte.

14. Bibliotheken und Literaturarchive

14.1 Bibliotheken

Von dem Zusammenbruch der römischen Bildungseinrichtungen, der in der Völkerwanderung eingetreten war, erholte sich das westliche Europa nur langsam. Vor allem unter dem Einfluß der anglo-irischen *Klosterkultur* entstanden im Zusammenhang mit der karolingischen Erneuerung des Bildungswesens neben der Hofbibliothek für Unterrichtszwecke Dom- und Klosterbibliotheken (St. Gallen, Reichenau, Fulda), die neben lateinischen auch althochdeutsche Handschriften enthielten. Klosterreform und neue Orden (z.B. die Kartäuser) im 11. Jahrhundert, die Entstehung der Universitäten und schließlich die verstärkte Pflege von Literatur auch in Laienkreisen im Spätmittelalter führten zu weiteren Bibliotheken im Eigentum von Klöstern, Gelehrten, Adligen und Stadtbürgern. Im Spätmittelalter entstanden auch die ersten Ratsbibliotheken in Städten.

Seit etwa 1500 übertraf die Zahl der Drucke die der Handschriften in den Bibliotheken. Konfessionelle Auseinandersetzungen und wachsende *Laienbildung* ließen die Zahl der Druckschriften hochschnellen und führten zur Gründung von *Stadtbibliotheken* (u.a. in Augsburg, Hamburg, Magdeburg) und *Schulbibliotheken*, deren Bestände z.T. aus den infolge der Reformation aufgelassenen Klöstern stammten, wie etwa die der berühmten sächsischen Fürstenschulen zu Grimma, Meißen und Schulpforta. Im 16. und 17. Jahrhundert wuchsen die großen Fürstenbibliotheken in Heidelberg, München und Wien auf Umfänge von 10000 bis 20000 Bänden. Der Dreißigjährige Krieg brachte vielen Bibliotheken Vernichtung oder Verlagerung. 1623 wurde die Bibliotheca Palatina von Heidelberg nach Rom überführt.

Der Wiederaufbau zerstörter Bibliotheken in Klöstern und an Höfen erfolgte in der architektonischen Form der barocken *Saalbibliothek*. In Berlin, Dresden, Hannover, Wolfenbüttel und Wien – dort beherbergt der Prunksaal von 1726 die 100000 Bände umfassende Bibliothek des Prinzen Eugen – entstanden neben den Kunst- und Raritätenkammern, den Vorläufern der öffentlichen Museen, große *Hofbibliotheken*. Die Bestände dieser Hofbibliotheken wuchsen durch Ankäufe, repräsentative Geschenke aus diplomatischen Gründen und vor allem dank der

Ablieferung von Pflichtexemplaren, die in den landesherrlichen *Zensuredikten* vorgeschrieben war. Hof- und Stadtbibliotheken bilden die Ursprünge der heutigen Regionalbibliotheken. Aufklärerischem Denken entsprach die Gründung der Universitätsbibliothek Göttingen im 18. Jahrhundert, die – als Gebrauchsbibliothek – auch Vorbild der Universitätsbibliotheken des 19. Jahrhunderts wurde.

Infolge der territorialen Zersplitterung des Alten Reiches hat Deutschland nie eine zentrale *Nationalbibliothek* hervorgebracht, wie sie z.B. Frankreich, Großbritannien und die USA mit der *Bibliothèque Nationale* in Paris, der *British Library* in London, die früher organisatorisch ein Teil des British Museum war, und der bereits Ende des 18. Jahrhunderts gegründeten *Library of Congress* in Washington besitzen, aber auch Dänemark und Schweden. Weil die Nationalbibliothek gefehlt hat, gibt es auch keine zentrale und nur annähernd vollständige Sammlung des in den Territorien des deutschen Sprachraums veröffentlichten Schrifttums, zu dem nicht nur die deutschsprachigen, sondern auch die in lateinischer und anderen Sprachen seit Beginn des Buchdrucks erschienenen Bücher und Zeitschriften gehören. Seit einigen Jahren unterstützt die Volkswagen-Stiftung die nachträgliche Schließung von Sammellücken bei den deutschen Drucken. In diese Aufgabe teilen sich in chronologischer Segmentierung für die Zeit bis 1945 mehrere große Bibliotheken: die Bayerische Staatsbibliothek in München, die Herzog August Bibliothek (Wolfenbüttel), die Niedersächsische Staats- und Universitätsbibliothek Göttingen, die Stadt- und Universitätsbibliothek Frankfurt a.M. sowie die Staatsbibliothek zu Berlin – Preußischer Kulturbesitz. Als Archivbibliothek für das laufend erscheinende deutsche Schrifttum errichtete der Börsenverein der Deutschen Buchhändler 1913 an seinem Sitz in Leipzig die *Deutsche Bücherei*. Neben sie trat in der Bundesrepublik Deutschland für die Archivierung des Schrifttums ab Erscheinungsjahr 1945 und für die Exilliteratur die *Deutsche Bibliothek* in Frankfurt a.M. An beiden Orten sind die Veröffentlichungen seit 1945 parallel mit dem Ziel der Vollständigkeit gesammelt worden; diese doppelte Sanmmlung der Neuerscheinungen wird auch fortgestzt, nachdem beide Bibliotheken seit 1990 bei räumlicher Trennung, aber abgestimmter Aufgabenteilung unter dem als Sprachschöpfung mißglückten Namen *Die Deutsche Bibliothek* rechtlich und organisatorisch zu einer Institution in der Trägerschaft der Bundesrepublik Deutschland vereinigt worden sind. Die Deutsche Bibliothek erwirbt ihre Zugänge als Pflichtexemplare, zu deren Ablieferung die Verleger durch Bundesgesetz verpflichtet sind. Aufgrund der Landespressegesetze oder eigener Pflichtexemplargesetze sind zusätzlich ein bis zwei Pflichtexemplare an bestimmte Bibliotheken der Länder abzuliefern, so daß jede Neuerscheinung in drei bis vier Exemplaren archiviert wird.

Die nationalbibliothekarische Aufgabe der Sammlung des wichtigsten ausländischen Schrifttums in repräsentativer Auswahl teilen sich die großen Staatsbibliotheken in Berlin und München, zentrale Fachbibliotheken sowie mehrere Schwerpunktbibliotheken, zumeist Universitätsbibliotheken, im Rahmen der von der Deutschen Forschungsgemeinschaft geförderten Sammelschwerpunkte. Für die Erwerbung ausländischer Fachliteratur zur Germanistik liegt dieser Schwerpunkt bei der Stadt- und Universitätsbibliothek Frankfurt a.M. Die Bestände dieser Schwerpunktbibliotheken sind über den *Leihverkehr* der Bibliotheken zugänglich.

Das Bibliothekswesen nach dem Zweiten Weltkrieg ist u.a. geprägt durch den Einsatz der Datenverarbeitung für Ausleihe und Kataloge. Angesichts der exponentiell wachsenden Literaturproduktion werden abgestimmte Erwerbungsprogramme und Gesamtkataloge als Nachweisinstrumente für den Leihverkehr immer wichtiger. Dazu gehören die *Zeitschriftendatenbank*, der *Verbundkatalog (VK)*, der die Kataloge derjenigen wissenschaftlichen Bibliotheken vereinigt, die bereits in maschinenlesbarer Form vorliegen, ferner die aus den regionalen Zentralkatalogen hervorgegangenen regionalen (Katalog-)Verbundzentren für ein oder mehrere Länder. Gegenüber der anglo-amerikanischen Entwicklung setzt sich die Möglichkeit, solche zentralen Nachweisinstrumente, aber auch die lokalen Bibliothekskataloge auf Distanz online zu nutzen, erst allmählich durch. Die Bayerische Staatsbibliothek bietet den Zugang zu ihrem Katalog über das Internet. Auch im internationalen Rahmen werden solche elektronisch geführten Nachweise aufgebaut, z.B. der *Eighteenth Century Short Title Catalogue (ESTC)*).

Die Bibliotheken der neugegründeten Universitäten bieten ihre Bestände nach angelsächsischem Vorbild in systematisch geordneter Freihandaufstellung dar. Freie Zugänglichkeit und Systematik sollen den Benutzer zum Browsing – so wird in der anglo-amerikanischen Fachterminologie das ziellose Stöbern genannt – an den Bücherregalen veranlassen. An diesen Universitäten gibt es aber aus Gründen der Sparsamkeit keine Seminar- oder Institutsbibliotheken mehr. Aus dem Verzicht auf die früher an deutschen Universitäten übliche Doppelsträngigkeit von *zentraler Universitätsbibliothek* (*Ausleihbibliothek*) und *dezentraler Seminarbibliothek* (*Präsenzbibliothek*) zugunsten einer Zentrale entstehen für Lehre und Forschung erhebliche Nachteile: Während in den anglo-amerikanischen Bibliotheken die meisten Bücher als nicht ausleihbare Präsenzbestände jederzeit verfügbar sind und bis weit in den Abend genutzt werden können, sind in den neuen deutschen Universiätsbibliotheken bei vergleichsweise kurzen Öffnungszeiten kleinere Präsenz- und größere Ausleihbestände an derselben Stelle zusammengeführt, so daß die durch Ausleihe gerissenen Lücken die angestrebte systematische Erschließung weitgehend konterkarieren; die Dauer, bis ein Buch den Weg durch die langen Geschäftsgänge der Zentralbibliothek gefunden hat, beträgt ein Vielfaches der Zeit, in der benötigte Literatur in den kleinen dezentralen Instituts- bzw. Seminarbibliotheken verfügbar ist; Lehrveranstaltungen mit unverzüglichem Zugriff auf die Bücherbestände sind ebensowenig möglich wie spontane Begegnungen von Lehrenden und Lernenden bei der Arbeit in der Seminarbibliothek, die in den geisteswissenschaftlichen Fächern als Kern des Seminars dieselbe Funktion erfüllt wie das Labor in naturwissenschaftlichen Disziplinen.

Aus volksbildnerischem Bemühen ging im 19. Jahrhundert die von Karl Preusker und Friedrich v. Raumer begründete Volksbüchereibewegung hervor. Nach der Einrichtung erster Büchereien, zumeist in Schulen, entstanden aus gemeinsamer Anstrengung von Männern aus Staat, Kirche und Pädagogik die ersten gemeinnützigen Volksbibliotheken. Mit den für das allgemeine Publikum zugänglichen Volksbüchereien bildete sich ein neuer Bibliothekstyp neben den wissenschaftlichen Bibliotheken heraus, auf den die heutigen Öffentlichen Bibliotheken zurückgehen. Die Volksbüchereien hatten Vorläufer in den – freilich nicht allgemein und öffentlich zugänglichen – Lesegesellschaften und Leihbibliotheken des 18. und frühen 19. Jahrhunderts. Zur öffentlichen Aufgabe wurde das Volksbüchereiwesen, als die Stadt Berlin vier 1850 aus privaten Spenden gegründete Büchereien in ihre Trägerschaft übernahm. Großen Anteil an der Büchereiförderung hatten auch die Arbeiterbewegung und die Kirchen, besonders der katholische Borromäusverein. Seit 1893 propagierte Konstantin Nörenberg, amerikanischen Anregungen folgend, in der sogenannten Bücherhallenbewegung die Ergänzung der wissenschaftlichen Stadtbibliotheken um eine *Bücherhalle* zur nachschulischen Bildung. Gegen diese Idee der *Einheitsbücherei* wandte sich seit 1910 Walter Hofmann, der die pädagogische Anleitung des Lesers zur Hauptaufgabe der Bücherei erklärte und mit Paul Ladewig und Erwin Ackerknecht den sogenannten Richtungsstreit austrug. Die Gegensätze zwischen eher volksbildnerischen Konzepten (Thekenbibliothek) im Sinne Hofmanns und eher angebotsorientierten (Freihandaufstellung) bestimmten noch den Neubeginn der Öffentlichen Bibliotheken – zunächst führten sie noch die Bezeichnung Öffentliche Büchereien weiter – nach dem Zweiten Weltkrieg. Wegen der Kompromittierung des volksbildnerischen Konzepts im Nationalsozialismus, die sich unter anderen politischen Vorzeichen in der DDR wiederholte, setzte sich in der Bundesrepublik unter dem Einfluß der anglo-amerikanischen *Public Library* das angebotsorientierte Konzept durch.

14.2 Literaturarchive

Seit dem 19. Jahrhundert übernahmen Bibliotheken, zuerst die Hofbibliothek in Wien (die heutige Österreichische Nationalbibliothek) und die Königliche Bibliothek in Berlin (nach dem Zweiten Weltkrieg war sie geteilt in die Staatsbibliothek Preußischer Kulturbesitz und die Deutsche Staatsbibliothek [DDR], jetzt ist sie vereinigt zur Staatsbibliothek zu Berlin – Preußischer Kulturbesitz), bald auch Stadt- und Landesbibliotheken die handschriftlichen Nachlässe von Dichtern auf. Angeregt durch die Gründung des Weimarer Goethe-Archivs 1885 (seit 1889: Goethe- und Schiller-Archiv) und vor allem durch Wilhelm Diltheys Forderung nach eigenen Literaturarchiven wurden Bewahrung und Erschließung der handschriftlichen Überlieferung zum großen Teil derartigen Spezialarchiven übertragen. Zu den wichtigsten zählen heute neben den Weimarer Instituten (seit 1953 waren das Goethe- und Schiller-Archiv, die Weimarer Literaturmuseen und die Zentralbibliothek der deutschen Klassik [heute: Herzogin Anna Amalia Bibliothek] zusammengefaßt, seit 1991 werden sie von der Stiftung Weimarer Klassik unterhalten) das 1956 errichtete Deutsche Literaturarchiv beim Schiller-Nationalmuseum in Marbach a. N., das Freie Deutsche Hochstift/Frankfurter Goethemuseum in Frankfurt a. M., das aus der Sammlung Kippenberg hervorgegangene Goethe-Museum in Düsseldorf, das Heine-Institut in Düsseldorf sowie die Archive der 1992 wiedervereinigten Akademie der Künste in Berlin. Ihre Bestände haben unterschiedliche Schwerpunkte und ergänzen einander; in Weimar liegt der Schwerpunkt bei den Autoren des 18. und 19. Jahrhunderts, das Freie Deutsche Hochstift verfügt über bedeutende Bestände zur Romantik, das Deutsche Literaturarchiv in Marbach hat neben der schwäbischen Literatur seinen Schwerpunkt bei der neueren deutschen Literatur bis zur Gegenwart. Zu den herausragenden Marbacher Beständen gehört auch das gestiftete Archiv des Cotta-Verlags. An den Archiven sind mehrere literaturwissenschaftliche Großunternehmen verankert. Weimar und Marbach betreuen gemeinsam die Schiller-Nationalausgabe; das Hochstift veranstaltet die historisch-kritischen Editionen Brentanos und Hofmannsthals, das Heine-Institut widmet sich besonders der Erforschung der Literatur des Vormärz. Alle drei Institute geben Jahrbücher heraus, die zu den wichtigsten literaturwissenschaftlichen Periodika gehören. Auch die Exilsammlung der Deutschen Bibliothek hat den Charakter eines Literaturachivs. Einen großen Bestand an Quellen zur Geschichte der DDR-Literatur birgt das Archiv des Bundesbeauftragten für die Unterlagen des Staatssicherheitsdienstes der ehemaligen Deutschen Demokratischen Republik (Berlin).

Auskunft zu den über viele Bibliotheken und Archive verstreuten Autographen erteilt die – inzwischen elektronisch geführte – *Zentralkartei der Autographen* bei der Staatsbibliothek zu Berlin.

In der Schweiz, wo der größte Bestand an Nachlässen und Sammlungen zur deutschsprachigen Literatur in der Zentralbibliothek Zürich aufbewahrt wird, wurde – angeregt durch F. Dürrenmatts Vermächtnis seines Nachlasses schon zu Lebzeiten – 1991 ein Schweizerisches Literaturarchiv an der Schweizerischen Landesbibliothek Bern eingerichtet.

Außerdem gibt es zahlreiche, oft an Bibliotheken eingerichtete Spezialarchive zu einzelnen Regionen, z. B. das Lippische Literaturarchiv an der Lippischen Landesbibliothek Detmold, und zu einzelnen Autoren, die häufig mit einem Museum verbunden sind (z. B. Brüder-Grimm-Museum Kassel, Wilhelm-Busch-Museum Hannover, Fontane-Archiv Potsdam, Gleimhaus Halberstadt, Friedrich-Hebbel-Museum Wesselburen, Thomas-Mann-Archiv Zürich, Adalbert-Stifter-Institut des Landes Oberösterreich in Linz).

Neben den öffentlichen Einrichtungen enthalten die Archive der einschlägigen Verlage wichtige literaturgeschichtliche Quellen. Ferner bewahren zahlreiche Literarische Gesellschaften und Institutionen des Literarischen Lebens, z. B. die vielen Dichtergesellschaften, die *Deutsche Akademie für Sprache und Dichtung* in Darmstadt, das *Literarische Colloquium* in Berlin oder universitäre Forschungsstellen, die Dokumente ihrer Arbeit, mag diese der Pflege eines Autors, der Vergabe eines Literaturpreises oder der Erforschung eines Teilgebiets der Literaturgeschichte usw. gelten.

Für die Beschäftigung mit der Literatur des 20. Jahrhunderts sind neben handschriftlichen und gedruckten auch die audio-visuellen Quellen zu berücksichtigen. Aufzeichnungen von Hörspielen der Sender der Arbeitsgemeinschaft der Rundfunkanstalten Deutschlands (ARD) verwahrt das *Deutsche Rundfunkarchiv* in Frankfurt a. M.; Literaturverfilmungen archiviert die *Stiftung Deutsche Kinemathek* in

Berlin. In den Rundfunkanstalten werden die Archive sehr unterschiedlich gepflegt, aufwendig nur in den großen Anstalten.

Literatur (vgl. auch S. 134 f., 153 f.)

Baur-Heinhold, Margarete: Schöne alte Bibliotheken. München 1972.

Behrens, Jürgen, Beatrix Habermann, und Leo Philippsborn: Katalog der Handschriften des Freien Deutschen Hochstifts – Frankfurter Goethemuseum. Tübingen 1982.

Blinn, Hansjürgen: Informationshandbuch Deutsche Literaturwissenschaft. 3., neu bearb. und erw. Ausg. Frankfurt a. M. 1994.

Busse, Gisela von, Horst Ernestus, und Engelbert Plassmann: Das Bibliothekswesen der Bundesrepublik Deutschland. Wiesbaden ²1983.

Buzas, Ladislaus: Deutsche Bibliotheksgeschichte der neuesten Zeit. Wiesbaden 1978.

Buzas, Ladislaus: Deutsche Bibliotheksgeschichte der Neuzeit (1500–1800). Wiesbaden 1976.

Denecke, Ludwig: Die Nachlässe in den Bibliotheken der Bundesrepublik Deutschland. 2. Aufl., völlig neu bearb. von Tilo Brandis. Boppard 1981.

Fabian, Bernhard (Hrsg.): Handbuch der historischen Buchbestände in Deutschland. Bd. 1 ff. Hildesheim 1992 ff. [10 Bd. geplant.]

Folter, Roland: Deutsche Dichter- und Germanistenbibliotheken. Eine kritische Bibliographie ihrer Kataloge. Stuttgart 1975.

Hall, Murray G., und Gerhard Renner: Handbuch der Nachlässe und Sammlungen österreichischer Autoren. Wien 1992.

Krieg, Werner: Einführung in die Bibliothekskunde. 2. Aufl. bes. von Rudolf Jung. Darmstadt 1990.

Kußmaul, Ingrid: Die Nachlässe und Sammlungen des Deutschen Literaturarchivs Marbach am Neckar. Marbach a. N. ²1986.

Leyh, Georg (Hrsg.): Handbuch der Bibliothekswissenschaft. Begr. von Fritz Milkau. Bd. 3: Geschichte der Bibliotheken. Wiesbaden ²1957.

Mehl, Ernst; Kurt Hannemann: Deutsche Bibliotheksgeschichte. In: Stammler, Wolfgang (Hrsg.): Deutsche Philologie im Aufriß. Bd. 1. Berlin ²1957, Sp. 453–562.

Mommsen, Wolfgang A.: Die Nachlässe in den deutschen Archiven. Bd. 1.2. Boppard 1971–1983.

Raabe, Paul: Einführung in die Quellenkunde zur neueren deutschen Literaturgeschichte. Stuttgart ³1974.

Raabe, Paul, und Georg Ruppelt: Quellenrepertorium zur neueren deutschen Literaturgeschichte. 3., vollst. neu bearb. Aufl. Stuttgart 1981.

Schmitz, Wolfgang: Deutsche Bibliotheksgeschichte. Bern, Frankfurt a. M. usw. 1984.

Schmutz-Pfister, Anne-Marie: Repertorium der handschriftlichen Nachlässe in den Bibliotheken und Archiven der Schweiz. 2., stark erw. Aufl., bearb. von Gaby Knoch-Mund. Basel 1992.

Thauer, Wolfgang, und Peter Vodosek: Geschichte der Öffentlichen Bücherei in Deutschland. Wiesbaden 1978.

15. Bibliographischer Anhang

Dieser bibliographische Anhang ergänzt die Literaturhinweise zu den einzelnen Kapiteln. Dort zitierte Titel werden hier nur ausnahmsweise wiederholt.

15.1 Deutsche Literaturwissenschaft

15.1.1 Bibliographien der Bibliographien

Blinn, Hansjürgen: Informationshandbuch Deutsche Literaturwissenschaft. 3., neu bearb. und erw. Ausg. Frankfurt a. M. 1994. [Unentbehrlich.]

Hansel, Johannes: Bücherkunde für Germanisten. Studienausg. 9., neu bearb. Aufl. von Lydia Tschakert. Berlin 1991.

Papp, Edgar: Taschenbuch Literaturwissenschaft. Berlin 1995.

Raabe, Paul: Einführung in die Bücherkunde zur deutschen Literaturwissenschaft. 11., völlig neu bearb. Aufl. Stuttgart 1994. [Unentbehrlich.]

Zelle, Carsten: Kurze Bücherkunde für Literaturwissenschaftler. Tübingen, Basel 1997. [Angekündigt.]

15.1.2 Retrospektive Bibliographien

Schmidt, Heiner: Quellenlexikon zur deutschen Literaturgeschichte: Personal- und Einzelwerkbibliographien der internationalen Sekundärliteratur 1945–1990 zur deutschen Literatur von den Anfängen bis zur Gegenwart. 3., überarb., wesentl. erw. und auf den neuesten Stand gebrachte Aufl. Bd. 1 ff. Duisburg 1994 ff.; 2. Aufl. Bd. 1–8. 1985 und Nachträge Bd. 1–4. 1987.

Wilpert, Gero von, und Adolf Gühring (Hrsg.): Erstausgaben deutscher Dichtung. Eine Bibliographie zur deutschen Literatur 1600–1900. 2., vollst. überarb. Aufl. Stuttgart 1992.

Köttelwesch, Clemens (Hrsg.): Bibliographisches Handbuch der deutschen Literaturwissenschaft. Bd. 1–3. Frankfurt a. M. 1973–1979. [Bei der Benutzung ist darauf zu achten, daß die Berichtszeit in Bd. 1 mit 1969, in Bd. 2 mit 1972 endet.] [Standardwerk.]

Albrecht, Günter; Günther Dahlke (Hrsg.): Internationale Bibliographie zur Geschichte der deutschen Literatur von den Anfängen bis zur Gegenwart. Bd. 1–4. Berlin; München 1970–1984.

15.1.3 Laufende Bibliographien

Bibliographie der deutschen Sprach- und Literaturwissenschaft (BDSL). Frankfurt a. M. [Erscheint jährlich und stellt den Anschluß an das von C. Köttelwesch hrsg. Bibliographische Handbuch dar; wechselnde Bearbeiter; arbeitet bis Bd. 29 stark mit Abkürzungen; vgl. S. 29 f.; für die Bände 30–35 (Berichtsjahre 1990–95) liegt eine CD-ROM-Version vor (1996), die jährlich aktualisiert werden soll.]

Germanistik. Internationales Referatenorgan mit bibliographischen Hinweisen. Tübingen [Erscheint vierteljährlich; zuweilen in Doppelheften; wählt stärker aus als die BDSL, ist aber aktueller; vgl. S. 30.]

Umfassende Bibliographien zu den in ihnen behandelten Themen (Autoren, Epochen, Gattungen, Sachbegriffe usw.) enthalten die Bände der *Sammlung Metzler* des Verlags J. B. Metzler, die *Arbeitsbücher zur Literaturgeschichte* und die Bände der Reihe *Autoren* des Verlags C. H. Beck sowie – speziell zu Autoren – die einzelnen Hefte der Zeitschrift *Text und Kritik*.

15.1.4 Epochenübergreifende bio-bibliographische Lexika

Brinker-Gabler, Gisela, Karola Ludwig, und Angela Wölffen (Hrsg.): Lexikon deutschsprachiger Schriftstellerinnen von 1800 bis 1945. München 1986.

Deutsches Literatur-Lexikon. Biographisch-bibliographisches Handbuch. Begründet von Wilhelm Kosch. 3., völlig neu bearb. Aufl. Bd. 1 ff. und Erg.Bd. 1ff. Bern 1968 ff. [Derzeit bis zum Buchstaben S.]

Killy, Walther (Hrsg.): Literaturlexikon. Autoren und Werke deutscher Sprache. Bd. 1–12: Autoren A–Z; Bd. 13.14: Begriffe, Realien, Methoden (Hrsg.: Volker Meid); Bd. 15: Register. Gütersloh 1988–1993.

Killy, Walther (Hrsg.): Deutsche Autoren. Vom Mittelalter bis zur Gegenwart. Bd. 1–5. Gütersloh 1994. [Gekürzte Taschenbuchausg.]

Lutz, Bernd (Hrsg.): Metzler Autoren-Lexikon. Deutschsprachige Dichter und Schriftsteller vom Mittelalter bis zur Gegenwart. 2., überarb. und erw. Aufl. Stuttgart 1994 – Sonderausg. 1997.

15.1.5 Epochenübergreifende literaturgeschichtliche Darstellungen und Textsammlungen

Bahr, Ehrhard (Hrsg.): Geschichte der deutschen Literatur. Kontinuität und Veränderung. Vom Mittelalter bis zur Gegenwart. Bd. 1–3. Tübingen 1987–1988.

Best, Otto F., und Hans-Jürgen Schmitt (Hrsg.): Die deutsche Literatur. Ein Abriß in Text und Darstellung. Bd. 1–16. Stuttgart 1976 ff. [In verschiedenen Aufl.; unentbehrlich.]

Beutin, Wolfgang u. a.: Deutsche Literaturgeschichte. Von den Anfängen bis zur Gegenwart. 5., überarb. Aufl. Stuttgart 1994.

Boor, Helmut de, und Richard Newald [Begr.]: Geschichte der deutschen Literatur von den Anfängen bis zur Gegenwart. Bd. 1–7 [verschiedene Aufl.]; 12. München 1960 ff. [Geplant 12 Bd.; im folgenden einzeln verzeichnet.]

Brenner, Peter J.: Neue deutsche Literaturgeschichte. Vom „Ackermann" zu Günter Grass. Tübingen 1996.

Frenzel, Herbert Alfred, und Elisabeth Frenzel: Daten deutscher Dichtung. Chronologischer Abriß der deutschen Literaturgeschichte. Bd. 1.2. München ^{26}1991.

Fricke, Gerhard, und Mathias Schreiber: Geschichte der deutschen Literatur. Neu bearb. 20. Aufl. Paderborn 1988.

Glaser, Horst Albert (Hrsg.): Deutsche Literatur. Eine Sozialgeschichte. Bd. 1–9. Reinbek bei Hamburg 1980 ff. [Geplant 10 Bde.; im folgenden einzeln verzeichnet.]

Grimm, Gunter E. (Hrsg.): Deutsche Dichter. Leben und Werk deutschsprachiger Autoren vom Mittelalter bis zur Gegenwart. Durchges. und aktualisierte Auswahlausgabe. Stuttgart 1993 [Auswahl aus dem folgenden Werk.]

Grimm, Gunter E., und Frank Rainer Max (Hrsg.): Deutsche Dichter. Leben und Werk deutschsprachiger Autoren. Bd. 1–8. Stuttgart 1988–1990.

Grimminger, Rolf (Hrsg.): Hansers Sozialgeschichte der deutschen Literatur vom 16. Jahrhundert bis zur Gegenwart. München 1983 ff. [Geplant 12 Bd.; im folgenden einzeln verzeichnet; erscheint zugleich auch als dtv-Taschenbuch.]

Killy, Walther (Hrsg.): Die deutsche Literatur. Texte und Zeugnisse. Bd. 1–7. München 1963–83; Taschenbuchausg. 1988.

Martini, Fritz: Deutsche Literaturgeschichte von den Anfängen bis zur Gegenwart. 19., neu bearb. Aufl. In Zusammenarb. mit Angela Martini-Wonde. Stuttgart 1991.

Meid, Volker: Metzler Literatur-Chronik. Werke deutschsprachiger Autoren. Stuttgart 1993 – Sonderausg. 1997.

Rothmann, Kurt: Kleine Geschichte der deutschen Literatur. 15., erw. Aufl. Stuttgart 1997.

Schlosser, Horst Dieter: dtv-Atlas zur deutschen Literatur. Tafeln und Texte. München ^{5}1992.

Sørensen, Bengt Algot (Hrsg.): Geschichte der deutschen Literatur. Bd. 1.2. München 1997.

Stammler, Wolfgang (Hrsg.): Deutsche Philologie im Aufriß. 2., überarb. Aufl. Bd. 1–3 und Reg.-Bd. Berlin 1957–196. [Ein heute meist übersehenes, aber immer noch ganz unentbehrliches Kompendium von größter Faktenfülle zur gesamten Germanistik.]

Žmegač, Viktor (Hrsg.): Kleine Geschichte der deutschen Literatur. Von den Anfängen bis zur Gegenwart. 4., aktualis. Aufl. Weinheim 1993.

15.1.6 Literaturgeschichtliche Darstellungen zu einzelnen Epochen

Frühe Neuzeit (Humanismus und Barock)

Bennewitz, Ingrid, und Ulrich Müller (Hrsg.): Von der Handschrift zum Buchdruck: Spätmittelalter, Reformation, Humanismus. (1320–1572.) Reinbek bei Hamburg 1991.

Cramer, Thomas: Geschichte der deutschen Literatur im späten Mittelalter. München 1990. [Auch zum Humanismus.]

Füssel, Stephan (Hrsg.): Deutsche Dichter der frühen Neuzeit (1450–1600). Ihr Leben und Werk. Berlin 1993.

Rupprich, Hans: Die deutsche Literatur vom späten Mittelalter bis zum Barock. T. 1.2. München 1970–73; T. 1. 2. Aufl. 1994.

Aufklärung, Sturm und Drang, Klassik, Romantik

Alt, Peter-André: Aufklärung. Stuttgart, Weimar 1996.

Borchmeyer, Dieter: Weimarer Klassik. Portrait einer Epoche. 2. Aufl. Neuausg. Weinheim 1994.

Glaser, Horst Albert (Hrsg.): Zwischen Revolution und Restauration: Klassik, Romantik (1786 bis 1815). Reinbek bei Hamburg 1980.

Grimminger, Rolf (Hrsg.): Deutsche Aufklärung bis zur Französischen Revolution (1680–1789). München [2]1984.

Hinck, Walter (Hrsg.): Sturm und Drang. Ein literaturwissenschaftliches Studienbuch. 2., durchges. Aufl. Weinheim 1989.

Hoffmeister, Gerhart: Deutsche und europäische Romantik. 2., durchges. und erw. Aufl. Stuttgart 1990.

Jørgensen, Sven Aage, Klaus Bohnen, und Per Øhrgaard: Aufklärung, Sturm und Drang, frühe Klassik (1740–1789). München 1990.

Lützeler, Paul Michael (Hrsg.): Romane und Erzählungen der deutschen Romantik. Neue Interpretationen. Stuttgart 1981.

Schanze, Helmut (Hrsg.): Romantik-Handbuch. Stuttgart 1994.

Schulz, Gerhard: Die deutsche Literatur zwischen französischer Revolution und Restauration. T. 1.2. München 1983–1989.

Schulz, Gerhard: Romantik. Geschichte und Begriff. München 1996.

Ueding, Gert: Klassik und Romantik. Deutsche Literatur im Zeitalter der Französischen Revolution (1789–1819). München 1987.

Wuthenow, Ralph-Rainer (Hrsg.): Zwischen Absolutismus und Aufklärung: Rationalismus, Empfindsamkeit, Sturm und Drang (1740–1786). Reinbek bei Hamburg 1980.

19. Jahrhundert

Aust, Hugo: Literatur des Realismus. 2., durchges. und erg. Aufl. Stuttgart 1981.

Brinkmann, Richard (Hrsg.): Begriffsbestimmung des literarischen Realismus. Darmstadt [2]1974.

Cowen, Roy C.: Der poetische Realismus. Kommentar zu einer Epoche. München 1985.

Denkler, Horst (Hrsg.): Romane und Erzählungen des Bürgerlichen Realismus. Neue Interpretationen. Stuttgart 1980.

Glaser, Horst Albert (Hrsg.): Vom Nachmärz zur Gründerzeit: Realismus. Reinbek bei Hamburg 1982.

Jacob, Herbert: Deutsches Schriftsteller-Lexikon 1830–1880. Goedekes Grundriß zur Geschichte der deutschen Dichtung – Fortführung. Bd. 1 ff. Berlin 1995 ff.

Kohlschmidt, Werner: Vom Jungen Deutschland bis zum Naturalismus. Stuttgart ²1982.

McInnes, Edward, und Gerhard Plumpe (Hrsg.): Bürgerlicher Realismus und Gründerzeit 1848–1890. München 1996.

Witte, Bernd (Hrsg.): Vormärz, Biedermeier, Junges Deutschland, Demokraten (1815 bis 1848). Reinbek bei Hamburg 1980.

Vom Naturalismus bis zur Gegenwart

Arnold, Heinz Ludwig (Hrsg.): Kritisches Lexikon zur deutschsprachigen Gegenwartsliteratur (KLG). München 1978 ff. [Loseblattausg.]

Barner, Wilfried (Hrsg.): Geschichte der deutschen Literatur von 1945 bis zur Gegenwart. München 1994.

Bormann, Alexander von, und Horst Albert Glaser (Hrsg.): Weimarer Republik – Drittes Reich: Avantgardismus, Parteilichkeit, Exil. Reinbek bei Hamburg 1983.

Brauneck, Manfred, und Wolfgang Beck (Hrsg.): Autorenlexikon deutschsprachiger Literatur des 20. Jahrhunderts. 4. Aufl. Überarb. und erw. Neuausg. Reinbek bei Hamburg 1991.

Briegleb, Klaus, und Sigrid Weigel (Hrsg.): Gegenwartsliteratur seit 1968. München 1992.

Emmerich, Wolfgang: Kleine Literaturgeschichte der DDR. Erw. Neuausg. Leipzig 1996.

Fähnders, Walter: Avantgarde und Moderne 1890–1933. Stuttgart, Weimar 1998. [Angekündigt.]

Fischer, Ludwig (Hrsg.): Literatur in der Bundesrepublik Deutschland bis 1967. München 1986.

Jäger, Andrea: Schriftsteller aus der DDR. Ausbürgerungen und Übersiedlungen von 1961 bis 1989. [Bd. 1.2.] Frankfurt a. M.; Berlin usw. 1995 [1: Autorenlexikon; 2: Studie.]

Koepke, Wulf, und Michael Winkler (Hrsg.): Exilliteratur 1933–1945. Darmstadt 1989.

Lehnert, Herbert: Vom Jugendstil zum Expressionismus. Stuttgart 1978.

Mahal, Günther: Naturalismus. München ²1990.

Moser, Dietz-Rüdiger (Hrsg.): Neues Handbuch der deutschen Gegenwartsliteratur seit 1945. Begründet von Hermann Kunisch. Aktualisierte Taschenbuchausg. München 1993. – Erw. Neuausg. München 1997.

Raabe, Paul: Die Autoren und Bücher des literarischen Expressionismus. Ein bi-

bliographisches Handbuch. In Zusammenarb. mit Ingrid Hannich-Bode. 2., verb. und ... verm. Aufl. Stuttgart 1992 – Sonderausg. 1997.
Schnell, Ralf: Geschichte der deutschsprachigen Gegenwartsliteratur seit 1945. Stuttgart, Weimar 1993.
Steinecke, Hartmut (Hrsg.): Deutsche Dichter des 20. Jahrhunderts. Berlin 1994.
Trommler, Frank (Hrsg.): Jahrhundertwende. Vom Naturalismus zum Expressionismus (1880–1918). Reinbek bei Hamburg 1982.
Vietta, Silvio, und Hans-Georg Kemper: Expressionismus. 5., verb. Aufl. München 1994.
Wall, Renate: Lexikon deutschsprachiger Schriftstellerinnen im Exil 1933 bis 1945. Bd. 1.2. Freiburg i. Br. 1996.
Walter, Hans-Albert: Deutsche Exilliteratur. Stuttgart. [Auf 7 Bde. geplant: erschienen sind Bd. 2: Europäisches Appeasement und überseeische Asylpraxis. 1984; Bd. 3: Internierung, Flucht und Lebensbedingungen im Zweiten Weltkrieg. 1988; Bd. 4: Exilpresse. 1978.]
Weimarer Republik. Manifeste und Dokumente zur deutschen Literatur 1918–1933. Einl. und Komm. von Anton Kaes. Stuttgart 1983.

15.2 Weltliteratur

15.2.1 Bio-bibliographische Lexika, Werklexika, Literaturgeschichten, Literarische Übersetzung

Apel, Friedmar: Literarische Übersetzung. Stuttgart 1983.
Bondy, François (Hrsg.): Harenbergs Lexikon der Weltliteratur. Autoren, Werke, Begriffe. Bd. 1–5. Dortmund 1989 [Vielfach unzuverlässig; reich bebildert.]
Brauneck, Manfred (Hrsg.): Weltliteratur im 20. Jahrhundert. Autorenlexikon. Bd. 1–5. Reinbek bei Hamburg 1981.
Eppelsheimer, Hanns Wilhelm: Handbuch der Weltliteratur von den Anfängen bis zur Gegenwart. 3., neu bearb. und erg. Aufl. Frankfurt a. M. 1960 [Noch nicht überholtes, auch die ostasiatischen, islamischen, indischen Literaturen usw. einschließendes Handbuch mit Kurzcharakteristiken, bibliographischen Hinweisen zu Ausgaben und Übersetzungen.]
Jens, Walter (Hrsg.): Kindlers neues Literaturlexikon. Bd. 1–20. München 1988–1992 [Werklexikon, aber geordnet nach dem Alphabet der Autoren] – Sonderausg. 1996.
Propyläen-Geschichte der Literatur. Literatur und Gesellschaft der westlichen Welt. Hrsg. von Erika Wischer. Bd. 1–6. Berlin 1981–1984.
Rössig, Wolfgang: Weltliteratur in deutscher Übersetzung. Eine chronologische Bibliographie. Stuttgart, Weimar 1997.
See, Klaus von (Hrsg.): Neues Handbuch der Literaturwissenschaft. Wiesbaden 1981 ff. [Noch nicht abgeschlossen; geplant auf 25 Bde.]

Stackelberg, Jürgen von: Übersetzungen aus zweiter Hand. Rezeptionsvorgänge in der europäischen Literatur vom 14. bis zum 18. Jahrhundert. Berlin, New York 1984.
Stackelberg, Jürgen von: Weltliteratur in deutscher Übersetzung. Vergleichende Analysen. München 1978.
Wilpert, Gero von (Hrsg.): Lexikon der Weltliteratur. 3., neu bearb. Aufl. Bd. 1.2. Stuttgart 1988–1993 [Bd. 1: Autoren. Bd. 2: Werke; Bd. 1 enthält rund 11 000 Artikel zu Autoren und anonym erschienenen Werken, Bd. 2 rund 4800 Artikel mit Kurzcharakteristiken einzelner Werke von etwa 1600 Autoren.] [dtv-Taschenbuchausg. München 1997.]

15.2.2 Klassische Philologie und Antike

Albrecht, Michael von: Geschichte der römischen Literatur. 2., verb. und erw. Aufl. München; New Providence usw. 1994 [Standardwerk; auch als dtv-Taschenbuch.]
Cancik, Hubert, und Helmuth Schneider (Hrsg.): Der neue Pauly. Enzyklopädie der Antike. Stuttgart; Weimar 1996 ff. [Geplant 12 Bde. und 3 Bde. zur Antiken-Rezeption.]
Graf, Fritz (Hrsg.): Einleitung in die lateinische Philologie. Stuttgart, Leipzig 1997.
Hunger, Herbert: Lexikon der griechischen und römischen Mythologie. Mit Hinweisen auf das Fortwirken antiker Stoffe und Motive in der bildenden Kunst, Literatur und Musik des Abendlandes bis zur Gegenwart. 8., erw. Aufl. Wien 1988 [Standardwerk mit reichen Nachweisen der Fundstellen.]
Jäger, Gerhard: Einführung in die Klassische Philologie. München ³1990.
Der kleine Pauly. Lexikon der Antike. Unter Mitwirkung … hrsg. von Konrat Ziegler und Walther Sontheimer. Bd. 1–5. Stuttgart 1964–1975 [Auch als dtv-Taschenbuch.]
Lesky, Albin: Geschichte der griechischen Literatur. 3., neubearb. und erw. Aufl. Bern 1971 [Standardwerk; auch als dtv-Taschenbuch.]
Lexikon der Alten Welt. Hrsg.: Carl Andresen u. a. Zürich und München 1965. Sonderausg. in 3 Bänden. 1990 [Für den Fachfremden besonders geeignet.]

15.2.3 Anglistik

Fabian, Bernhard (Hrsg.): Die englische Literatur. Bd. 1.2. München 1991 u. ö.
Einführung in das Studium der englischen Literatur. Von Arno Löffler … 5., überarb. Aufl. Heidelberg; Wiesbaden 1995.
Klarer, Mario: Einführung in die anglistisch-amerikanistische Literaturwissenschaft. 2., überarb. und erw. Aufl. Darmstadt 1994.

15.2.4 Romanistik

Engler, Winfried: Lexikon der französischen Literatur. 3., erw. Aufl. Stuttgart 1994.

Grimm, Jürgen, Frank-Rutger Hausmann, und Christoph Miething: Einführung in die französische Literaturwissenschaft. Stuttgart, Weimar [4]1997.

Grimm, Jürgen (Hrsg.): Französische Literaturgeschichte. 3., ... erw. Aufl. Stuttgart, Weimar 1994.

Hardt, Manfred: Geschichte der italienischen Literatur. Düsseldorf, Zürich 1996.

Kapp, Volker (Hrsg.): Italienische Literaturgeschichte. 2., verb. Aufl. Stuttgart, Weimar 1994.

Petronio. Giuseppe: Geschichte der italienischen Literatur. Übers.: Ursula Wagner-Kuon u. a. Bd. 1–3. Tübingen, Basel 1992–1993.

Franzbach, Martin: Geschichte der spanischen Literatur im Überblick. Stuttgart 1993.

Neuschäfer, Hans-Jörg (Hrsg.): Spanische Literaturgeschichte. Stuttgart; Weimar 1996.

15.3 Reallexika/Sachwörterbücher

Best, Otto F.: Handbuch literarischer Fachbegriffe. Definitionen und Beispiele. Überarb. Neuausg. Frankfurt a. M. 1994 [Unentbehrlich.]

Borchmeyer, Dieter, und Viktor Žmegač (Hrsg.): Moderne Literatur in Grundbegriffen. 2., neu bearb. Aufl. Tübingen 1994 [Unentbehrlich.]

Brunner, Horst, und Rainer Moritz (Hrsg.): Literaturwissenschaftliches Lexikon. Grundbegriffe der Germanistik. Berlin 1996.

Meid, Volker (Hrsg.): Literaturlexikon. Begriffe, Realien, Methoden. [Bd. 1.2.] Gütersloh; München 1992–1993 (= Killy, Walther [Hrsg.]: Literaturlexikon Bd. 13.14.)

Knörrich, Otto (Hrsg.): Formen der Literatur. Stuttgart 1981.

Reallexikon der deutschen Literaturgeschichte. Begründet von Paul Merker und Wolfgang Stammler. 2. Aufl., neu bearb. und unter redakt. Mitarb. von Klaus Kanzog sowie unter Mitwirkung zahlreicher Fachgelehrter hrsg. von Werner Kohlschmidt und Wolfgang Mohr, ab Bd. 4 von Klaus Kanzog und Achim Masser. Bd. 1–4 und Reg. Berlin 1958–1988.

Reallexikon der deutschen Literaturwissenschaft. Neubearbeitung des Reallexikons der deutschen Literaturgeschichte. Gemeinsam mit Harald Fricke, Klaus Grubmüller und Jan-Dirk Müller hrsg. von Klaus Weimar. Berlin; New York. Bd. 1.1997. [Auf 3 Bde. geplant.]

Ricklefs, Ulfert (Hrsg.): Fischer Lexikon Literatur. Bd. 1–3. Frankfurt a. M. 1996.

Rötzer, Hans Gerd: Auf einen Blick: Literarische Grundbegriffe. Bamberg 1995.

Schweikle, Günther, und Irmgard Schweikle (Hrsg.): Metzler Literatur-Lexikon. Begriffe und Definitionen. 2., überarb. Aufl. Stuttgart 1990.
Wilpert, Gero von: Sachwörterbuch der Literatur. 7., verb. und erw. Aufl. Stuttgart 1989.

15.4 Nichtphilologische Nachbardisziplinen

Im folgenden sind einige grundlegende Werke von Nachbarfächern der Germanistik angeführt, deren Kenntnis für die ersten Schritte bei 'grenzüberschreitender' germanistischer Arbeit unerläßlich ist.

15.4.1 Philosophie

Krings, Hermann, Michael Baumgartner, und Christian Wild (Hrsg.): Handbuch philosophischer Grundbegriffe. Bd. 1–3. München 1973–1974.
Lutz, Bernd (Hrsg.): Metzler Philosophen-Lexikon. Stuttgart 1989 – Sonderausg. 1996.
Ritter, Joachim, und Karlfried Gründer (Hrsg.): Historisches Wörterbuch der Philosophie. Bd. 1 ff. Basel 1971 ff.
Röd, Wolfgang: Der Weg der Philosophie. Bd. 1.2. München 1994–1996.

15.4.2 Geschichte

Baumgart, Winfried: Bücherverzeichnis zur deutschen Geschichte. Hilfsmittel, Handbücher, Quellen. München [11]1994.
Boshof, Egon, Kurt Düwell, und Hans Kloft: Grundlagen des Studiums der Geschichte. Eine Einführung. 4., überarb. Aufl. Köln, Weimar usw. 1994.
Brunner, Otto, Werner Conze, und Reinhart Koselleck (Hrsg.): Geschichtliche Grundbegriffe. Historisches Lexikon zur politisch-sozialen Sprache in Deutschland. Bd. 1–8,2. Stuttgart 1972–1997.
Deutsche Biographische Enzyklopädie (DBE). Hrsg. von Walther Killy (4 ff: und Rudolf Vierhaus). (3 ff.: Wiss. Unterstützung im Bereich Literatur/Philologien: Hans-Albrecht Koch.) Bd. 1–10. München, New Providence usw. 1995 ff.; Bde. 8–10 in Vorb. für 1998.
Die Deutschen und ihre Nation. [Bd.1–12; ab Bd. 7 für Mittelalter und Frühe Neuzeit fortges. unter neuem Reihentitel: Das Reich und die Deutschen.] Berlin 1982–1990.
Elze, Reinhard, und Konrad Repgen (Hrsg.): Studienbuch Geschichte. Eine europäische Weltgeschichte. 3., überarb. und erg. Aufl. Bd. 1.2. Stuttgart 1994.
Evangelisches Staatslexikon. Begr. von Hermann Kunst und Siegfried Grundmann. 2. Aufl. Hrsg. von Roman Herzog ... Stuttgart 1987.

Handbuch der deutschen Geschichte. Begr. von Bruno Gebhardt. 9., neu bearb. Aufl. Hrsg. von Herbert Grundmann. Bd. 1–4,2. Stuttgart 1970–1976 [Auch als dtv-Taschenbuch.]
Handwörterbuch der deutschen Rechtsgeschichte (HRG). Hrsg. von Adalbert Erler und Ekkehard Kaufmann. Lfg. 1 ff. Berlin 1964 ff.
Handwörterbuch der Sozialwissenschaften (HdSW). Hrsg. von Erwin von Beckerath ... Bd. 1–12 und Reg.-Bd. 1. Stuttgart, Tübingen usw. 1956–1968.
Handwörterbuch der Wirtschaftswissenschaften (HdWW). Hrsg. von Willi Albers ... Bd. 1–9 und Reg.-Bd. Stuttgart 1977–83.
Schieder, Theodor (Hrsg.): Handbuch der europäischen Geschichte. Bd. 1–7,2. Stuttgart 1976–1979.
Staatslexikon. Recht, Wirtschaft, Gesellschaft. Hrsg. von der Görresgesellschaft. Bd. 1–5. Freiburg i. Br., Wien usw. 71985–1989.
Vogt, Martin (Hrsg.): Deutsche Geschichte. Von den Anfängen bis zur Gegenwart. 4., erw. Aufl. Stuttgart, Weimar 1996.

15.4.3 Theologie

Die Religion in Geschichte und Gegenwart (RGG). Handwörterbuch für Theologie und Religionswissenschaft. 3., völlig neu bearb. Aufl. Bd. 1–6 und Reg.-Bd. Hrsg. von Kurt Galling. Tübingen 1956–1965 – Taschenbuchausg. 1986 [Aus evangelischer Sicht.]
Lexikon für Theologie und Kirche (LThK). Begr. von Michael Buchberger. 2. Aufl. Hrsg. von Josef Höfer und Karl Rahner. Bd. 1–10, Reg.-Bd. und Suppl.-Bd. 1–3. Freiburg i. Br., Wien 1957–1968; 3., völlig neu bearb. Aufl. Hrsg. von Walter Kasper ... Bd. 1 ff. 1993 ff. [Aus katholischer Sicht.]

15.4.4 Musik

Dahlhaus, Carl, und Heinrich Eggebrecht (Hrsg.): Brockhaus-Riemann-Lexikon. Bd. 1.2. Wiesbaden, Mainz 1978–1979.
Honegger, Marc, und Günther Massenkeil (Hrsg.): Das neue Lexikon der Musik. Bd. 1–4. Stuttgart, Weimar 1996.
Die Musik in Geschichte und Gegenwart (MGG). Allgemeine Enzyklopädie der Musik. Hrsg. von Friedrich Blume. Bd. 1–17. Kassel 1951–1986 [auch als dtv-Taschenbuchausg. München 1977]; 2., neu bearb. Aufl. Hrsg. von Ludwig Finscher. Bd. 1 ff. Kassel; Stuttgart 1994 ff. [Auf 20 Bde. geplant.]

15.4.5 Kunst

Propyläen Kunstgeschichte. Hrsg. … von Kurt Bittel … Bd. 1–12. Sonderausg. Berlin 1990.

Thieme, Ulrich. und Felix Becker (Hrsg.): Allgemeines Lexikon der bildenden Künstler von der Antike bis zur Gegenwart. Bd. 1–37. Leipzig 1907–1950 [Taschenbuchausg. München 1992.]

Vollmer, Hans (Hrsg.): Allgemeines Lexikon der bildenden Künstler des 20. Jahrhunderts. Bd. 1–6. Leipzig 1953–1962. [dtv-Taschenbuchausg. München 1992.]

16. Ausgewählte Zeitschriften

16.1 Fachzeitschriften

Ein seriöses Studium der Germanistik ist nur möglich, wenn man von den Fachzeitschriften regelmäßig Kenntnis nimmt. Die jeweils neuesten Hefte liegen in der Seminarbibliothek und im Zeitschriftenlesesaal der Universitätsbibliothek aus. Schon als Anfänger sollte man sich angewöhnen, zwischendurch 'schmökernd' in ihnen zu blättern. Nur so erfährt man, was aktuell im Schwange ist. Wirklich lesen wird man natürlich nur Beiträge, mit denen man sich aufgrund gerade zu bearbeitender Aufgaben befassen muß; und an diese Beiträge gelangt man nicht durch 'Schmökern', sondern durch systematisches Bibliographieren. Für etliche Zeitschriftentitel haben sich Abkürzungen eingebürgert, die man sich im Laufe der Zeit einprägen sollte, weil sie in der Fachliteratur verwendet werden. Listen solcher Abkürzungen finden sich in den laufenden Bibliographien des Faches, z. B. in der *Germanistik*.

Hier folgt eine Aufstellung ausgewählter wissenschaftlicher Zeitschriften, die teils der Neueren deutschen Literaturwissenschaft im engeren Sinne gewidmet sind, teils als Publikationsorgane der allgemeinen und vergleichenden Literaturwissenschaft auch die germanistische Forschung betreffen:

Amsterdamer Beiträge zur Neueren Germanistik. – Arcadia. Zeitschrift für vergleichende Literaturwissenschaft. – Archiv für das Studium der neueren Sprachen und Literaturen. – Athenäum. Jahrbuch für Romantik. – Aufklärung. – Aurora. Jahrbuch der Eichendorff-Gesellschaft [Beiträge zur gesamten Romantik]. – Basis. Jahrbuch für deutsche Gegenwartsliteratur. – Beiträge zur Geschichte der deutschen Sprache und Literatur [Überwiegend zur älteren Germanistik]. – Colloquia Germanica. – Daphnis. Zeitschrift für Mittlere Deutsche Literatur. – Deutsche Vierteljahrsschrift für Literaturwissenschaft und Geistesgeschichte. – Etudes germaniques. – Euphorion. Zeitschrift für Literaturgschichte. – Exil. – Exilforschung. – Fabula. – German Life and Letters. – German Quarterly. – German Studies Review. – Germanic Review. – Germanisch-romanische Monatsschrift. – Heine-Jahrbuch [Beiträge zur Literatur des 19. Jahrhunderts]. – Internationales Archiv für Sozialgeschichte der deutschen Literatur. – Jahrbuch der Deutschen

Akademie für Sprache und Dichtung [Erscheint in 2 Lieferungen.] . – Jahrbuch der deutschen Schillergesellschaft. – Jahrbuch des Freien Deutschen Hochstifts. – Jahrbuch für Internationale Germanistik. – Journal of English and Germanic Philology. – Lessing Yearbook [Beiträge zur gesamten Aufklärung]. – LiLi. Zeitschrift für Literaturwissenschaft und Linguistik. – Literatur für Leser. Zeitschrift für Interpretationspraxis und geschichtliche Texterkenntnis. – Literatur in Wissenschaft und Unterricht. – Literaturwissenschaftliches Jahrbuch [der Görres-Gesellschaft]. N. F. – Mitteilungen des Deutschen Germanistenverbandes. – Modern Austrian Literature. – Modern Language Notes. – Modern Language Review. – Monatshefte für deutschen Unterricht, deutsche Sprache und Literatur. – New German Critique. – Österreich in Geschichte und Literatur. – Orbis Litterarum. – Poetica. Zeitschrift für Sprach- und Literaturwissenschaft. – Poetics. International Review for the Theory of Literature. – Recherches germaniques. – Sprache im technischen Zeitalter. – Sprachkunst. – Text und Kontext. – Text und Kritik [Themenhefte, vorwiegend zu Autoren]. – Weimarer Beiträge. Zeitschrift für Literaturwissenschaft, Ästhetik und Kulturwissenschaften. – Wirkendes Wort. Deutsche Sprache und Literatur in Forschung und Lehre. – World Literature Today. – Zeitschrift für deutsche Philologie. – Zeitschrift für deutsches Altertum und deutsche Literatur [mit Rezensionenteil: Anzeiger für deutsches Altertum; Zeitschrift zur älteren Germanistik; der Rezensionenteil auch für die neuere deutsche Literatur unentbehrlich]. – Zeitschrift für Germanistik.

Auf die Information über Neuerscheinungen konzentrieren sich:

Arbitrium. Zeitschrift für Rezensionen zur germanistischen Literaturwissenschaft. – Deutsche Bücher. Referatenorgan deutschsprachiger Neuerscheinungen [Berücksichtigt in großem Umfang auch literarische Titel.] – Fachdienst Germanistik. – Germanistik [Referatenorgan und drei- bis viermal jährlich erscheinende Fachbibliographie].

Didaktisch ausgerichtet sind folgende Zeitschriften: Der Deutschunterricht. – Diskussion Deutsch. – Praxis Deutsch. – Sprache und Literatur in Wissenschaft und Unterricht.

16.2 Literatur- und Kulturzeitschriften sowie Feuilletons

Von den literarischen Neuerscheinungen kann sich auch der Literaturwissenschaftler nur einen kleinen Teil durch eigene Lektüre aneignen. Um sich aber über Neuerscheinungen, seien es deutschsprachige, seien es fremdsprachige bzw. deren Übersetzungen, überhaupt zu unterrichten und sich zur Lektüre anregen zu lassen, verfolge man zumindest von Zeit zu Zeit die Literaturkritik in den Literatur- und Kulturzeitschriften und in den Feuilletons einiger überregionaler Tages- und Wochenzeitungen (Frankfurter Allgemeine, Frankfurter Rundschau, Neue Zürcher Zeitung, Rheinischer Merkur, Spiegel, Süddeutsche Zeitung, Tagesspiegel, Zeit; als Geheimtip sei noch hinzugefügt: Times Literary Supplement). Besonders ergiebig sind die Literaturbeilagen zu den Frühjahrs- und Herbstneuerscheinungen bzw. zur Buchmesse. Durch hohe Qualität zeichnen sich die Rundfunkfeuilletons und die Literatur- oder Bücherjournale oder ähnlich genannten Sendungen der Kulturprogramme der öffentlich-rechtlichen Rundfunkanstalten aus. Die von Armin Halstenberg begründete Sendung *Texte und Zeichen* des Norddeutschen Rundfunks sei als ein Beispiel genannt.

Literatur- und Kulturzeitschriften, die literarische Texte, kritische Essays usw. veröffentlichen, sind u. a.:

Akzente. – Freibeuter. – Die Horen. – Literatur und Kritik. – Literaturmagazin. – litfass. – Merkur. Deutsche Zeitschrift für europäisches Denken. – neue deutsche literatur. ndl. – Neue Rundschau. – Schweizer Rundschau. – Sinn und Form.

17. Synoptische Tabelle zur Literaturgeschichte – zugleich ein Lesevorschlag

> Ach, es ist doch absurd, eine feste Regel darüber aufstellen zu wollen, was man lesen und was man nicht lesen sollte. Die Kultur der Neuzeit beruht überwiegend auf verbotener Lektüre. (O. Wilde, The Importance of Being Earnest [dt.: Bunbury])

Die folgende Tabelle enthält eine synoptische Chronologie ausgewählter Werke der deutschen und der Weltliteratur. Sie ist keine Literaturgeschichte in Kurzform, sondern versucht lediglich, mit einem Vorschlag zur extensiven Lektüre einige wichtige Daten der Literaturgeschichte in einprägsamer Form und grober Ordnung zur ersten Orientierung zu verbinden. Die 'Gleichzeitigkeit des Ungleichzeitigen' soll erstaunen und neugierig machen. Wer Literatur, welcher Sprache auch immer, studieren will, muß seine Lektüre auch auf die Werke anderer Literaturen ausdehnen. Daher stellt die Tabelle Werke fremdsprachiger Literaturen denen der deutschen Literatur gegenüber. Es sind fast nur solche Titel erwähnt, die man in wohlfeilen Taschenbuchausgaben erwerben kann (vgl. die Verzeichnisse der großen literarischen Taschenbuchverlage [Deutscher Taschenbuch Verlag, Fischer, Insel, Reclam, Rowohlt, Suhrkamp]).

An die Bemerkungen zur Lektüredisziplin, zum Verhältnis zwischen intensivem und extensivem Lesen (vgl. S. 3 f.) sei ausdrücklich erinnert!

Man sollte sich von Lektürevorschlägen Dritter nie gängeln lassen, sondern sich von ihnen durch eigene Entdeckungen befreien. Wie man sich mit der zeitgenössischen Literatur vertraut macht, ist oben S. 174 f. erläutert. Begründete Auswahlvorschläge zur Gegenwartsliteratur sind nicht möglich.

Wer wegen der Subjektivität, die diesem Vorschlag wie jedem anderen notgedrungen anhaftet, nach guten 'Gegengiften' sucht, sei auf zwei Büchlein verwiesen:

Segebrecht, Wulf: Was sollen Germanisten lesen? Berlin 1994.

Die Leseliste. Kommentierte Empfehlungen. Zusammengestellt von Sabine Griese u. a. Stuttgart 1994.

Von den biblischen Büchern:

Genesis, Hiob, Psalmen, Ruth, Hohes Lied, Evangelien, Paulus-Briefe, Apokalypse.

Aus der antiken Literatur:

Homer (Ilias, Odyssee), Aischylos (Die Perser, Die Sieben gegen Theben Orestie), Sophokles (König Ödipus, Elektra, Philoktet), Euripides (Bakchen, Medea, Herakles), Aristophanes (Lysistrate, Der Frieden, Die Wolken), Platon (Die Apologie des Sokrates, Symposion, Kratylos, Der Staat), Aristoteles (Poetik), Menander (Der Menschenfeind, Das Schiedsgericht).

Plautus (Miles gloriosus, Amphitruo, Aulularia), Terenz (Die Brüder, Einer straft sich selbst), Cicero (Über den Redner), Catull (Gedichte), Properz (Gedichte), Horaz (Oden), Vergil (Aeneis), Ovid (Metamorphosen), Seneca (Oedipus), Tacitus (Germania), Apuleius (Der goldene Esel), Augustinus (Bekenntnisse), Boethius (Trost der Philosophie).

Mittelalter:

Wolfram von Eschenbach (Parzival, Erec, Willhalm), Gottfried von Straßburg (Tristan), Walther von der Vogelweide (Lieder), Oswald von Wolkenstein (Lieder).

nach 1250		Il Novellino
um 1293		Dante Alighieri (1265–1321): Vita nuova
1307(?)–1321(?)		Dante: Divina Commedia
1336–1369		Francesco Petrarca (1304–1374): Canzoniere
1340–1363		Giovanni Boccaccio (1313–1375): Decamerone
1385–1400		Geoffrey Chaucer (um 1340–1400): Canterbury Tales
	Hans Sachs (1494–1576): Fastnachtspiele	
1513		Niccolò Machiavelli (1469–1527): Mandragola
1528		Baldassare Castiglione (1478–1529): Das Buch vom Hofmann
1532		Machiavelli: Der Fürst
1534		François Rabelais (1494–1553): Gargantua und Pantagruel
1580		Torquato Tasso (1544–1595): Aminta
1581		Tasso: Das befreite Jerusalem

1603/04		William Shakespeare (1564–1616): Hamlet – und möglichst das Gesamtwerk lesen
1605/15		Miguel de Cervantes Saavedra (1547–1616): Don Quixote
1617		Lope de Vega (1562–1635): Die kluge Närrin
1624	Martin Opitz (1597–1639): Buch von der Deutschen Poeterey	
1629		Pedro Calderón de la Barca (1600–1681): Dame Kobold
1634		Calderón: Das Leben ein Traum
um 1640		Calderón: Das große Welttheater
1643		Calderón: Der Richter von Zalamea
1646	Andreas Gryphius (1616–1664): Leo Arminius	
1659	Gryphius: Papinianus	
1661	Daniel Caspar von Lohenstein (1635–1683): Cleopatra	
1666		Molière (1622–1673): Der Menschenfeind
1667		John Milton (1608–1674): Paradise Lost
1668		Molière: Der Geizige
1669	Hans Jacob Christoffel von Grimmelshausen (um 1622–1676): Der Abentheuerliche Simplicissimus Teutsch	
1680	Lohenstein: Sophonisbe	
1719		Daniel Defoe (1660/61–1731): Robinson Crusoe
1722		Defoe: Tagebuch aus dem Pestjahr
1726		Jonathan Swift (1667–1745): Gullivers Reisen
1731		Abbé Prévost (1697–1763): Manon Lescaut
1740		Samuel Richardson (1689–1731): Pamela
1747	Christian Fürchtegott Gellert (1715–1769): Die zärtlichen Schwestern	
1749		Henry Fielding (1707–1754): Tom Jones

1759	Gotthold Ephraim Lessing (1729–1781): Briefe, die neueste Literatur betreffend, Nr. 17	Voltaire (1694–1778): Candide oder der Optimismus
1767	Lessing: Minna von Barnhelm	
1772	Johann Gottfried Herder (1744–1803): Über den Ursprung der Sprache	
1774	Goethe: Die Leiden des jungen Werthers	
	Wieland: Die Abderiten	
	Klopstock: Die deutsche Gelehrtenrepublik	
1775	Matthias Claudius (1740–1815): Asmus/Teil 1–8 (1812)	
1779	Lessing: Nathan der Weise	
1785/90	Karl Philipp Moritz (1756–1793): Anton Reiser	
1787	Goethe: Iphigenie auf Tauris	Giovanni Giacomo Casanova (1725–1798): Memoiren
1791	Friedrich Schiller (1759–1805): Don Carlos	
1794	Friedrich Schlegel (1772–1829): Lucinde	
1795/96	Goethe: Wilhelm Meisters Lehrjahre	
	Ludwig Tieck (1773–1853): William Lovell	
1796/97	Jean Paul (1763–1825): Siebenkäs	
1797/99	Friedrich Hölderlin (1770–1843): Hyperion – vor allem aber seine Lyrik	
1801	Schiller: Maria Stuart	
	Clemens Brentano (1778–1842): Godwi – vor allem seine Lyrik	
1802	Novalis: Heinrich von Ofterdingen	
1804	August Klingemann (1777–1831): Die Nachtwachen von Bonaventura	
	Jean Paul: Flegeljahre	
1806	Heinrich von Kleist (1777–1811): Der zerbrochene Krug	
1808	Kleist: Die Marquise von O.	

1809	Goethe: Die Wahlverwandtschaften	
1810	Kleist: Michael Kohlhaas	
1812	Jacob Grimm (1785–1863) und Wilhelm Grimm (1786–1859): Kinder- und Hausmärchen	
1814		Walter Scott (1771–1832): Waverley
1815	Joseph von Eichendorff (1788–1857): Ahnung und Gegenwart – auch seine Lyrik Ernst Theodor Amadeus Hoffmann (1776–1822): Die Elixiere des Tezfels	
1816/17	Goethe: Italienische Reise	
1817	Franz Grillparzer (1791–1872): Die Ahnfrau	
1819	Goethe: West-östlicher Divan E. T. A. Hoffmann: Seltsame Leiden eines Thetaerdirektors	
1820/22	E. T. A. Hoffmann: Kater Murr; Meister Floh	
1825	Grillparzer: König Ottokars Glück und Ende	
1827	Heirich Heine (1797–1856): Buch der Lieder	Alessandro Manzoni (1785–1873): Die Verlobten
1834	Eichendorff: Dichter und ihre Gesellen	
1830		Stendhal (Marie Henri Beyle, 1783–1842): Le rouge et le noir (Rot und Schwarz)
1831		Alexander Puschkin (1799–1837): Boris Godunov Honoré de Balzac (1799–1850): Die Frau von dreißig Jahren – und weitere Romane aus der „Comédie humaine“
1832	Eduard Mörike (1804–1875): Maler Nolten – auch seine Lyrik	
1835	Georg Büchner (1813–1837): Dantons Tod *und* Lenz Karl Ferdinand Gutzkow (1811–1878): Wally die Zweiflerin	

	Johann Nepomuk Nestroy (1801–1862): Der böse Geist Lumpacivagabundus	
1836/37	Büchner: Woyzeck	Nikolai Gogol (1809–1852): Der Revisor
1838	Büchner: Leonce und Lena	Charles Dickens (1812–1870): Oliver Twist
1840	Grillparzer: Weh dem der lügt	Michail Lermontow (1814–1841): Ein Held unserer Zeit
1841	Charles Sealsfield (1793–1864): Das Kajütenbuch	Edgar Allan Poe (1809–1849): The Murders in the Rue Morgue
1842	Jeremias Gotthelf (1797–1854): Die schwarze Spinne	
1844	Heine: Deutschland. Ein Wintermärchen Friedrich Hebbel (1813–1863): Maria Magdalene	
1846		Feodor M. Dostojewski (1821–1881): Arme Leute
1847		Emily Jane Brontë (1818–1848): Wuthering Heights (Sturmhöhe)
1849	Platen, August von (1796–1835): Polenlieder	
1850	Hebbel: Herodes und Mariamne	
1851		Hermann Melville (1819–1891): Moby Dick
1852	Theodor Storm (1817–1888): Aquis submersis – vor allem aber seine Lyrik	Iwan Turgenjew (1818–1883): Aufzeichnungen eines Jägers
1854	Gottfried Keller (1819–1890): Der grüne Heinrich	
1855	Hebbel: Agnes Bernauer	
1856	Keller: Leute von Seldwyla	Gustave Flaubert (1821–1867): Madame Bovary
1857		Charles Baudelaire (1821–1867): Les fleurs du mal (Die Blumen des Bösen)
1859		Iwan Gontscharow (1812–1891): Oblomow
1867		Dostojewski: Schuld und Sühne Emile Zola (1840–1902): Thérèse Raquin
1868/69		Dostojewski: Der Idiot Leo N. Tolstoi (1828–1910): Krieg und Frieden

1872	Grillparzer: Ein Bruderzwist im Hause Habsburg	
1873	Conrad Ferdiand Meyer (1825–1898): Das Amulett – vor allem seine Lyrik Friedrich Nietzsche (1844–1900): Die Geburt der Tragödie aus dem Geist der Musik; Unzeitgemäße Betrachtungen	Tolstoi: Anna Karenina (1873–1877)
1876		Mark Twain (1835–1910): Tom Sawyer
1879		Henrik Ibsen (1828–1906): Nora Dostojewski: Die Brüder Karamasow
	Paul Verlaine (1844–1896): Lyrik	
1883/91	Nietzsche: Also sprach Zarathustra	
1884	C. F. Meyer: Die Hochzeit des Mönchs	
1886		Tolstoi: Die Kreutzersonate
1888		Knut Hamsun (1859–1952): Hunger August Strindberg (1849–1912): Fräulein Julie
1890		Oscar Wilde (1854–1900): Das Bildnis des Dorian Gray
1891	Frank Wedekind (1864–1918): Frühlings Erwachen	
1892	Gerhart Hauptmann (1862–1946): Die Weber	
1893	G. Hauptmann: Der Biberpelz	
1895	Fontane: Effi Briest	Rudyard Kipling (1865–1936): Die Dschungelbücher
1897	Otto Julius Bierbaum (1865–1910): Stilpe	
1900	Stefan George (1868–1933): Der Teppich des Lebens	Strindberg: Der Totentanz
1901	Arthur Schnitzler (1862–1931): Leutnant Gustl Thomas Mann (1875–1955): Buddenbrooks	
1903	Schnitzler: Der Reigen	
1904	Wedekind: Die Büchse der Pandora	

1905	Rainer Maria Rilke (1875–1926): Das Stundenbuch Heinrich Mann (1871–1950): Professor Unrat	
1907	George: Der siebente Ring	
1908	Robert Walser (1878–1956): Der Gehülfe	
1906	Robert Musil (1880–1942): Die Verwirrungen des Zöglings Törleß	
		Giuseppe Ungaretti (1888–1970): Gedichte
1910	Hofmannsthal: Der Rosenkavalier Rilke: Die Aufzeichnungen des Malte Laurids Brigge	
1911	G. Hauptmann: Die Ratten Carl Sternheim (1878–1942): Die Hose	
1912	Gottfried Benn (1886–1956): Morgue	George Bernard Shaw (1856–1950): Pygmalion
1913	T. Mann: Der Tod in Venedig Franz Kafka (1883–1924): Das Urteil	Marcel Proust (1871–1922): Auf der Suche nach der verlorenen Zeit (bis 1927)
1916	Kafka: Die Verwandlung	
1918	H. Mann: Der Untertan	
1919	Karl Kraus (1874–1936) Die letzten Tage der Menschheit	
1921	Ernst Toller (1893–1939): Masse Mensch Hofmannsthal: Der Schwierige	Luigi Pirandello (1867–1936): Sechs Personen suchen einen Autor
1922	Hermann Hesse (1877–1962): Siddharta Stefan Zweig (1881–1942): Amok	James Joyce (1882–1941): Ulysses
1923	Rilke: Duineser Elegien	Italo Svevo (1861–1928): Zeno Cosini
1924	T. Mann: Der Zauberberg Schnitzler: Fräulein Else	
1925	Lion Feuchtwanger (1884–1958): Jud Süß Kafka: Der Prozeß	Ezra Pound (1885–1972): The Cantos John Dos Passos (1896–1970): Manhattan Transfer

1926	B. Traven (1882 oder 1890–1962): Das Totenschiff Kafka: Das Schloß	
1927	H. Hesse: Der Steppenwolf Kafka: Amerika S. Zweig: Verwirrung der Gefühle	
1928	Erich Kästner (1899–1975): Emil und die Detektive	Virginia Woolf (1882–1941: Orlando
1929	Bertolt Brecht (1898–1956): Die Dreigroschenoper Alfred Döblin (1878–1957): Berlin Alexanderplatz	
1931		José Ortega y Gasset (1883–1955): Der Aufstand der Massen
1932	Joseph Roth (1894–1939): Radetzkymarsch	
1936	Klaus Mann (1906–1949): Mephisto	
1938	J. Roth: Die Kapuzinergruft	
1940		Ernest Hemingway (1899–1961): For Whom the Bell Tolls
1942	Anna Seghers (1900–1983): Das siebte Kreuz	

Namenregister

Sachregister